财税法治研究文库
4

总主编◎张怡

科研经费管理
法源法理及法则创新研究

张怡 等◎著

法律出版社 LAW PRESS·CHINA

参与撰稿人员

葛　静　博士，博士后（在站），西南政法大学商学院副教授、硕士研究生导师。

廖呈钱　博士，博士后（在站），西南政法大学经济法学院讲师。

刘亚丽　博士，海南大学法学院讲师。

侯　欢　博士，西北大学法学院讲师。

杨凌珊　西南政法大学经济法学院博士研究生，福建省泉州市中级人民法院研究室法官助理。

李　悦　博士，深圳职业技术学院经济学院讲师、辽宁科技大学硕士研究生导师。

总　序

“深化财税体制改革”一直是我国打破闭关锁国枷锁,实行改革开放持续探索的扛鼎之题。盖因“财政是国家治理的基础和重要支柱”,其基础和重要支柱的结构及资源的配置,乃是决定国家大厦岿然的关键。由此,党的十八届三中全会强调:“科学的财税体制是优化资源配置、维护市场统一、促进社会公平、实现国家长治久安的制度保障。”何为“科学的财税体制”?这确实是一个值得理论界和实务界共同深思的问题。诚然,“国家治理”相较于“国家管理”,更加突出法治在国家治理中的作用,但财税法治化实现的方略与路径任重道远。

首先,财税法治有待财税法基础理论的夯筑。财税法基础理论源自宪法思想的指导。考察西方国家近代法治的发展历程,不难发现,法治结构的雏形与嗷嗷待哺的政府与代议机关在征税权上的激烈博弈相伴;法治的协调发展始终与财税权力的调整与再分配相随。可以说,一部西方法治发展史就是一部西方财税法治化的历史。如今,我们于“地球村”所见竞选国家总统,总是围绕着征税问题辩论不休,足见税权问题于国家及政府根基之重。从我国历史上来看,古往今来的改革总是以“变法”“修律”的方式进行,而“变法”和“修律”的重点亦垂青于财税问题。诸如商鞅变法中的统一租税制度改革，王安石变法中的“青苗法”和“方田均税法”，而明代的“一条鞭法”则更甚更显。苏轼曾言：“财政，为国之命而万事之本。国之所以存亡，事之所以成败，常必由之。”

其次，财税法治有赖于财税法的理论承接与社会现实回应。从我国改革开放的多年实践来看，现代化的浪潮推动了我国财税体制从传统的“国家财政论”到“公共财政理论”的历史嬗变，使我国公共事业的建设发展取得了前所未有的进步。尤其是在“利改税”和“分税制”等一系列税收法律制度建设与调整中，我国税法功能由弱到强，由粗陋到渐成体系并日臻完善，基本形成了社会主义初级阶段比较完整的税收法律理论和制度体系。概言之，“优化资源配置、维护市场统一”以确保财税法治的经济功能；“促进社会公平”以强化财税法治公平、正义和公开原则的社会功能；“实现国家长治久安”以彰显财税法治的政治功能；完善环境税、资源税等税种和税法，以实现财税法治的生态功能；拓展财税法治文化，以因应社会文化现代化发展的全新内容。从财税的深度而论，国家从市场主体和公民私人财富中获得财产的行为，虽然有其无可辩驳的法理依据，然而就其现代财税法治理念而言，国家对市场主体和公民财产权利的有限“剥夺”，当然涵盖了国家和社会生态不可或缺的“社会契约”前提的存在，涉及国家与社会的界限、国家与市场和公民个人之间的关系；而财税支出涉及国家如何使用公共资金的问题，财税监督又涉及国家、市场、社会和公民个人之间的互动关系。由此可见，财税法治从广度和深度上决定了国家治理所依附的财富及力量之泉源。

综上，即是我们广聚财税法治研究成果，倾力打造财税法治精品，编辑出版西南政法大学“财税法治研究文库”之初衷。

“财税法治研究文库”由西南政法大学财税法学研究团队主持编辑出版，由中国法学会财税法学研究会副会长张怡教授担任总主编。收入文库的成果将涵盖财税法基础理论研究成果，财税法实体法和程序法理论与实务研究成果，财税法学与宪法学、行政法学、刑法学、民商法学、国际法学、程序法学等法学领域交叉研究成果，以及财税法学与制度经济学、管理学领域交叉研究成果。在张怡教授的带领下，我校已在衡平税法、民生财政、人本税法等领域取得了具有较高学术声誉的研究成果。更进一步,我们将围绕国家发展战略和社会重大现实问题展开多学科跨专业的深入研究,期望通过“财税法治研究文库”的编辑出版,加强财税法学界之间的学术交流与合作,为国家治理现代化、法治中国建设奉献出高质量的智识成果。西南政法大学在努力实现“国内一流、国际知名”发展目标的征途上,这支财税法学研究团队也将以“唯精唯一”的学术态度,怀揣“家国情怀”,努力成就一方“名山之业”!

是为序!

付子堂*

2016年5月19日

---

* 西南政法大学校长、党委副书记,法学教授、博士研究生导师,法学博士。

前　言

《科研经费管理：法源法理及法则创新研究》是在部级项目以优秀结题后针对国家新发布的一系列文件，经过一年多再思考，补充研究形成的成果。全书共分为四大部分：第一部分揭示问题（第一章、第二章），针对科研经费管理中存在的痼疾，特别是对矛盾冲突焦点进行分析，以凸显其法源、法理及法则创新的必要性和迫切性。第二部分法源探寻（第三章、第四章），以历史观纵向梳理我国科研经费管理沿革及规则渊源，以现代观横向比较各国科研经费监管规则及经费来源属性差异，以获取法理及法则创新的历史和现实依据。第三部分应然性法理法则论证（第五章、第六章），即科研经费管理法理法则之属性辨析，力求使科研经费管理从观念到规则在法治位阶上得到提升。第四部分法则创设与完善（第七章、第八章），科研经费分类分层分项规范管理法律制度设计及配套法则完善，使科研经费管理被纳入科研本位的法律规制范畴。

本书研究成果雏形形成于2015年，恰与党和国家发布一系列文件强力推进科技创新与加强科研经费管理的进程同步。由于科研经费管理的体制机制创新，不仅关涉宏观层面科研的战略地位、资源配置、公平与效率等问题，而且也决定着微观层面对科研经费管理的科学合理指导；不仅与科研主体的研究对象、方式、方法、路径、地域等密不可分，而且与项目负责人及成员的经济利益密切相关。看似简单的科研经费的分配和使用，从预算、执行过程到验收的各个环节，背后实则涉及科研及其经费管理的战略路线的选择和自上而下的管理规则体系设计，内容面广，文件浩繁，加之自然科学与社会科学研究条件泾渭分明，因此，本书设定有限主题，主要从社会科学领域科研经费管理角度进行研究，也为贯彻执行和进一步完善2016年9月出台的《国家社会科学基金资金管理办法》（财教〔2016〕304号）提供理论与现实依据。

第一章　科研经费管理中存在的痼疾

当前，在科研经费管理中存在三大突出问题：国家层面的科研激励制度与管控制度失衡、科研经费使用者的行为失范和科研项目承担单位的管理失准。

一、长期以来，有的科研经费管理规则制定者和经费管理者因缺乏人本意识和契约精神，缺乏对科研活动特殊性的认识，在激发创新创造还是提高资金效益的观念博弈中往往倾向于以提高资金效益为主导，在营造宽松的学术氛围和加强监督约束两相权衡时，按照科层式行政化管理的路径依赖也倾向于选择后者，导致了科研经费管理规则在制定和操作中的失衡。

二、在科研人员经费使用中，除少数人有目的地谋取私利，违法乱纪，挪用和侵占国家资金外，大部分经费使用中的失范与制度规则不完善直接相关。

三、科研单位监管失准，表现为利益主体权责不清、资金归属不明；管理单位的角色“缺位”和“越位”并存；科层管理的行政化趋势严重，管理观念落后，政策理解能力不高等。

第二章　科研经费管理中各类矛盾焦点分析

我国正处于社会转型时期，各项制度的立、改、废频繁，科研经费管理制度同样处在一个从“放任”到“紧缩”的变革过程中，新旧制度交替使科研经费管理中面临规则适应的矛盾与冲突。社会科学与自然科学无论在评价机制还是学科研究的内在规律方面都具有较大差异性，科研经费管理不能“一刀切”。长期以来，社会科学领域的管理制度，特别是经费管理制度，存在“制度供给不足”和“制度供给错位”的矛盾与冲突。

如何看待上述问题？

首先，正视社会科学经费管理独特的规律和内在要求，坚持“人本主义”的价值取向，选择“基础研究为主、对策研究为辅”的资助侧重点，经费来源应以国家财政资金支持为主，强调相对合理、注重公平的经费使用原则，采取干预的适度性与可行性的经费分配方案，依法推动经费管理制度的建立与完善。

其次，推进科研成果各项要素与科研经费管理规则的有机融合。社会科学成果的评价要素包括：学术价值、社会价值、社会影响、难易程度和学术规范等。由于学术价值的非计量性、社会价值的非市场应用性、社会影响的滞后性、难易程度的非显见性以及学术规范的严格性，以质量为导向的经费拨款模式是研究经费管理的共同思路，应强化以同行评议结果决定科研立项与否（包括划拨科研项目前期经费）；以中期管理决定后期经费的划拨；以“他引率”决定预留经费的划拨（预留经费应当带有激励性质）等措施。

第三章　我国科研经费管理沿革及规则渊源

以历史观纵向梳理我国科研经费管理沿革及规则渊源，揭示我国科研经费管理制度变迁的内在逻辑和价值选择与判断，探析科研经费管理的规则渊源，从中获取法理及法则创新的客观依据。

一、我国科研经费管理大致经历了三个阶段：一是计划式的经费管理阶段（1949～1978年）。在这一阶段，科研经费由国家财政通过科学事业费、科技三项费用和科技基建费的形式统一划拨，科研经费的收入与支出以科研机构为核算单位，采取统收统支的管理方式，具有鲜明的“大锅饭”性质。二是探索式的分类经费管理阶段（1978～2000年）。在这一阶段，“合同制”逐渐成为我国科研活动的主要管理模式。科研经费的来源突破由国家财政拨付的单一模式，开始尝试向市场寻求资金。国家根据不同科研计划的性质与特点，实行分类的经费管理制度。三是逐步深化的课题预决算管理阶段（2001 年至今）。在这一阶段，“课题制”成为科研活动的主要管理模式，科研经费管理也逐步演化成以课题核算为中心、以课题负责人和课题依托单位为主体、以经费的预决算管理为主要内容的制度。

二、上述制度变迁呈现以下特点：一是从粗放型向规范化和精细型转变；二是从单一化向多元化转变；三是从计划性向自主性转变；四是从管理导向型向激励导向型转变。

三、总体而言，我国科研经费管理制度在不断进行调整与完善，但仍囿于计划经济体制之下的管理思路，国家对科研机构仍按行政机关或事业单位进行管理，对科研经费的管理仍以纵向经费为主并沿袭传统的财政预算模式，科研人员的工资薪酬体系亦与行政机关或事业单位人员无异。由于我国科研经费管理制度的变革基本属于自上而下的政府及行政财政经费管理制度主导行为，存在较严重的路径依赖。为此，这种制度与调整对象的错位正凸显了法理及法则创新之势在必行。

第四章　域外科研经费监管规则及经费来源属性差异

在所有科研经费监管进路中，美国、欧盟和澳大利亚的做法各具代表性，考察上述典型域外科研经费管理中最具特殊性实践，为我国科研经费改革提供适当有益参考。

1. 美国科研经费管理呈现分散型特色，该模式秉承以人为本和自由竞争相结合之监管理念，既有的“联邦政府（≥60%）+高校（22%）+州与地方政府（6%）+市场主体（6%）”之资助格局，近年来随着官方投入锐减与市场投入增加被打破。依据经费来源结合项目运行情况，美国终演变成“联邦政府部门法律法规—资助方政策—高校政策—院系政策”等四层次涵盖常规与非常规管理之科研管理政策和由“政府—主管部门—科研部门—审计部门”等四主体共同负责之全过程、多角度监管机制。同时，在高校内部设立兼具专业性与服务性之专门管理机构。

2. 欧盟科研经费管理呈现集中型特色，其在统一系列框架计划形式［现为欧盟第八研发框架计划（8th Framework Programme）］下实施科研经费管理实践。申言之，在该模式下具体践行政府集中设立专业化科研经费管理机构、实施淡化国别的灵活性筹资方式、推广信息化科研经费管理流程、倡导国别化下重惩罚的科研信用机制。

3. 澳大利亚科研经费管理历经了从“政府主导”到“政府引导”之转型，在政府引导下积极引进市场主体参与科研经费管理，推动科研经费管理向市场化方向改革。详言之，政府通过税收激励政策等引导市场自主增加科研经费，澳大利亚研究委委员会发布的卓越研究报告（Excellence in Research for Australia，ERA）评估强调科研转化问题，其结果与科研经费分配呈正相关，以科研诚信管理为核心之监管机制也逐渐强化非官方主体的作用。

我国科研经费管理应该实现从“重物轻人”到“以人为本”之理念转变、推动从“政策之治”到“法律之治”之治理转型、促进“政府—市场”各行其道之经费来源体系改进、建立内外部监管相结合之全方位监督制度、构建“互联网＋科研经费管理”之信息化管理新模式、锻造兼具服务型和专业型之科研经费管理队伍。

第五章 科研经费管理法律理念和原则论证

针对科研经费管理中存在的问题，完善规则，摆正主次，强化服务意识，首先要确立法律理念和原则，方能达到管理有序、经费投入有效的目的。

1. 坚持“人本主义”的法律理念和原则。科研有赖于人的智能得到创造性开发利用，科研经费管理制度作为规范科研经费使用的规则设计，其出发点和最终归属必然要求秉承“人本主义”的理念和原则，因为无论如何，科研创意只能出自个体，而科研经费只是辅助科研主体——人的科研活动而已。具体应该体现在：以信用制度代替基于不信任建立的发票管理制度；以成果导向代替经费使用导向；以设置合理的报酬制度和救济制度等体现对科研工作者的人文关怀、尊重和友好。

2. 坚持“矛盾衡平”的法律理念和原则。科研经费管理涉及多方主体、多元化的经费来源途径、多层次的项目等，多种矛盾及关系错综复杂，必须衡平四大矛盾及关系，即学术自由与强化管理之间的关系；政府、市场与社会三者之间的关系；基础理论研究、应用研究与事务性研究之间的关系;竞争性经费与稳定性经费之间的关系。

3. 坚持“权利义务对等”的法律理念和原则。制定科研经费管理制度必须从科研项目设立机构、科研项目监督机构以及课题组三个组织系统的角度,贯彻权利义务对等的法律理念和原则。

4. 坚持“成本效益”的法律理念和原则。科研经费管理制度能否为社会所接受和遵行,应从预算、使用、监督等各个管理环节进行“成本效益”考量。减少制度成本及风险,提高科研经费使用效益,减少守法成本和增加违法成本都应成为制度设计时必须遵循的法律理念和原则。

第六章　科研经费管理法律规则位阶探索

基于法律规则的目的性、形式化、明确性、普遍性、稳定性和强制性的优势,科研经费管理法律规则位阶的法制跃迁,是解决既有规则政出多门、规定庞杂、以政代法、权责模糊等形式和内容问题的最佳途径。其具体步骤主要有:

1. 厘清科研项目合同的法律属性。实践中我国主要以科研合同的方式来管理科研项目,故科研合同是动态呈现科研经费管理法律规则的工具,其法律属性的定性是管理科研经费的重要先决问题。应明确科研合同的性质为民事合同而非行政合同。此定性有四个优势:有利于扭转项目合同双方当事人之间权利义务不对等的局面;有利于督促项目承担者全面履行合同义务,进而促进项目合同目标的实现;有利于保证项目合同履行结果评价标准和方式的客观化与科学化;有利于规范项目合同的经费预算,提高政府财政资金的使用效益。

2. 明确科研项目合同的经济特征。科研项目合同是非对称信息基础上的不完全委托代理契约,由于合同间双方存在显著的信息不对称,在委托人自由选择受托人时,存在较大的逆向选择风险及道德风险。因此,完全按照民事合同的规则去管理纵向科研活动,并不能必然实现合同效用的“帕累托改进”。经济学通过设定“锦标赛”模式,有效地弥补了信息不对称的缺点,应当通过将上述模式纳入立法路径,赋予该种解决方式以法律约束力。

3. 简化规则并遵循合同通常约束。委托人及受托人(项目负责人)应以合同方式明确双方间权利义务,双方应当严守合同。委托人主要的权利是对预算执行情况进行中期检查以及最后的评估验收,其义务是公平合理地配置科研资源。受托人所在单位的主要权利是就科研经费支出的真实性进行实质审查,义务是做好科研活动的服务支撑和财务核算工作。受托人的主要权利是自主进行科研安排和决定经费使用,合同条款中应明确取消劳务费、咨询费比例限制的规定,其义务是依约提交高质量的科研成果,如有违约将依民事法律规定承担相应责任。

4. 参考合作合同设置协议条款架构。由于立法目的、激励机制和法律规则难以妥善契合,纵向科研项目的条款和法律架构设定,实则并不全然能参照民法承揽合同的相关规则。此时可以参照经济法改善准公共产品供给的"合作合同"模式。委托人的角色将由"管理者"或全无责任的"出资者"转向"合作者",其负有出资、监督、指导以及对外承担责任的义务。委托人通过公平竞争的"锦标赛"选择合适的受托人;受托人以自身科研能力作为合作的基础和前提进行长期合作;专业技术风险将由受托人承担,结构性风险、最低需求风险将由委托人承担;受托人的成本由委托人解决,双方以合理比例共享收益。

综上所述,在厘清科研经费资助属性基础上,提升科研经费管理法律规则立法位阶。由于我国《科学技术进步法》主要以宣示性、鼓励性和倡导性的原则规定为主,相关规则的强制性较弱且没有详细划分权责。建议设立科学技术经费管理法,以法律形式规范科学技术的资金投入及使用管理,并将上述探索成果加以确定;按照自然科学和人文社会科学的研究规律分别设立相应的科研经费管理行政法规;人文社会科学研究根据基础研究和应用研究制定各自的办法;各地制定相应的地方法规和政府规章。以期通过上述规则的法制提升,最终将科研经费管理从"项目和经费管理本位"转为"激励创新性科研及提升成果质量"方向。

第七章　科研经费分类分层分项规范管理法律制度创设

通常按照研究目的和用途,应该将科学研究分为基础研究、应用研究、试验发展三类活动。另一种重要分类,是按照研究对象和研究方法的不同将科学研究分为自然科学研究和人文社会科学研究。目前,我国科研项目主要的分类实际上是这两种分类标准的融合。

1. 分类管理预算与报销制度设计

基于科研活动普遍具有信息不对称和契约的不完全性,人文社会科学研究由于研究周期长、投入产出不稳定、科研成果价值的商业化程度低等特点,所表现出来的信息不对称和契约的不完全性更加明显,从而使人文社会科学研究领域比自然科学研究领域出现科研资源配置的"逆向选择"和科研人员预算执行中的"道德风险"的问题较突出。

研究认为,对人文社会科学研究经费的管理和使用中应充分考虑几个方面:一是预算构成上,遵循科研活动规律,提高对人力成本的补偿;二是管理理念上,简政放权,宜粗不宜细;三是机制设计上,以事后成果质量评价和财税激励机制来约束科研人员的道德风险并建立科研诚信机制,内化对科研人员的道德约束。

2. 分级管理预算与报销制度设计

基于地区制度设计影响因素分析,根据课题组对全国省级国家社会科学基金管理办法的分析调查,发现在社会科学基金管理和科研经费使用上,各地区存在政策上松紧不一的问题。政策宽松度受多方面因素的影响,包括经济发达程度、政治敏感度、领导重视程度、高校科研机构密集度等。经济发展程度与经费管理办法的宽松度成正比,政治敏感度与科研经费管理宽松度成反比,高校科研经费管理制度同样存在宽松不一的状况,通常科研成果排名靠前的大学,都有较多的科研激励机制,主要表现在对绩效支出杠杆的运用和科研结余资金的安排上。

研究认为,在我国行政管理体制下,建议在中央对地方官员的考核中增加科研进步考核指标,从制度上增强地方主管部门支持和发展科研创新事业的主观能动性。

3. 分项管理预算与报销制度设计

基于契约理论,横向项目的科研经费管理,按照民事合同规则来管理没有多大争议,而纵向项目合同的性质,则存在"民事合同说"与"行政合同说"两种对立的观点。

研究认为,纵向合同是否属于行政合同,应依据形式标准和实质标准两个量度来判定。从形式标准上,合同的一方若为国家机构或政府部门,符合行政合同的形式标准特点;从实质标准上,如果合同的执行目标任务是完成国家指令性计划,对科研合同实行从外到内、自上而下的管理,实现行政法上的权利义务的,就是行政合同。我国目前的纵向科研项目,除军口上行政主体和部分科研机构签订的合同是为了完成军事国防指令性计划,属于行政合同外,大部分民口的纵向项目都不是以追求某种行政目标为目的的,而是科研人员依据自身的兴趣、爱好和能力而进行的科学自由探索,这类科研合同不应属于行政合同,应属于民事合同。分清合同属性,则科研经费方可分项管理。

第八章　相关配套措施及规则创设

1. 科研经费报销管理纳入"简略化"规制

科研经费报销管理纳入"简略化"规制,应体现在理念、原则、程序三个方面:其一,科研经费管理理念从"以钱为本"向"以人为本"转化;其二,科研经费报销原则从"票据化"原则向真实性原则转化;其三,科研经费报销程序从领导审批制向课题负责人制转化。

2. 成果质量评价机制为经费合理使用的必备依据

人性化的科研经费管理必须建立在三大机制之上:其一,成果质量评价机制;其二,委托人激励机制;其三,学术诚信机制。其中成果质量评价机制是基础和前提,只有建立了科学合理的成果质量评价机制,才能为科研经费的合理使用提供必备依据。

此外,相关配套措施及制度还涉及几方面内容:财税建制鼓励优化配置科研资源;强化科研经费管理人员的服务意识;可以借鉴域外经验并从国情(供给发票的硬件和软件环境欠佳且改善难度较大的情况)出发改善发票报销与管理规则。

Contents

目录

第一章　科研经费管理中存在的痼疾

一、完善科研经费管理法律规制的必要性和迫切性

《国家中长期科学和技术发展规划纲要(2006～2020年)》提出建立多元化、多渠道的科技投入体系,到2020年将我国建设为创新型国家的新目标。党的十八大以来,我国将科技创新置于"发展全局的核心位置,引领发展的第一动力高度"来强化其重要作用,2016年5月中共中央、国务院印发的《国家创新驱动发展战略纲要》提出"三步走"战略目标,即到2020年我国进入创新型国家行列,到2030年跻身创新型国家前列,到2050年建成世界科技创新强国,成为世界主要科学中心和创新高地。2016年8月《"十三五"国家科技创新规划》新鲜出炉,明确提出到2020年,中国综合创新能力世界排名要从目前的第18位提升到第15位,科技进步贡献率从目前的55.3%提高到60%,知识密集型服务业增加值占国内生产总值的比重由现在的15.6%提高到20%。

目标远大,时间紧迫,仅靠科技投入的增长能否完成这一目标?答案是否定的。从提出"科教兴国"战略的国民经济与社会发展"九五"计划以来的20年间,研究与开发(Research and Development,

R&D)支出总额从1995年的349亿元增长到2014年的13,016亿元,年平均增长率为21%,从科研投入总量上,到2013年年底,我国的科研经费投入总额已经位居世界第二。从科研投入相对量上,科研开发(R&D)支出占国内生产总值(GDP)的比重从1995年的0.57%到2014年的2.02%,已经实现了创新型国家四个特征指标之一。① 然而,伴随着科研资金的高投入,科研成果却呈现质量粗放、效率低下、产业转化程度低的特点。科技进步对经济贡献率仅为55.3%,发达国家的标准是70%~80%;专利申请数量的增长从2011年的33.63%下降到2013年的15.92%,并且2014年为负增长(-0.67%);技术市场成交额后劲不足,增长率逐年下降,2012~2014年分别为35.13%、16.03%和14.84%;高技术产品出口额增长率自2011年以来一直保持0.02%的低增长率。②

究其原因,现行的科研基金分配体制减缓了中国潜在的创新步伐。按照制度经济学的观点,人是制度的产物,作为科研主体的科研人员的行为、意识和成果深受科研制度体制的影响和制约,2006年以来中央所颁布的科研项目管理办法强化了对科研经费的内部控制和监督检查,在科研机构和高等院校建立了多层次多部门的监管体制。随着时间的推移,在相关权利各方——科研管理部门、依托单位和课题负责人的关系中,课题负责人的权利空间日益逼仄,尤其体现在科研经费的资金使用、财务报销过程中,部门和单位权力"利维坦"式膨胀下,精细化的管理、繁杂的签字程序、罔顾现实情况的僵化的票据报销制度,使科研人员对科研经费的报销感到无奈和恐惧,而预算编制中对科研人员劳动成本的补偿和绩效奖励的忽视,更是使科研人员的创新积极性深受打击,甚至导致一些科研人员进行逆向选择,增加了虚假申报、违法违纪的风险。因此,为了实现建设创新型国家的目标,必须改革创新科研机制体制,营造宽松灵动的学术氛围,激发科研人员的积极性和创造性。

实质上,对科研体制机制的改革重要性在中央文件中已经提出和作

---

① 作为创新型国家,应具备以下四个特征:创新投入高,国家的研发投入即R&D(研究与开发)支出占GDP的比例一般在2%以上;科技进步贡献率达70%以上;自主创新能力强,国家的对外技术依存度指标通常在30%以下;创新产出高。

② 本部分的数据源于国家统计局网站,部分数据经过计算得出。

出阐述。2016 年 5 月中共中央、国务院印发了《国家创新驱动发展战略纲要》,该纲要亦将“坚持双轮驱动”(坚持科技创新与体制机制创新并举)作为国家创新驱动发展战略的首要内容。① 在某种意义上,只有面向科技创新的实际需要不断推进体制机制创新,将创新型国家建设全面纳入法治化轨道,才能持续释放科技创新的活力,才能为创新提供强有力的法治保障,推动创新型国家建设全面有序进行。而在科研体制机制创新中,科研经费的体制机制创新因为与科研主体的经济利益密切相关,贯穿科研项目管理从预算、执行到验收的各个环节,规范和主导了科研资金的分配和使用,其价值和意义更为凸显和引人关注,因此,对科研经费法律规制的研究更具有迫切性和必要性。

二、我国当前科研经费管理乱象及成因

当前科研经费管理中出现的乱象包括国家层面的制度失衡问题、科研使用者的行为失范问题和科研单位的管理失效问题。究其根本,是规则制定者和经费管理者尚未具备人本意识和契约精神,忽视科研活动的特殊性,在激发创新创造与提高资金效益的观念博弈时更倾向后者,在营造宽松的学术氛围和加强监督约束两相权衡时,按照科层式行政化管理的路径依赖必然选择后者。

(一)国家科研资金制度性失衡问题及成因分析

1. 国家科研经费投入结构不合理,基础性研究的经费投入比例偏低

以追求真理、拓展科学新领域为目标的基础研究反映一国的潜在综合国力和国际威望,是人类文化的极致追求。然而由于研究的长期性和非商业目的,“阳春白雪”的基础研究通常容易被发展中国家暂时忽视,然而我国已经成为世界第二大经济体,科研经费的投入也名列全球第二,对基础研究的科研投入量与我国的国际地位和创新型国家的战略发展目标明显不相匹配。如图 1-1 所示,国家统计局的数据显示,在科研经费投入结构中,基础研究占比明显较低,而且 10 年来还呈现出下降趋势,占比

① 参见谭启平:《创新型国家建设须认真对待的四个法治问题》,载《光明日报》2016 年 7 月 28 日,第 11 版。

从2006年的5.19%下降到2014年的4.71%,以知识应用为目标的应用研究和以产业化、商业化为目标的试验发展研究所占比重之和偏高并持续增长①,占比从2006年的94.81%上升到2014年的95.29%。美国人亨利·奥古斯特·罗兰在1893年(中日甲午海战爆发前一年)发表的文章《纯科学的呼吁》中指出:"为了应用科学,科学本身必须存在。假如我们停止科学的进步而只留意科学的应用,我们很快就会退化成中国人那样,多少代人以来他们(在科学上)都没什么进步,因为他们只满足于科学的应用,却从来没有追问过他们所做事情中的原理。中国人知道火药的应用已经若干世纪,如果他们用正确的方法探索其特殊应用的原理,他们就会在获得众多应用的同时发展出化学,甚至物理学。因为只满足于火药能爆炸的事实,而没有寻根问底,中国人已经远远落后于世界的进步。"19世纪的历史教训如此之深刻,当今在实用主义的驱使下我们不应该忘记"仰望星空"和探索真理,在理论数学、理论物理等基础研究和哲学、政治、法律等人文社会科学的科研经费投入需要增加。

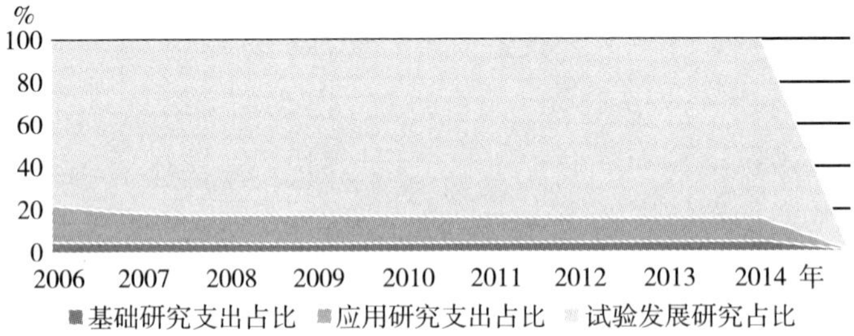

图1-1　2006~2014年我国科研经费投入结构面积

资料来源:国家统计局网站。

2. 科研项目资金分配不公,寻租现象和"马太效应"凸显

目前,我国的科研资金大多以科研经费的形式划拨到若干个科技计

① 试验发展,是指利用从基础研究、应用研究和实际经验所获得的现有知识,产生新的产品、材料和装置,建立新的工艺、系统和服务,以及对已产生和建立的上述各项作实质性的改进而进行的系统性工作。应用研究和试验发展所追求的最终目标是一样的,但它们的直接目的却有着差别。应用研究是为达到实际应用提供应用原理、技术途径和方法、原理性样机或方案,这是创造知识的过程;试验发展并不增加科学技术知识,而是利用或综合已有知识创造新的应用,与生产活动直接有关,所提供的材料、产品装置是可以复制的,提供的工艺、系统和服务是可以在实际中采用。

划、基金、项目中去,然后通过竞争性的方式和流程(发布项目指南—项目申请或投标—专家项目评议—确定项目承担者—下达项目任务书)来获取科研项目和科研经费,而在此过程中信息公开仅限于发布项目和公示结果,项目审批过程无信息公开,这为权力寻租提供了土壤,为了争得科研项目,个别申请者贿赂科研部门主管人员以及专家评委。在高校,能否获取高级别的科研项目不仅关系教师的职称评定和实际收入,与学校的收入和排名也密切相关。一般而言,按照学校性质,“985”“211”高校所获取的科研资源要超过普通高校。2013 年科研经费最多的五所学校依次是清华大学、浙江大学、上海交通大学、北京大学和复旦大学,经费总额分别为 39.31 亿元、36.07 亿元、31.09 亿元、27.73 亿元和 25.52 亿元。从地域来看,由于教育资源的分布不均衡,北京、上海的高校获取科研经费超过其他地方的高校,东部经济发达地区高校超过中西部地区高校。从个人来看,“学术大腕”、著名教授、行业内领袖及其门派较之师门无名、学术资源匮乏的年轻学者更易于争取到科研项目和经费。这种科研资金配置的不公平、不均衡,加剧了人才流动和教育资源配置的不公平、不均衡,人才流动和教育资源配置的非均衡又反过来导致科研资源配置的非均衡,造成在科研领域内产生“富者愈富,穷者愈穷”的“马太效应”。而即便是“学术大腕”,其精力和时间也是有限的,当过多的科研资金超过科研能力时,科研经费的边际效用递减就会呈现。

3. 科研经费管理规则政出多门、松紧不一、相互矛盾,令科研人员难以适从

(1)科研经费管理制度政出多门

当前的科研经费管理规则体系庞杂零碎,政出多门,形成了中央、省、单位三级“金字塔型”经费管理规则系统。中央层面发布普遍性文件的主体主要为国务院、国务院办公厅、财政部、科技部、教育部、总装备部、全国哲学社会科学规划领导小组、国家自然科学基金委员会。此外,有部级科研项目的各部委也出台了相关的经费管理办法,如司法部、商务部、信息产业部等。而且一些学会,如中国法学会、中国财政学会等也出台了经费管理规则。省、直辖市层面出台了各省社会科学基金管理办法和自然科学基金管理办法。根据上级要求,各高校、科研机构也均制定了本单位的

科研项目和科研经费管理办法。从适用范围上，分为普遍性文件和专门性文件。普遍性文件适用于所有的科研计划、项目、基金、课题，专门性文件仅针对专门的科研计划或基金项目。如财政部、科技部、总装备部联合发布的《国家高技术研究发展计划(863 计划)专项经费管理办法》仅针对 863 计划的经费管理，司法部发布的《法治建设与法学理论研究部级科研项目管理办法》仅适用于司法部部级课题管理。其发布形式多样，以教育部发文为例，有办法、意见、通知、规定等多种形式。法律效力偏低，最高级别为行政法规，但数量寥寥无几，大量的规范性文件为部门规章、地方规章和行政性文件。

(2)管理宽松程度上松紧不一

国务院发布的法规比较宽松，指导原则是尊重科研活动规律，充分发挥科研人员的积极性和创造性。如 2002 年国务院办公厅发布的《关于国家科研计划实施课题制管理的规定》提到，“要建立与科研活动规律相适应的预算管理机制”，2014 年发布的《国务院关于改进加强中央财政科研项目和资金管理的若干意见》将“遵循科研活动规律”作为指导原则的首要原则。财政部发布的规则在管理理念上更侧重“提高财政资金使用效益”。教育部发布的规则指示，“所有来源渠道的科研资金都是高校的收入”，要“充分发挥高校在自身科研管理与监督工作中的主体作用”，建立“涵盖校、院(系)、项目负责人的分级管理体制”。可以看到，即便是中央层面，部委在执行国务院文件时已经出现异化政策的情况。

(3)规范之间缺乏体系化协调

目前，我国科研经费管理的规范之间缺乏体系化协调，甚至存在相互矛盾的地方。例如，关于课题结余经费如何处理的问题，科技部、财政部、国家计委、国家经贸委于 2002 年 1 月联合发布的《关于国家科研计划实施课题制管理的规定》明确规定：已完成并通过验收课题的结余经费，经归口部门批准后，可留给依托单位，用于补助科研发展支出。而科技部于 2005 年 11 月发布的《关于严肃财政纪律、规范国家科技计划课题经费使用和加强监督的通知》则规定，超过课题总经费 5% 或额度在 20 万元以上的课题结余经费，必须按原渠道上缴，二者存在明显的矛盾。

4. 科研经费规定中劳务费占比偏低，科研人员的人力成本没有得到合理补偿

高校的科研人员，其工作包括教学和科研两部分。现行科研人员的工资薪酬制度，是基本工资＋岗位津贴，体现的是教学部分的劳动报酬，若每年课程安排和课时量大致相似，则每月工资额大致相等。从逻辑上来说，高校教师投入大量时间和精力的科研活动也理应取得相应的劳动报酬，这也符合《劳动法》的精神。然而在现行的科研经费管理规制中，与人工费用相关的两大费用：劳务费和专家咨询费均明确规定了支付对象和限额比例。以《国家社会科学基金项目经费管理办法》为例，[①]该办法规定劳务费只能支付给直接参与项目研究的在校研究生和其他课题组临时聘用人员，限额标准为重大项目不得超过项目资助额的5%，其他项目不得超过项目资助额的10%。咨询费只能支付给课题外的专家，不得支付给课题组成员及项目管理的相关人员，限额标准同样按项目性质分别为5%和10%。据统计，在中国的科研经费投入中，劳务使用情况仅占23.6%，而美国的比例则高达80%。中国科研人员人均每年劳务成本仅有日本的1/12，韩国的1/6。[②] 这种僵化的规定，使科研人员的劳动成本得不到应有的补偿，科研工作的积极性、主动性、创造性被压抑。非善的政策导致有的科研人员逆向选择，采用违法违规方式套取科研经费的事件屡屡发生，违法违规违纪风险增加。

5. 科研经费规定中直接费用和间接费用结构不合理，间接费用补偿不到位

财政部、科技部《关于调整国家科技计划和公益性行业科研专项经费管理办法若干规定的通知》（财教〔2011〕434号），提出建立课题间接成本补偿机制，将课题经费分为直接费用和间接费用。其中，间接费用是指单位在组织实施课题过程中发生的仪器设备及房屋，水、电、气、暖消耗，管

---

① 《国家自然科学基金项目资助经费管理办法》、《教育部人文社会科学研究项目管理办法》、《国家重点基础研究发展计划专项经费管理办法》、《国家重点基础研究发展计划专项经费管理办法》、教育部、财政部《关于进一步加强高校科研经费管理的若干意见》等文件也作了相似的规定。

② 参见何苗：《科研经费“病灶”调查：异化的制度》，载《21世纪经济报道》2014年7月5日，第5版。

理费用的补助支出,绩效支出等。其中,绩效支出是指承担课题任务的单位为提高科研工作绩效安排的相关支出。间接费用使用分段超额累退比例法计算,比例为 20% ~10% ,[①]其中绩效支出提取比例不超过直接费用扣除设备购置费后的 5% 。这种分类方法借鉴了发达国家的经验,然而间接费用的提取比例远低于发达国家的平均值——40% ~50% 。这就产生了三个结果:一是间接费用补偿不到位,教学资源被挤压占用,造成各校的事业经费全部花光或略有超支,而科研经费总有结存;二是使科研项目研究不能得到真实反映和全成本核算,从而难以进行客观的成本效益评价;三是间接费用中的绩效支出本应作为科研单位进行宏观调控的工具,对作出贡献和表现优秀的科研人员进行物质奖励,然而由于受到提取比例限制,数量规模不大,而难以有效发挥应有作用。

6. 科研经费报销"票据化"和程序复杂化

某些合理发生的科研费用无法列支在日益精细化的会计核算中,票据作为原始凭证是据以编制和填写记账凭证、登记账簿、编制会计报表的基础,是会计核算流程的起始环节。科研经费在单位财务部门的会计核算中虽然单独管理、专门核算、专款专用,然而科研经费的报销制度与一般事业活动并无不同,必须以发票证明经济活动的真实性和合理性,并未考虑科研活动的特殊性。以差旅费为例,《中央和国家机关差旅费管理办法》(财行〔2013〕531 号)第 25 条第 2 款规定:"实际发生住宿而无住宿费发票的,不得报销住宿费以及城市间交通费、伙食补助费和市内交通费。"同时,该办法第 33 条规定:"其他有关中央国家机关和事业单位差旅费管理规定与本办法不一致的,按照本办法执行。"在科研活动中如经济学、社会学、法学等学科采用的田野调查方法,因调查农村或偏远地区无法取得住宿发票,因而真实合理发生的住宿费、交通费、伙食补助费就无法报销。再如,科研人员出差去异地城市学术交流,若住宿在亲戚或朋友家中而未发生住宿费,则交通费、伙食补助费仍不能报销。而为了证明一项经济活动发生的真实性,按照规定需要多张票据共同证明才有效力,比如,为了

① 间接费用按照不超过课题经费中直接费用扣除设备购置费后的一定比例核定,具体比例如下:500 万元及以下部分不超过 20%;超过 500 万元至 1000 万元的部分不超过 13%;超过 1000 万元的部分不超过 10%。

证明课题组为召开会议到超市购买了矿泉水，必须出具三种票据——盖有税务机关印章的正规增值税机打发票、超市购物明细清单、公务卡付款记录票据。这种先入为主的不信任制度机制加大了会计核算人员与科研人员双方的工作量。此外，报销签字审批程序过于复杂，在课题制下本应拥有对经费使用自主权的课题负责人，在费用报销时除需自己签字外，还需要科研部门和财务部门相关领导和人员的签字盖章，否则即使合理支出也不予报销。

（二）科研人员经费使用制度性失范问题及成因分析

在科研人员经费使用中，除少数科研人员有目的地谋取私利，违法乱纪，挪用和侵占国家资金外，大部分经费使用中的失范问题都是制度体制所造成的。主要表现为以下几个方面。

1.“重立项轻执行”，存在“结题不结账”现象

中国工程院院士王梦恕曾直言，“老师和下面的学生成天‘写本子’、跑关系、申请钱，结果跑上了，就休息了”，这反映了“重立项、轻执行”的问题。其原因主要在于：一是各科研单位和高校现行规定，只要项目立项，无论是否开展研究或何时出结果，在科研人员职称晋升和各种奖励中都要量化加分；二是由于主管部门预算批复迟、科研资金拨付滞后，科研活动初期资金缺乏而开支多，后期资金充裕而开支少，支出与收入在时间上并不匹配；三是由于报销制度的僵化和程序烦琐，使科研人员不愿浪费太多时间和精力在费用报销上。因此，一些科研人员不按规定进行课题结余经费结算，许多科研项目出现“结题不结账”的现象，大量科研资金被沉淀、闲置和浪费。

2. 课题预算编制粗疏，真实支出与课题预算差距较大

目前，科研经费预算执行存在较大差距，其原因既有科研人员与所在单位的主观原因，也有科研实际、经济变化和制度安排的客观原因。从科研人员的主观原因来看，存在既有对经费预算的重要性和强制性认识不足的问题，也有缺乏预算编制知识，只是凭经验估计的问题。从所在单位来看，科研管理部门和财务管理部门对科研人员编制预算缺乏有效指导和科学评估。从客观因素来看，首先，科学研究具有长期性和难以预料性，如自然科学研究往往存在很强的探索性，难以精确估算成本；其次，现

行财务支出预算标准经常滞后于经济发展和价格变化,如预算材料费是根据当时的价格,而随着经济社会发展,材料的价格可能在短期内就会发生剧烈变化;最后,目前科研经费的预算项目与高校、科研机构的财务会计核算科目不一致,高校、科研机构按照事业单位会计准则进行核算,科研经费的预算是按政策制定部门自定项目进行管理,二者无法实现无缝衔接。上述原因导致科研预算编制不能全面反映成本支出,预算与实际开支偏大。

3. 利用虚假业务、虚假票据报销支出,套取科研资金

如前所述,由于科研人员劳动成本不能得到合理补偿,预算调整审批权尚未确实下放,①促使有的科研人员逆向选择,通过虚列支出、虚假票据来报销费用,补偿人力成本,匹配预算。审计署对中国科学院的2013年审计报告显示:2008年以来,部分院属机构在基本支出、课题项目经费中虚列支出1.58亿元。审计署2014年第8号公告称,北京邮电大学软件学院原执行院长在负责科研课题期间,编造劳务人员名单冒领劳务费;厦门大学两位知名教授因负责的课题组使用与课题无关的票据报销科研经费遭处分。中国社会科学界辞去"院士待遇"第一人的章开沅教授就曾公开呼吁,拼命买发票报销的科研经费管理体制本身就存在问题。

4. 将科研经费转移到合作单位,使科研经费体外循环

由于科研机构和高校财务制度僵化、监管过于严格,个别课题负责人想尽办法通过关联交易、合作科研、虚列业务等方式,将科研资金以子课题或协作名义拨付给关联公司、私营企业,由于企业会计核算和财务管理相比行政事业单位更机动灵活,资金脱离了单位的监督,课题负责人对资金的自由掌控度大大增强。

(三)科研单位监管制度性失效问题

1. 认识有误,轻服务重监督

在科研经费管理办法中,已有部门出台文件,对关于相关利益主体的权责不清、资金归属不明作出规定,如《国务院办公厅转发科技部等部门

---

① 尽管国务院《关于改进加强中央财政科研项目和资金管理的若干意见》(国发〔2014〕11号)明确"进一步下放预算调整审批权限",但是就本课题组实际调研的结果,两年来预算调整审批权并未下放到高校。

〈关于国家科研计划实施课题制管理规定〉的通知》(国办发〔2002〕2号)明确,“实行课题责任人负责制。课题责任人在批准的计划任务和预算范围内享有充分的自主权”。而教育部、财政部《关于进一步加强高校科研经费管理的若干意见》(教财〔2005〕11号)却规定,“高校取得的各类科研经费,不论其资金来源渠道,均为学校收入”。部分高校据此认为,科研经费是学校的资金,学校是科研经费管理的主体,应对科研经费的使用加强监督、检查、控制、审核。这种居高临下的监督管理成为常态,对科研人员的服务意识淡薄,出于监督而不是服务需要设置了繁杂的报销流程和严格的票据报销制度。尽管国务院在2014年就已经明确将预算调整审批权下放到科研单位,但至今没有落实。在这个博弈过程中,一方面,是行政权力的逐渐膨胀,高校的科研、财务、人事、资产、档案、纪检监察和审计等职能部门均可以从不同角度对科研经费的使用进行管理监督;另一方面,是科研人员预算资金使用权、支配权的被侵犯。

2. 定位不准,“轻两头重中间”

在整个科研管理过程中,作为科研人员所在单位的角色定位偏离,“缺位”和“越位”行为同时存在。“缺位”,是指单位缺乏对项目申报初期的政策宣传、资源整合、遴选推荐、预算编制等方面的指导和服务,在科研管理末期,单位缺乏对科研人员的绩效考核和奖励。“越位”,是指对预算执行、经费使用、过程管理的过度重视,将会计核算和管理上的精细化用于对科研活动的监督上,束缚了科研人员的积极性和创作性,一些科研安排囿于发票无法取得而放弃。

3. 高校政治生态,不利于学术自由

科研经费的自由支配是学术自由的经济基础,但高校科层管理的行政化趋势,致使实践中趋向于增加管理环节、烦琐程度和程序步骤等,有的执行单位在落实时由于管理观念认识可能会出现选择政策和异化政策,对上级政策进行歪曲、篡改、肢解、抵触,最终导致执行者的权力膨胀和利益增加。目前,尽管国务院对科研项目管理政策宽松,但部委和高校对科研经费管理趋紧。

三、我国科研经费管理研究综述及问题揭示

面对现实中我国科研经费管理的乱象,如何加强科研经费管理,许多

研究者从经济管理、财务核算、审计与内部控制、社会文化等多个角度进行了研究。从内容上,主要包括:(1)我国科研经费管理的问题、原因及对策;(2)科研资金使用的效率效益分析;(3)国际经验与启示借鉴;(4)构建科研经费新的管理模式;(5)科研经费管理的法治路径。现将代表性观点综述如下。

(一)我国科研经费管理的问题、原因及对策

施一公、饶毅(2010 年)联名在 SCIENCE《科学》发文章指出,虽然我国研究经费以每年超过 20% 的比例增加,但并没有对科研起到应有的强大促进作用,其原因是科研经费分配存在严重问题,其问题部分归于体制,部分归于文化。

聂常虹、王丹(2014 年)认为,我国科研经费管理问题主要有:一是科研经费布局不合理——立项的行政化导向明显、多头部署现象突出、稳定性支持与竞争性支持比重失衡;二是科研经费使用效率低下——仪器设备过度购置、经费管理过于僵化、人员经费设置违背科研规律,问题的原因有体制、制度、执行、文化等多方面的因素。

黄永林、李茂峰(2013 年)通过参与教育部科研经费检查实践,总结认为科研经费管理制度存在间接成本和劳务报酬政策不合理、经费预算和支出标准规定不科学、经费拨款和项目结账管理不完善、投入机制和信息平台不健全四个方面的问题,提出了建立课题负责人项目经费包干制、完善科研经费全成本核算制度、建立预算的弹性制度和第三方评价机制、将结余资金转为科研发展基金、建立科研信息共享平台等建议。

刘兴凯(2016 年)从系统论出发认为,科研创新依赖高校内外部环境所构筑的良好科研生态,近年来出现的科研经费使用不合理、科研人员学术信用缺失、科研资源配置不公等“异化”现象,源于宏观的社会竞争和利益驱动大环境,中观的科研评价与成本补偿机制不足,微观的科研人员学术道德缺失和自律松懈。

张金贵、孙杰(2014 年)挖掘高校科研经费管理困难的深层原因为:首先,科研经费的产权归属难以界定;其次,信息不对称导致经费使用的委托代理冲突;最后,高校事业单位会计制度和收付实现制无法对科研经费进行全成本核算。

(二)科研资金使用的效率效益分析

李兵、李正风(2012 年)对科研课题制的制度预期与实现情况进行对比分析,认为课题制出现了制度预期外的新情况,科研资金使用效率偏低,全面的课题制导致科技资源配置单一化,不利于长周期、高质量的基础研究,全额预算制度下各费用比例不合理,跨单位的协同合作形同虚设,放大了资源配置不均的“马太效应”。这既与课题制先天制度设计缺陷有关,又与相关配套制度(人事、薪酬、社会信用制度)改革滞后有关。

张川等(2015 年)基于问卷调查的数据,对科研经费管理效力及影响因素进行了实证研究,从制度效力、监督效力、预算效力三个层面运用多元回归分析方法对科研经费管理效力进行了评价,结论认为制度设计更能影响监督效力和预算效力,科研成本核算的难度影响预算效力。现有科研经费管理制度具有先天缺陷,降低了预算效力和监督效力。

(三)国际经验与启示借鉴

聂常虹、王丹(2014 年)总结认为,从体制层面,发达国家科技经费管理模式大致分为:以美国为代表的分散型管理模式,以及被英国、法国、德国、日本、韩国为代表的集中型管理模式。两种模式的共同特点:(1)在体制建设上,重视政府职能与市场机制的有机融合,重视科研经费管理的顶层设计,充分发挥市场在配置科技资源方面的主导作用。(2)在制度安排上,强调科研自由,减少行政干预,给予科研机构、科研人员充分的自主权。(3)在监督过程上,施行科研经费申请和使用的全程监督,监管措施一般包括主任责任制、定期报告制、同行评议制、合同审查制等。(4)在管理模式上,对稳定性支持和竞争性支持采取差异化的管理。(5)在质量控制上,注重经费使用的绩效评估。(6)在文化建设上,充分发挥科学家共同体的道德约束作用。

黄素芳(2012 年)认为,我国现阶段的科研经费管理体制与德国形似而神不似,具体表现在:(1)劳务费都规定只能支付给临时聘用人员,但德国科研人员另外还有科研工资,我国科研人员没有单独的科研工资,并且德国劳务费占到资助总额的 80% 以上,我国仅占 20%。(2)成本核算上都提倡精细化和全过程,德国分别设置单一简式记账法、商业记账法和成本式记账法三种并存来满足不同的需求,使用 30 余种统计指数来分摊间接费用,我国的成本核算比较粗疏,间接费用按照比例计提,会计核算采用收付实现制,难以达到成本的精确核算。

夏秀芹(2012年)总结了澳大利亚科研经费管理的特点:(1)有具有普遍约束力的行为准则统一规范——《澳大利亚负责任研究的行为守则》;(2)有专门的科研绩效评估系统ERA;(3)高校(以澳大利亚国立大学为例①)80%的经费用于科研及相关项目,科研部门下设科研资助、科研诚信、知识产区与产业化、科研评优四个办公室,注重科研产业化;(4)立法明确企业科研投入金额比例及退税标准。

胡勇军、赵文华(2014年)通过比较美国密西根大学和上海交通大学科研经费管理异同,总结认为美国大学是全成本核算单位,科研经费的拨款充分考虑了学校承担科研项目的"间接成本",具有明显的重"人"轻"物"的特征。中国大学是全额拨款单位,科研经费未充分考虑管理和人工成本,其预算具有重"物"轻"人"的特征,偏重科研设备的购置,忽视人员经费的支出,且科研项目管理烦琐,预算调整刚性僵化。建议我国研究型大学增加科研间接费的拨付比例、适当提高人员费比重、适度下放项目管理权和提高预算调整自主权。

(四)构建科研经费新的管理模式

田馨雅、徐远火(2013年)提出,运用全面质量管理(Total Quality Management,TQM)理念创新高校科研经费管理,通过加强高校科研经费的全方位管理,注重高校科研经费的全程管理,倡导高校科研经费管理主体多元化等措施。

闫亚梅(2015年)提出,加强科研经费申报与结项两端审核,而将经费使用的中间过程监管下沉给各责任主体的"U"形管理模式。

李志良、杨智、王德军(2011年)根据利益相关者理论,构建了包括科研经费提供者、科研经费管理者和科研经费使用者的三维一体立体管理模型,提出了延伸财务人员服务环节、建立联合研究中心、科研孵化中心,完善高校间接成本补充机制,建立高校内部科研基金,盘活科研结余资金等建议。

---

① 世界一流研究型大学,已经培养了6名诺贝尔奖获得者。

张水潮、孙中叶（2015 年）通过对河南省 20 多所高校问卷调查，采用因子分析法，分析了影响科研经费管理的多个因素，并基于工程管理的全生命周期理论，构建贯穿项目立项前、执行过程中和结束后的全过程的链式管理模式，将科研经费管理从以往科研管理部门单一的“正面清单 + 事前审批”的管理模式转变成多部门协同管理的“负面清单 + 事中监管 + 事后审计 + 效益评估”的模式。

袁继英、申岩、赵洁（2014 年），从内部控制角度着眼，按照业务类别系统分析了科研经费管理内部控制需要关注的风险点，逐一梳理各控制单元所涉及的相关责任部门，提出了明确部门分工、加强协作、整合系统共享各部门信息和采取有效科研经费审核控制措施等建议。

（五）科研经费管理的法治路径

昌永岗、穆美丽（2015 年）认为，科技资源配置过程中法律保障的不足已经从全局影响了科技事业的平稳顺利快速发展，应将法治作为科研资源优化配置的必要保障，并提出建议：（1）转变政府在科技资源配置中的思维、手段，实现政策治理向法律治理的转变；（2）理顺管理体制，加强国家科技资源配置工作的系统性；（3）清理科技领域法律规范，提升科技立法层次、加强法律的可操作性。

王芳（2015 年）认为，我国科研项目立项审批领域的权力寻租现象比较严重，项目审批权缺乏有效的制约和监督，应在程序正义视角下，重点加强科研项目审批程序的法律规制，包括审批公开制度、利害关系人回避制度、职能分离制度、禁止单方接触制度和异议复审制度、不予批准说明理由制度，以保障科研项目审批权得到有效制约和监督。

郑毅（2015 年）认为，以《中央和国家机关差旅费管理办法》第 25 条为代表的高校经费管理制度，违背科学研究的一般规律，妨害了高校教师制定研究和实施计划、参与学术交流、发表学术观点等自主权利的行使。不合理的制度设计，不仅无法达到节约经费的立法初衷，反而导致虚开发票等违规现象频发，最终制约科研水平提升。正视高校财务管理规律的特殊性、区分不同来源的经费使用制度、合理拓展间接经费的适用空间、在适当制度层面以协商民主推动体制改革以及将法治化建构作为终极制度保障等对问题的解决无疑具有重要意义。

谭启平(2016年)从创新型国家法治构建的高度,认为科技创新法律制度建设存在三方面问题:一是全面系统、科学完备的法律制度尚未建立;二是《科学技术进步法》和《促进科技成果转化法》中的宣示性规定过多、可操作性不强;三是规范之间缺乏体系化协调,甚至存在相互矛盾的地方。其认为应尽快改变在创新型国家建设中重政策、轻法律的局面,进一步完善相应的法律法规,形成结构完整、体系完善、相互协调的创新型国家建设法律规范体系。在科研合同的法律性质上,认为无论横向合同还是纵向合同,均应属于民事合同中的技术合同,应遵循"充分信任、管好两头、控制节点、重在结果"的管理原则。在科研人员报酬上,其认为在经费科目中,应当增列并提高项目承担人员劳务费和报酬比例,同时强化经费预算的审查和项目承担者的合同法律意识。此外,还应不断推广与完善科技成果转化股权和分红激励制度。

如前所述,大量的对科研经费管理的研究是从经济学、管理学、社会学的视角所作的研究,近两年学者们才开始关注从法学的视角开展科研经费管理的研究,一方面,这是由于人们存在认识的误区,普遍认为科研经费管理应该属于经济管理或财务管理领域的概念;另一方面,也反映了法治意识、法治思维的触角尚未延伸到各个研究领域。当我们陷入纯粹管理视角来观察科研经费时,由于不同的作者身份各异,所表达的理念和观点迥然不同,如科技部门管理者、高校财务人员撰写的文章通常就是强化对科研经费的管理和监督,实行科研项目的全成本核算,而科研人员通常从如何遵循科研规律,激发科研创新的角度来开展研究。当我们被这些枝节问题所障目时,忽略了本质问题——如何将法治化建构作为科研经费管理终极保障,如何以契约精神来界定相关利益各方的权、责、利问题。

近两年,有少数的法学学者作了有益的探索,然而却远远不够,还有许多问题需要解决,比如:(1)科研经费法治化管理的理念和法律原则;(2)对科研经费管理的研究尚停留在普遍性层面,缺少分类分级分项研究;(3)当前科研经费管理笼统采用自然科学研究经费管理规则,缺乏对人文社会科学研究经费使用规则的思考,应凝练出适用于社会科学研究特性的经费管理法则和绩效评价体系;(4)对纵向合同的性质如何定义,相关利益各方的责任权利如何界定;(5)科研经费的全成本核算与科学研究规律的矛盾如何解决,能否简化科研经费报销制度等。本书着重对以上问题进行思考,希望能为科研经费的法治化建设提供有意义的理论探讨和智力支持。

第二章　科研经费管理中各类矛盾焦点分析

马克思曾经说过，“社会不是以法律为基础的……相反，法律是以社会为基础”，[①]所以任何法律制度的构建都必须结合当前的社会现实，而基于矛盾的普遍性导致法律的重点在于协调社会现实存在的各类矛盾冲突。建构我国科研经费管理制度也必须要明确科研经费管理中的各类矛盾和冲突，才能制定出能够产生实效的制度从而实现良法善治的目标。首先，我国正处于社会的大转型时期，各项制度的立、改、废频繁，科研经费管理制度同样处在一个从“放任”到“紧缩”的变革过程，新旧制度交替是科研经费管理中面临的第一类矛盾与冲突。其次，社会科学与自然科学无论是在评价机制还是学科研究的内在规律方面都具有重大的乃至是本质上的不同，这是科研经费管理的又一矛盾与冲突。

一、科研经费管理使用从“放任”到“紧缩”的弊端分析

目前，我国涉及科研经费管理的法律有《预算

---

① 中共中央马克思恩格斯列宁斯大林著作编译局编：《马克思恩格斯选集》，人民出版社 1972 年版，第 82 页。

法》《科学技术进步法》《会计法》《审计法》,但尚无专门针对科研经费的立法。科研经费管理在很大程度上都仅仅是依据财政部、科技部、教育部等部门的规范性文件,科研项目设立机构对经费管理的规定以及科研机构和高等院校内部的财务管理办法等,"法律供给"的不足。这一方面,导致了对科研经费"放任"的局面从而严重影响了科研经费的使用效率;另一方面,基于对"放任"的反思而形成的"紧缩"型科研经费管理由于缺乏"法治思维"和"法治方式",导致严重损害了科研人员的合法权益从而影响了其对科研的积极性。

(一)"放任"型经费管理的表现及其弊端

我国这一轮严格管理科研经费是为了回应科研经费的使用在实践中曾长期存在监管"真空"的情况。长期以来,高校将科研经费作为奖励或者隐形福利对待而忽视对其进行监督和管理,科研人员也认为科研经费是"自己的钱"而对管理的重要性认识不足。

1. 科研经费管理意识不足

法律意识和法律信仰是衡量法治社会的一个重要指标,所以科研活动的各方主体在科研经费管理方面的意识不足将会严重制约科研经费管理的实效。

首先,高校科研部门和财务部门对课题经费管理的认识不足。按照"项目制"运作模式,高校是承担科研经费监管的主要部门,其监管的效果直接影响科研经费使用的绩效。然而在实践中,有的高校对项目经费监管的认识存在严重不足:科研部门为了科研任务量,片面甚至是单纯地看重科研项目的级别和数量,而忽视对包括经费使用在内的监管,①甚至个别高校为了"鼓励"科研人员申请更高级别和更多的科研项目而帮助科研人员编制虚假预算和谎报开支等。高校财务部门作为直接监管科研经费的部门,在实践中往往仅仅重视科研经费的数量以及管理费用的比例,而由于种种原因导致其怠于行使科研经费监督的权力。

其次,课题组成员特别是项目主持人对科研经费管理的认识不足。课题组是科研经费的使用者,也是科研活动最重要的主体,而课题组项目

---

① 参见许志俊:《高校科研经费管理的误区及改进建议》,载《商业会计》2011年第18期。

主持人则应当享有科研经费使用的自主权，所以课题组成员特别是项目主持人在科研经费管理方面的意识至关重要。目前，课题组特别是项目主持人对科研经费管理的认识不足主要原因有两个方面。第一，虽然学校会组织申报相关课题，并在很多时候会采取诸如提供配套资金等带有激励性质的措施，但是总体而言，课题申报是否能够获得批准立项还是取决于课题组成员特别是项目主持人。因为无论是课题选题、课题的论证以及课题前期成果都带有一定的人身属性，所以在项目获得批准立项后，包括项目主持人在内的课题组成员通常就会认为项目既然是自己争取得到的，那么科研经费理所当然就是自己的钱而在内心排斥和抗拒相关部门的监管。第二，课题组的成员是相关领域的专家，但是对财务管理方面的知识和规定却缺乏了解，同时，由于财务制度的复杂性和专业性而使要求科研人员必须熟悉整个制度既不现实也不经济，这在客观上导致了课题组成员特别是项目主持人对科研经费管理的认识不足。

2. 科研经费管理体制“放任”的表现及其弊端

我国目前的科研经费管理体制也是造成科研经费管理“放任”的原因，同时也是经费管理“放任”的具体表现。

首先，权力主导型的管理体制导致监管不能。前文提到过，我国目前的教育体制和科研体制总体上都属于权力主导型，作为教育和科研体制组成部分的科研经费管理体制也带有强烈的权力主导色彩。在权力主导下的科研经费管理制度必然会导致监管的不能。第一，科研经费的监管需要在“程序正义”和“人本主义”理念的指导下，建立在一个公开透明的机制之上，无疑权力主导的科研经费管理制度既不能体现“程序正义”和“以人为本”的理念，同时也无法建立起公开透明的实施机制。第二，权力主导下的科研管理制度，由于申请、评价机制尚不能完全公开透明，在现实生活中就会出现课题获得批准立项的概率与课题主持人行政和学术权力具有一定正相关性的情况。同时，在权力主导下的教育体制中，对那些掌握行政和学术权力的项目主持人在科研经费的使用上很难进行有效的实质性监督。

其次，科研项目和科研经费相分离的监管体制导致监管无力。前文提到过，我国高校实行的是项目和经费相分离的管理制度：一方面，这种制度违反科研活动中科研项目和科研经费本身的一致性；另一方面，容易由于“政出多门”而导致职责不清从而不利于对科研经费使用的管理。项目和经费相分离的体制加上前文提到的监管机构本身的认识不足，科研经费管理的“放任”就成了唯一可能的结果。

3. 科研经费管理机制“放任”的表现及其弊端

首先，科研经费预算机制不合理。目前，我国所有的科研项目在申请之时都要求编制项目预算，同时在理论和具体规定上都要求将项目预算作为以后进行开支的依据，具有相对的“强制性”。但是在科研经费使用的现实中，科研经费和科研开支在一定程度上并不具有相关性，甚至有的形成“两本账”。第一，在科研项目申请之时，有的课题组成员为了确保以后经费相对充足，往往会夸大本来需要开支的预算额度以为之后的开支留下一定空间。第二，在科研项目经费使用过程中，已经获得科研项目设立机构批准的预算不应随意改动，应当严格按照经费预算进行开支。但是在实践中，有的科研人员随意更改开支类型和范围并采取各种方式骗取科研经费，如将一些生活消费品作为科研开支予以报销或者重复购买固定资产。第三，有的科研人员和评审人员对财务知识的缺乏导致科研机构经费管理“放任”的加剧，由于科研人员对财务知识的不了解导致科研经费编制的不合理，这种不合理本来可以通过项目立项评审和结项评审得以发现并改正，但是在实践中，项目立项评审和结项评审的专家同样缺乏财务管理相关知识以致无法发现预算编制存在的问题，甚至不对经费预算进行实质性的审核。

其次，科研经费管理成本核算不科学。科研经费管理成本核算应当采取全成本核算机制，美国按照直接经费和间接经费来进行科研预算的编制从而实现“根据项目实施的需要来核算项目所需要的成本”的全成本核算目的；[①]而英国则建立了全成本核算制度（Full Economic Coasting, FEC），从而将科研活动中的直接发生成本、直接分配成本、间接成本、其

① 刘波：《基于〈课题制〉的大学科研经费管理——与美国的比较研究》，载《科研管理》2013 年第 1 期。

他成本都全部纳入核算体制。[①] 而在我国科研经费管理的实践中,如差旅费、资料费等直接费用是允许全部计入成本中用于核算的,而间接费用则不能直接被纳入科研成本进行核算。加上由于存在多个项目同时在研的情况,导致成本核算更加复杂和困难。另外,现行的科研经费管理办法都允许管理机构提取一定比例的管理费,这些管理费的初衷是用于补偿学校所支付的水电暖气费用以及试验设备折旧费用等。但是,在实践中大多用作高校的日常开支,这无疑不符合科研经费的全成本核算体制的要求。

再次,结余资金管理存在真空。出于种种原因导致科研经费在项目完成之后存在结余的现象。虽然经费管理办法大多规定结余资金需要收回,但是在实践中广泛存在结题不结账的情况。这一方面是由于科研人员认为项目经费是"自己的钱"所导致的;另一方面是前述种种原因导致高校财务部门和科研部门管理不严以致对项目经费结余情况并不了解。

最后,科研经费缺乏全过程监督机制。目前,科研经费管理不仅存在前文所述的怠于行使监管权的情况,而且仅有的监管也只是停留在项目在研过程中。监管不力加上监管存在真空领域,这就必然导致科研经费管理处于"放任"状态。

(二)"紧缩"型经费管理的表现及其弊端

因为我国原来的"放任"型科研经费管理制度导致科研经费被挪用的情况严重。"中国科协的意向调查显示:科研资金用于项目本身仅占40%左右,大量科研经费流失在项目之外";[②]而2013年北京海淀区检察院立案侦查的科研经费领域职务犯罪案件达17件,共21人,其中,"贪污、挪用类犯罪较为集中,利用科研经费监管漏洞大肆作案"。[③] 有人将贪污、挪用科研经费所带来后果归纳为"七罪":诈骗国家公款罪、滥用国家公款罪、伤害科研发展罪、加剧社会腐败罪、怂恿科研造假罪、影响社会发展

① 参见顾全:《美国匹兹堡大学教师科研报酬体系研究》,载《外国教育研究》2015年第12期。

② 陈勇:《科研经费江湖》,载《经济观察报》2011年11月7日,第9版。

③ 吴晓杰、王燕:《谁动了科研经费的奶酪》,载《光明日报》2011年9月7日,第5版。

罪、侵犯科研权益罪。[①] 尽管这“七罪”仅仅是从道德角度而非法律角度的归纳,同时也有夸大的成分,但是可以看出“放任”型科研经费管理体制的弊端。鉴于此,国家开始转变科研经费管理的态度,开始以“紧缩”的态势来应对“放任”管理带来的问题。但是由于种种问题,现行的“紧缩”型科研经费管理办法依然存在许多弊端。

1. 重资金监管,轻成果质量

为了加强科研经费使用的监管,各个高等院校的财务部门都制定了一系列具体的办法,这些办法旨在建立一个在严格票据管理之下的报账制度,“物本主义”色彩浓厚是其最大的共性。首先,严格的票据制度不符合科学研究的规律,票据管理制度有要求相关票据填写齐全并加盖发票专用章等一些具体而严格的规定,科研开支无法达到这些要求。这一问题在一些实证调研的课题中表现得尤为明显,特别是到偏远山区和对特殊人群的调研,在当地的开支很多是无法获得符合规定的票据的,但是这些开支又是必然的。其次,由于财务管理具有极强的专业性和复杂性,所以在科研报账过程中,科研人员处于信息不对称的地位。

这种建立在严格票据基础上的报账制度在重视科研经费资金监管的初衷下出现了监管目的和价值错位,前文提到过科研经费监管的目的应当是在“人本主义”理念下有利于实现知识创新。而在现行“紧缩”态势下的财务报账制度片面重视对科研经费使用情况的监督而忽视科研人员的主体性,从而缺乏从成果角度的激励。另外,现行的财务报账制度由于不符合科学研究的现实以及存在信息不对称的情况,不仅不会对成果创新起到激励的作用,甚至会严重损害科研人员的积极性从而不利于优质科研成果的产生。

2. 重监管机构权力,轻科研人员权利

首先,监管机构的管理费比例过高而科研人员的劳务费无法发放。如果按照经费最终的归属划分可以将科研经费分为归监督机构的管理费和由课题组科研人员享有的经费。在权力主导体制之下的科研机构费管理体制,科研项目的管理费比例高达5%。而科研人员劳务费用,一方面,

---

① 参见殷建光:《挪用“科研经费”有“七罪”》,载大江网:http://jxcomment.jxnews.com.cn/system/2013/10/15/012717178.shtml,最后访问日期:2016年5月3日。

在享有主体上具有严格的限制；另一方面，在比例上也不能弥补科研活动的正常开支，更不用说对科研活动起到激励作用。

其次，经费使用上财务人员权限过大，课题组自主权过小。目前，科研经费采取的是先由科研人员自行垫付，然后再根据票据报销的方式，而由财务部门的工作人员负责审核票据是否符合相关规定。由于权力主导的体制、信息不对称的现实，导致科研人员在审核中的自由裁量权过大，甚至出现科研人员决定项目经费开支的情况。在实践中出现过同一个课题、同样的票据，经由不同的财政工作人员审核出现截然不同的两种结果的情况；也出现过同一个课题、同样的票据，由同一个财务工作人员审核，但是不同的报账人员出现了不同的审核结果的情况。由于财务工作人员在经费使用上的权限过大，导致本来应该由课题组享有的科研经费使用自主权被挤压得越来越小，这样的制度后果就是科研经费使用的主体由课题组转化成了财务部门。

最后，财务工作人员单纯负责审核而不协助课题组编制预算和规范票据。前文提到建立在票据基础上的财务流程由于其专业性和复杂性要求科研工作人员全面了解其相关规定是既不现实也不经济的，所以就需要财务工作人员能够在实践中以“服务”的态度在预算编制过程中起到协助作用，给予财务专业类的指导；而在具体报账过程中，当科研人员的票据不符合相关规定之时，也需要协助其规范相关票据。但是在实践中，一方面，认为科研经费预算编制与其无关；另一方面，仅仅对报账的票据给出简单的审核结果。凡此种种，都是“重监管机构权力、轻科研人员权利”的具体表现。

3. 重经费使用的权力监督，轻经费使用的契约监督

目前，高等院校财务部门对科研经费监管的依据主要是学校制定的科研经费管理办法，但是无论是源于国家财政资金的课题还是来自企业和社会的项目，从本质上都带有契约的性质。源于国家财政资金资助的科研项目虽然带有强烈的行政色彩，但是其行政色彩主要表现在课题指南发布和课题申报过程之中，而在科研合同签订之后双方明显带有合同的性质——政府购买科研成果。源于企业和社会的科研经费是按照双方约定进行的，不带有任何的行政色彩。无论是何种资金来源的科研项目，

科研项目的设立机构对科研经费的使用都有自己具体的规定,这些规定应当是科研设立机构和课题组契约的一部分。高等院校的财务部门和科研部门在某种程度上是接受项目设立机构的委托对经费使用情况进行监督。既然科研合同本质上是契约,而科研项目设立部门已经通过契约的方式明确了科研经费的使用类型和范围。那么作为接受委托对科研经费进行监管的高等院校财务部门和科研部门就应当尊重契约精神,以项目设立机构的相关规定和双方的科研合同为依据。但是在实践中,无论是何种来源的科研项目,高等院校财务部门对其经费监管的主要依据都是学校相关财务规定。英国著名法学家梅因曾言,“所有的进步运动,到此为止,是一个从身份到契约的运动”,[①]而国内也有学者将契约精神视为法律理念之一。[②] 因此,高等院校这种依据自身规定而忽视契约精神的科研经费管理模式不符合科研项目的本质以及设立科研项目的目的,更不符合现代法律的基本精神。

4. 重刑法惩罚,轻配套制度建设

对那些挪用和贪污科研经费且情节严重的,的确需要依据法律予以惩罚。但是想要从制度上根治挪用和贪污科研经费的情况不能仅仅依靠重刑的惩罚,还需要构建一系列符合“人本主义”理念和科研规律的配套制度。然而,从实行“紧缩”型科研经费管理制度以来,“刑法万能主义”和“重刑主义”已经开始抬头:“北京检察系统在 2011 年至 2013 年三年间,共办理与高校职务犯罪相关的案件 38 件,共 40 人。其中科研经费使用上出现问题的案件为 14 件,共 17 人,涉案金额达 2000 多万元,平均每起案件涉及的金额是 160 万元。犯罪主体有教师和科研人员,也不乏一些专家。涉及刑法中的罪名主要有贪污、挪用公款和受贿,受贿主要是指采购科研设备过程中拿了回扣”,[③]并且有相当涉及科研经费使用的犯罪嫌疑

① [英]梅因:《古代法》,沈景一译,商务印书馆 1959 年版,第 97 页。

② 参见汪习根主编:《法律理念》,武汉大学出版社 2006 年版,第 157 ~ 201 页。

③ 韩娜:《80 后科研人员犯罪率上升》,载《北京晨报》2014 年 3 月 8 日,第 A08 版。

人被处以10年以上的重刑。[①] 有学者对挪用和贪污科研经费科以刑罚的行为提出质疑,认为"科研人员套取科研经费不构成贪污罪",[②]"除套取数额巨大、手段恶劣或者担任行政职务的课题组负责人以外,其他课题组负责人不构成犯罪"。[③] 这种"重刑法惩罚、轻配套制度建设"的"紧缩"型科研经费管理制度必然会将学术创造力扼杀在"刑法万能主义"的不当威慑力上。

(三)从"放任"到"紧缩"的弊端分析——基于制度摩擦成本的视角

前文提到过,制度特别是制度改革时期会产生摩擦成本。摩擦成本,是指"由改革的社会阻力所造成的时间和物质甚至生命的耗费"。[④] 简言之,摩擦成本是指在新旧制度交替时期,由于新旧制度的冲突而增加的社会成本。摩擦成本的产生除利益受损方的阻碍以外,更重要且更难克服的是路径依赖和心理惯性带来的普遍不适应。同样,在由"放任"型科研经费管理制度转向"紧缩"型科研经费管理制度的过程中也会由于路径依赖和制度惯性带来摩擦成本,加之现行"紧缩"型的科研经费管理制度本身存在的问题而最终演变成现行科研经费管理之弊。

1. 专项整治之弊

目前,我国对科研经费进行的"紧缩"型管理就是针对多年以来由"放任"型管理所带来的科研经费使用乱象而进行的专项整治。首先,在专项治理的"紧缩"型科研经费管理制度之下,科研人员的合法经济利益和必要的正当程序保障都无法实现。其次,在专项治理之下的"紧缩"型科研经费管理制度并不必然符合现行法律的规定。最后,由于其专项治理的临时性导致科研经费管理容易出现"放任"和"紧缩"循环的情况。

---

① 浙江大学教授陈某开具虚假发票套取945万元而被以贪污罪判处10年有期徒刑;北京邮电大学软件学院教授宋某因借用他人身份证冒领国家科技重大专项科研经费68万元被法院以贪污罪判刑10年6个月;中国科学院地质与地球物理研究所研究员段某以各种差旅费、劳务费、租车费及复印装订费等名义套取科研经费130万元而被法院以贪污罪判处13年有期徒刑。

② 肖中华:《科研人员不当套取国家科研经费不应认定为贪污罪》,载《法治研究》2014年第9期。

③ 刘科:《套取国家财政拨款科研经费行为定罪中的疑难问题研究》,载《法学杂志》2015年第7期。

④ 樊纲:《两种改革成本与两种改革方式》,载《经济研究》1993年第1期。

2. “放任”到“紧缩”的极端式治理之弊

一项符合理性的制度应当是做到“允执厥中”般的“持身公正”，而不会走向任何一个极端。我国科研经费管理制度从“放任”到“紧缩”是从一个极端到了另一个极端。这是由于目前科研经费管理制度对“事先疏于管理”的“放任”采取了“事后矫枉过正”的“紧缩”。对“紧缩”型科研经费管理体制本身的问题在前文已经有详细的论述。同时，这种转变还存在基于制度变革摩擦成本带来的弊端：习惯了原本“放任”型管理的高等院校与科研人员，在面临本身欠缺合理性的近似“苛责”的新模式时，短期内可能会走向科研违规、违法乃至犯罪。长期而言，基于科研人员经济人的理性选择，必然会出现科研项目遇冷的局面，而且事实上也的确已经开始出现部分科研人员不再申请课题的情况。

3. 从“福利”到“鸡肋”“烫手山芋”的定位之弊

原本在“放任”型管理制度之下的科研经费被很多学校和科研人员视为一种经济福利，特别是在高校科研工作人员与在企业从事相类似工作人员的薪酬待遇差距日益扩大的时代背景下，这种经济福利的定位虽然不符合法律和科研经费本身目的的要求，却具有极大的现实必然性。而“紧缩”型的科研经费管理制度，使人们对科研经费的定位发生了翻天覆地的变化。由于建立在严格发票管理之下的报账制度并不符合科研管理规律以及“以人为本”的理念，现在科研经费成了科研人员的“鸡肋”和“烫手山芋”——不申请会影响经济利益甚至职称评定，而申请又会面临权力主导下“物本主义”经费管理制度的折磨，甚至稍不谨慎就会面临重刑处罚。从“福利”到“鸡肋”和“烫手山芋”是由于从“放任”到“紧缩”治理导致的，这种转变增加了科研人员的摩擦成本和守法成本，最终不利于科研项目设立和科研经费使用目的的实现。

4. 从“滥用”到“不用”的结果之弊

科研工作人员对科研经费从“滥用”到“不用”是上述所有弊端的最终结果，同时也是科研经费管理从“放任”到“紧缩”弊端的表现之一。制度改革的摩擦成本、“紧缩”型管理制度本身的目的和价值错位、具体科研经费管理机制基于“物本主义”而形成的极端化管理都使科研工作人员对科研项目敬而远之。长此以往，损害的不仅是科研工作人员的经济利益，更会使国家科技创新的战略面临阻碍。

二、社会科学成果与自然科学技术质量评价机制的差异性分析

虽然随着社会的发展和知识相互融合,社会科学与自然科学具有了统一协调的趋势,[①]同时在研究上也存在交叉融合的情况。[②] 但是,不可否认,社会科学和自然科学的研究仍然存在本质上的区别,这些区别直接导致了社会科学成果与自然科学技术质量评价机制的差异。

据学者的考证表明,最早用汉语的"科学"一词来翻译西语中的"science"的是日本人,"科学中的'科',意味划分、区别。因此,在日语'科学'(翻译语)中,科学就是有关特定的(被划分)对象领域的学问之意很强"。[③] 所以科学本身就有对学问进行分类研究的意思。人类社会孕育了一系列的学问,最早所有的学问都属于神学的分支,后来逐渐分为神学和科学。钱学森先生根据研究的角度不同,将除神学以外的科学分为自然科学、社会科学、数学科学、系统科学、思维科学、人体科学、文艺科学、军事科学和行为科学,同时这9类科学由哲学进行统领。[④] 而传统的观点认为,科学分为自然科学和社会科学,[⑤]而哲学属于自然科学和社会科学的统领。自然科学以自然界的各种现象为研究对象,其致力于发现自然的客观规律及其利用方式;社会科学是一门研究人类社会各类现象的学科,其相对自然科学来说带有较大的价值选择问题。由于研究领域的不同特点,导致自然科学和社会科学在研究方法、研究目的以及成果的检验和运用方面都存在极大的差异。

---

① 参见尹星凡、袁结荣:《论自然科学与人文社会科学的统一和协调发展》,载《南昌大学学报》(人文社会科学版)2009年第3期。

② 参见袁翀、褚怡春:《近十年我国自然科学与社会科学的交叉融合研究》,载《科技进步与对策》2012年第21期。

③ 金淞:《什么是科学(上)——从科学哲学的立场看》,载《自然辩证法研究》1994年第5期。

④ 当然也有学者认为科学应当分为自然科学、社会科学和人文科学,他们分别对应自然界、人类社会和人的思想(马红霞:《浅析自然科学、社会科学和人文科学的本质差异》,载《广东社会科学》2006年第6期),但是笔者认为,人类社会和人的思想具有不可分性,所以人文科学和社会科学应当是一体的。

⑤ 参见付子堂主编:《法理学初阶》(第5版),法律出版社2015年版,第2~3页。

(一)社会科学与自然科学在研究方面的差异

1.客观性与主观性的差异

首先,对是否需要研究者的价值选择不一样。自然科学的研究对象是自然现象,其研究的目的在于发现自然规律,其中不需要研究者的价值选择,只需要忠实于客观事实。在自然科学研究中,越是排除研究者的主观价值选择,其取得的科研成果越是可靠。正因如此,才有人认为"自然科学是理性程度最高的科学"。[①] 而社会科学需要研究社会现象,虽然许多学者提出社会科学的研究也需要"价值中立",但是毫无疑问,社会现象的研究最根本的出发点就在于价值的选择。这是因为社会由持不同价值判断的人组成,所以社会现象的背后也是不同价值观念的冲突,即使社会科学研究者只是为了客观地记录这些价值冲突,也会因为其本身的知识结构和社会环境而不自觉地带有自身的价值选择。社会科学研究除了记录社会现象,还需要为社会问题提供解决思路,由于社会问题的背后往往是不同价值观念及其冲突,这就需要研究者能够衡平不同的价值,衡平不同价值必然会涉及基于价值位阶的选择问题。甚至在社会转型时期,价值判断对社会科学研究的推动以及社会的进步远远大于具体制度的建构。

其次,自然科学的研究具有普遍性,而社会科学的研究具有时空性。由于自然科学研究的是自然规律,自然规律不会因为不同的时代和不同的空间而不同。因此,在任何时期和任何地域,自然规律都是一样的,这决定了自然科学的研究注重客观性,同时其研究目的也在于发现自然现象的客观性。虽然人类社会对于某些问题是有一定共识的,但是这些共识远远小于差异。不同时期和不同地域会产生不同的社会现象,同时同一社会现象也会因为不同的时期和地域而产生不同的评价,这是因为不同国家和地区的文化传统、社会经济发展以及法律制度都存在不同,可以说,社会科学也是一种"地方性知识"。因此,以社会现象为研究对象的社会科学必然就带有强烈的"时空性"。

最后,脑力劳动的比重不同。虽然研究者的学术研究能力是社会科

---

① 马颖、蒲十周:《论自然科学与人文社会科学研究方法的异同》,载《福建论坛》(人文社会科学版)2005年第4期。

学和自然科学都需要的最为重要的保证,即都需要智力投入。但是脑力劳动在所有成本中所占的比重具有极大的差异。自然科学研究在重视脑力劳动的同时,还非常重视包括实验设备在内的试验条件等物资方面的投入。虽然不能说物资投入是自然科学研究成功的关键,但是至少可以认为,物资投入和脑力劳动在自然科学研究中两分天下。而社会科学研究虽然也需要一定的物质投入,如图书等,但是这些物资投入与自然科学中的物质投入完全不能相提并论。社会科学重点在于脑力劳动的投入,相对自然科学研究者精准的记录实验数据,社会科学研究更加重视的是研究者的深思熟虑。"理工科学生待实验室,文科学生泡图书馆"的现象就是因为两者研究中脑力劳动所占的比重不同。

2. 研究范式的统一性与多样性的差异

研究范式是一个集合性的概念,其包括了研究的概念、理论、工具、方法等,其具体是指在一定的时期内普遍为相关研究者接受的固定的研究模式和进路。自然科学由于其研究对象的普遍性以及研究过程的非价值性,研究者容易形成统一的研究范式。事实上,自然科学研究也的确遵循着统一的研究范式,如牛顿的"力学定律"和爱因斯坦的相对论就是物理学研究的固定范式。自然科学的研究由于存在时空性和价值选择,所以其存在不同的研究范式,①如法学的"权利本位研究"范式、"义务先定"范式。"社会科学除与自然科学范式一样具有整体性、工具性和相对稳定性等特征外,还具有与自然科学范式不同的多元性、民族性或地域性、价值性或目的性和互补性等特征。"②

3. 成果可验证程度的差异

自然科学研究的是不带有主观价值选择的客观规律,自然科学研究的客观性要求其依据的事实材料是真实的,其研究范式的统一性决定了论证过程是可信的。虽然自然科学领域也存在许许多多的假说,一方面

① 当然,一门成熟的社会科学在一定时期也有相对统一的研究范式,但是这个研究范式只是该门学科的基础研究范式,而在相对统一的基础研究范式之下存在着多元化的一般研究范式。同时,这种基础研究范式的统一性也远远不能与自然科学研究范式的统一性相提并论。

② 王峰、殷正坤:《社会科学范式与自然科学范式特征的比较研究》,载《科学技术与辩证》1996年第3期。

这些假说不断地指引后来的研究者去证实或证伪，[①]另一方面，将未验证的学说称为“假说”本身也说明了自然科学注重客观性的特点。因此，自然科学研究所取得的成果是具有可验证性的。社会科学研究带有强烈的价值选择，而价值本身是多元的；社会科学研究的时空性决定了社会科学研究成果带有时效性和地域性；研究方式的多元化使成果的验证不能像自然科学一样依据公认的进路进行，从而会给验证带来极大的障碍。因此，社会科学研究成果的研究具有严格的条件限制——统一的时空、统一的价值选择、统一的研究范式——从而使其可验证的程度不可能也不需要像自然科学那么高。

4. 市场化应用的差异

自然科学研究的是带有普遍性的自然规律，对这些自然规律的探索原本就是为了让人类可以在认识自然的基础上实现利用和改造自然的目的。所以自然科学的成果可以广泛的应用，无论是基础理论研究还是应用型研究：应用型研究本身的目的就是便于市场应用，而基础研究可以从根本上推动技术的更新以实现市场应用的目的。社会科学研究的目的并不在于利用和改造自然，从“人本主义”的观点出发，社会科学的研究在于实现人更好的生活（既包括经济上，也包括精神上）以及保存人类文明。以实现人类更好生活为目的的社会科学研究成果可以向社会推广，但是不能完全通过市场化的方式来应用，如法律制度；而对保存人类文明记忆的研究成果则完全无法实现应用，如对文物古迹的修复、对古老文明的解密等。

（二）社会科学成果与自然科学技术质量评价机制方面的差异

社会科学与自然科学研究存在的差异导致对其研究成果不能适用同样的质量评价机制。无论是以自然科学的评价机制来看待社会科学研究成果，还是将社会科学的评价机制适用到自然科学领域都会出现“水土不服”的情况。因此，要建立科学的社会科学和自然科学成果评价机制，就

---

① 2016年2月11日，美国加州理工学院和麻省理工学院以及激光干涉引力波天文台（LIGO）在华盛顿宣布探测到引力波的存在，引力波的存在证实了爱因斯坦的“广义相对论”（《科学家宣布发现引力波，广义相对论最后预言获证》，载新华网：http://www.xinhuanet.com/world/2016-02/12/c_1118022445.htm，最后访问日期：2016年5月22日）。

必须首先对其差异性有足够的认识。

1.评价方法的差异

由于社会科学和自然科学在研究过程以及科研成果的特质上都具有很大的不同,所以应当使用不同的评价方法。

首先,由于自然科学成果的可验证性,且自然科学的目的本身就在于发现自然的客观规律,所以验证是自然科学成果重要的评价方法。社会科学由于其存在价值判断和时空性,所以对社会科学成果的评价不如自然科学那么容易和清晰,很有可能不同的人对同一成果的认同度存在较大的差异甚至相反;社会科学研究范式的多元性使“专业壁垒”严重,这导致社会科学成果评价更为复杂。虽然对社会科学成果的评价不如自然科学那样容易和清晰,但也并不意味着对其进行评价是不可能的。社会科学成果不能使用自然科学的“验证”式的模式,而是应当采取同行评议的方式进行。

其次,市场应用前景是自然科学研究成果质量评价的重要依据,这是由自然科学研究成果可以并且应当市场化应用所决定的。由于现代社会科学和技术的关系越来越紧密——科学转化为技术的中间环节越来越少、时间越来越短,所以能带来重大理论突破的研究成果必定能够带来重大的技术进步,重大的技术进步最终需要通过市场化的应用来实现其价值。而社会科学的研究目的不在于市场应用,甚至某些社会科学的研究与市场追逐利润最大化的天性是背道而驰的,所以不能以市场应用前景来作为衡量社会科学研究成果的标准。在科研项目结题的时候应当以同行评议的结果作为评价社会科学研究成果最重要的依据;而在成果发表之后,[①]论文的“他引率”应当是评价成果的重要标准,这其实也是同行评议的另一种表现形式。

最后,由于社会科学研究和自然科学研究中脑力劳动所占的比重有较大的差异,所以在进行研究成果评价之时也需要区别对待,特别是在根据评价结果来实行相应激励的情况下。自然科学研究的脑力劳动所占比例相对较低,所以在科研成果评价中不仅应考虑科研人员的学术研究能

---

① 当然也包括科研项目结题之前已经发表的论文,这时候“他引率”也应当作为结题是成果评价的依据。

力，还需要综合衡量科研人员所在科研单位的物质条件。总体而言，应当更加重视试验设备是否先进，以及试验数据是否准确翔实。社会科学研究中脑力劳动所占比重较大，甚至是决定性的因素，在科研成果评价中应当重点考虑研究人员学术科研能力，即注重科研成果的思想性而非数据。

2. 评价程序的差异

首先，由于自然科学研究的成果具有可验证性，并可以通过市场化的应用来体现其价值，所以在评价过程中相对不容易发生腐败和权力寻租的情况。而社会科学的研究成果由于可验证性较弱，加之由于研究范式的多元化导致评价结果的不确定性。一方面，这是社会科学研究和研究成果本身的特点决定的；另一方面，也为社会科学成果评价中的腐败、权力寻租等提供了可能。因此，社会科学研究成果评价机制对程序正义的需求就远远高于自然科学研究。

其次，如前所述，社会科学成果可验证性较弱并且评价结果具有不确定性。基于不同知识结构、价值观念、社会阶层的人可能会对同一问题形成不同甚至相反的观点。虽然同行评议制度可以最大限度地化解“专业壁垒”，但是却无法避免同行内持不同研究范式者之间的冲突，而这种冲突容易形成对社会科学成果评价的片面和偏颇，如在课题结项评审的实践中出现的以“不认同该观点”为理由的反对票。为了最大限度地保护课题组人员的经济权利①和学术声誉②，社会科学成果评价中有必要引入“听取申辩”的机制，甚至在某些情况下应允许通过文本进行匿名辩论。③

3. 评价标准的差异

在前面评价方法和评价程序的差异中已经论述了社会科学研究成果和自然科学研究评价标准的差异，简而言之，就是真实标准和思想创新标准。正是由于真实与思想创造的不同，所以在评价社会科学研究成果和自然科学研究成果之时，对复制比的标准应当不一样。自然科学的研究重在实验过程和实验数据，所以不可能存在同样试验过程和数据的两份成果，否则构成抄袭。社会科学的研究重在思想而不在表达，往往可以借

---

① 因为一旦课题被鉴定为不合格，则需要追回全部资金。

② 在实践中，课题成果鉴定结论会向课题组成员所在单位甚至是社会公布。

③ 为了科研成果鉴定的公正性，应当实行匿名评审，所以辩论理应以匿名的方式进行。

用前人的表述来表达不同的思想。如王国维用“昨夜西风凋碧树。独上高楼,望尽天涯路”“衣带渐宽终不悔,为伊消得人憔悴”“众里寻他千百度,蓦然回首,那人却在,灯火阑珊处”这三句古诗词来表达人生的三种不同境界,其文字表达都是已有的,但是表达的思想却是全新的。因此,在自然科学研究成果评价中对于复制比的要求高于社会科学研究成果。

三、社会科学科研经费管理的规律及内在要求探讨

前文分析到,社会科学研究与自然科学研究在价值中立、范式统一、成果的可验证性以及市场化应用等方面都有巨大的差异,由此也带来社会科学成果与自然科学成果评价机制的不同。但是,目前社会科学领域的科研项目管理制度,特别是科研经费管理制度,在很大程度上没有注意其中的差异性,而是简单套用自然科学项目和经费管理的相关制度。这就是目前社会科学领域出现科研经费“乱象”的制度原因——制度供给不足与制度供给错位同时存在。为了解决这一“乱象”就必须正视社会科学经费管理独特的规律和内在要求。

(一)“人本主义”的价值取向

关于科研经费管理中应当秉承“人本主义”理念的理由在前文已有详细的论述,这主要是由于法律制度本身的“人本主义”、科研活动中人的主体性价值等原因导致的。而社会科学项目经费管理中应当比自然科学更加重视“人本主义”的理念。

首先,社会科学研究对象的特点决定了其比自然科学更需要“人本主义”理念的关怀。前文提到过,自然科学是以带有客观规律的自然现象为研究对象,社会科学以社会现象为研究对象,研究对象的差异造成了研究者在研究过程是否需要加入价值判断的根本区别。社会科学的价值判断,虽然存在不同的标准,但是这些标准都必须符合“人本主义”的理念。因此,由于研究者进行社会科学研究中会涉及“人本主义”的具体考量,那么在进行科研经费管理的过程就不能忽视这一客观规律。

其次,脑力劳动的比重决定了科研经费管理制度应当给予社会科学研究者更多的人文关怀。自然科学成果的取得在很大程度上依赖科研设备和科研环境,而社会科学成果的取得主要甚至是绝对依靠研究者的智

力投入。正因如此,自然科学经费预算中有很大一部分是用于仪器设备的购买。但是目前的社会科学经费管理办法直接套用自然科学研究经费的分类和范围,[①]这忽视了社会科学本身的特点。以此建构起来的社会科学研究经费管理办法对研究人员来说缺乏"人本主义"关怀,而落入了"物本主义"的窠臼。

最后,市场化应用程度的不同也决定了需要给予社会科学研究更多的"人本主义"关怀。前文分析过,自然科学的成果,无论是基础理论还是应用型研究,最终都是可以实现市场化应用,而知识产权制度为自然科学研究成果的市场化应用带来了丰厚的经济利益。市场化应用的经济利益可以弥补科研人员的开支,且是最为有效的激励方式。但是社会科学研究成果大都无法实现市场化应用,并且对社会进步推动作用越大的基础理论研究越是不能市场化应用。所以在科研经费管理办法中必须考虑市场化应用的差异,基于"人本主义"的理念给予社会科学研究以倾斜性的权利配置。

(二)"基础研究为主、对策研究为辅"的资助侧重点选择

科学研究中存在基础研究和应用型研究的矛盾冲突,[②]而基本思路是在基础研究相对优位的前提下实行基础研究和应用型研究的协调发展。由社会科学和自然科学的差异性决定的"基础研究相对优位"的程度具有很大的不同。自然科学研究以认识自然界的客观规律并运用规律实现利用和改造自然为目的,认识自然界的客观规律就是通常所称的"科学",而运用自然规律以利用和改造自然就是所谓的"技术"。"科学"和"技术"是自然科学研究这一枚硬币的两面,科学和技术的转化率是一个国家综合科技实力的表现。同时,在自然科学研究中,基础理论研究和具体应用研究往往是交织在一起而无法截然分开的。因此,自然科学的基础理论研究并不绝对优位于应用型研究。由于社会科学研究注重思想性的特点,加之社会科学理论研究和对策性研究的结合并不如自然科学那么紧密,所以"基础理论研究应当受到重视,因为它标志着一个民族思维的最

---

① 如2013年8月23日公布的《教育部哲学社会科学研究重大课题攻关项目管理办法(试行)》,就套用自然科学研究的思路将"仪器设备"作为评审的重要标准。

② 应用型研究在社会科学领域主要是对策性研究。

高水平”。[①] 同时与自然科学不同,社会科学的基础理论研究无法实现市场化应用,而社会科学基础研究需要的时间和脑力投入也较对策性研究的比重更大。因此,在社会科学研究领域相较可以(至少是部分可以)实现市场化应用的对策性研究,经费资助应当侧重于基础理论研究,因为市场化应用可以弥补对策性研究的开支成本并实现有效激励。

(三)国家财政资金支持为主的经费来源

“我国高校科研经费出现了纵向专门化和横向多元化的格局”,[②]其实纵向的专门化科研经费也是科研经费多元化的表现形式之一。但是,相对自然科学,社会科学的研究经费依然以国家财政资金支持为主,“我国国家社会科学基金主要源于国家财政拨款……即主要利用政府税收资助基础理论研究、重大理论问题和实践问题研究、培养青年学者”。[③] 这主要是由社会科学研究对象的特点、不能市场化应用、脑力投入比重较大等因素以及我国属于“发展型国家”的现实情况所决定的。

首先,社会科学是以社会现象作为研究对象的,社会现象本身并不是以追求利益最大化为目标的现代企业所关注的领域,[④]所以社会科学研究就不像自然科学研究一样能够引起企业的注意从而能够吸引市场资金的资助。其次,前文提到过,社会科学研究不可能如自然科学一样通过成果的市场化运用来实现科研成本的弥补和对科研人员的激励。而社会科学研究作为准公共产品又带有较强的正外部性,所以更加需要通过国家财政资助。再次,由于社会科学研究中脑力劳动所占的比重较高,甚至是决定社会科学研究能否取得成功的关键性因素。一方面,脑力劳动这种智力投资无法量化,所以不能通过市场化的方式予以弥补;另一方面,脑力劳动投入与成果的不确定性,也与市场追逐利益最大的原则不完全符合。因此,社会科学研究更加依赖国家财政资金的支持。最后,我国属于“发

① 严春友:《社科基金评审管理制度与——反思与建议》,载《学术界》2001 年第 6 期。

② 赵善庆:《高校科研经费精细化管理探析》,载《财会通讯》2011 年第 8 期。

③ 张昕竹、赵京兴、张晓:《科研资助的激励机制:理论与实践》,中国社会科学出版社 2012 年版,第 101 页。

④ 当然,目前也兴起了一些咨询和调查类的服务公司,他们也会从事一些社会科学的研究。但是一方面,这些公司所从事的都是一些具体领域的纯对策性研究;另一方面,这些公司所从事的研究在整个社会科学研究领域所在的比重极低,甚至可以说可以忽略不计。

展型国家”的现实决定社会科学研究必然主要依靠国家财政支持。“发展型国家”是美国学者在研究战后日本所取得经济建设奇迹时所提出的概念和理论体系。[①] 其一经提出立刻得到学术界和实务界的高度关注和认可。[②] 根据“发展型国家”理论,当一个国家处于“发展阶段”时,政府不应当仅限于“守夜人”的消极角色,而是应当积极主动地引导经济乃至社会的发展。无疑,我国目前属于“发展型国家”,所以科学研究领域也必然会更加需要国家财政的支持和引导。同时,国家的发展越来越依靠社会科学领域的“软实力”,加上社会科学和自然科学本身的区别,社会科学研究对国家财政支持的需求就更加迫切。

(四)相对更加注重公平的经费使用原则

公平一直都是法律所追求的价值,甚至在很长一段时间里,公平被认为是法律唯一的价值追求。理所当然,对公平价值的追求也是科研经费分配的目标之一。公平往往是与效率相对立的一对价值,社会科学由于其自身的特点和我国社会科学研究的现状,导致其在价值选择上应当更加注重公平。

首先,社会科学成果并不是以市场化的运用为目的,而是为了推动社会进步、人类更好地生活以及记录人类文明,所以社会科学的经费资助不应当以效率为主要的价值取向。有学者认为,“财税政策的基本职能之一是优化资源配置,财税政策参与提高自主创新能力和建设创新型国家的原因在于市场失灵的存在,其无法达到资源的最优配置。因此,自主创新财税政策需要提高财政资金投入的资金效率,通过财政优惠政策鼓励一部分有条件的企业先发展起来,从而促进经济效率”,[③]从其论证科研看出其对效率的重视主要是基于自然科学研究而言的。

其次,我国社会科学研究的乱象需要公平价值予以回应。有学者对部分社会科学研究项目主持人的问卷调查得出了如表2－1所示的结论。

---

① 参见[美]查莫斯·约翰逊:《通产省与日本奇迹——产业政策的成长(1925～1975)》,金毅、许鸿艳、唐吉洪译,吉林出版集团有限责任公司2006年版,第341～342页。

② 参见[美]禹贞恩:《发展型国家》,曹海军译,吉林出版集团有限责任公司2008年版,第38～39页。

③ 贾康等:《建设创新型国家的财税政策与体制变革》,中国社会科学出版社2011年版,第230页。

表 2－1　对国家社会科学基金项目评审办法的公平、公正和合理评价

回答	人数(人)	占总数百分比(%)
能	105	42.7
否	34	13.8
不好判断	107	43.5
总数	246	100

资料来源:张昕竹、赵京兴、张晓:《科研资助的激励机制:理论与实践》,中国社会科学出版社 2012 年版,第 108 页。

从表 2－1 我们可以看出,只有不到一半的项目主持人认为国家社会科学基金的评审办法是公平、公正、合理的。一方面,这仅仅是对评审办法的判断,权力主导式的科研体制必然导致实际上的不公现象更严重;另一方面,这只是对国家社会科学基金评审办法的调查,国家社会科学基金由于层级等方面的原因使其公正性相对地方社会科学基金更高。因此,从整个社会科学科研项目的实际运作情况来看,其面临的公正性质疑远远高于表 2－1 的结论。而社会科学项目的不公正性虽然表现在立项审核、科研经费分配、结项审核等方面,但是无论是立项还是结项审核中的不公平,在很大程度都是因为竞争经费而导致的,所以更加注重公平的科研经费使用原则是解决目前科研经费乱象和困局的有效路径选择。

(五)基于干预的适度性与可行性的经费分配

国家对科研活动予以财政上的支持,主要在于科学研究的准公共产品性质所带来的市场失灵。所以有学者认为,国家通过财政资金对科研创新进行激励是一种国家干预的表现。[①] 与所有的国家干预一样,由于干预对象本身的特点以及市场失灵现象的存在,干预必定会有一定的界限,于是“适度干预原则”受到重视。“适度干预原则”,是指“公权对市场及其主体的干预要有界限,要考虑到公权的能力以及市场的需求等”。[②] 如果把科研活动类比为市场,那么国家在进行科研活动资助的时候就必须考虑政府与科研的界限以及科研本身的特点。前文提到过,国家的科研

① 参见宋旭璞:《中国国家科研资助制度研究》,华东师范大学教育科学学院 2012 年博士学位论文。

② 李昌麒:《经济法理念研究》,法律出版社 2009 年版,第 190 页。

项目经费管理应当不得损害学术自由,这便是对科研进行国家干预的界限。社会科学研究对象以及成果不能市场化应用的特点都决定了社会科学研究的学术自由相较自然科学更容易受到侵犯。所以在社会科学经费管理办法中,除人类普遍的伦理和社会整体的意识形态外,不能再附加任何有关价值选择的条件和要求。而因为自然科学以探寻自然规律为目的,则不存在或者极少存在这方面的问题。

前文提到自然科学对实验设备和实验环境的依赖性较强,而社会科学对智力投入的要求较高,这就带来国家干预的可行性方面的差异。资金对自然科学的研究可以说是至关重要的,而社会科学成果取得具有不确定性,所以经费的投入—产出关系没有自然科学那么明显,甚至有人说"社会科学史上公认的重大理论几乎都不是在资助条件下完成的"。[①] 对社会科学经费资助干预的可行性没有自然科学那么明显,这并不是要取消对社会科学的经费资助,而是要在正视这一问题的前提下构建符合规律的资助模式。以往社会科学的重大理论突破之所以不是在资助的情况下完成的,一方面,是因为许多社会科学重大理论突破是在现代科研资助体系构建之前取得的;另一方面,本身也说明了现行社会科学资助办法存在的不足。基于社会科学研究中国家干预可行性弱的特点,社会科学经费管理应当加强稳定性经费和注重后评估制度。

(六)以法治推动经费管理的制度支撑

前文对我国对"放任"型科研经费管理制度矫枉过正而形成的"紧缩"型科研经费管理的弊端进行过仔细的分析。解决这些弊端的根本方式在于转变治理模式:由"矫枉过正"的治理模式转变为"法治思维"和"法治方式"的法律治理。正如有学者所言,"在当代中国,依法保障和促进科技进步是时代向我们提出的一个严肃课题,是实施科教兴国战略和可持续战略的需求,是实现跨世纪发展目标的必要措施,是全国各种人民的共同愿望,也是我国社会主义法制的神圣使命"。[②] 由于社会科学研究更多地依赖国家财政资金,基于其本身的特点引发的腐败和权力寻租现象可能

---

① 顾海兵:《社科研究勿攀比自然科学研究》,载南方网:http://news. southcn. com/china/gdspcn/200305060210. htm,最后访问日期:2019 年 6 月 5 日。

② 罗玉中主编:《知识经济与法律》,北京大学出版社 2001 年版,第 25 页。

较自然科学更严重,更是因为我国目前尚无关于社会科学项目研究和经费管理的法律、法规的现实,①以法治推动社会科学项目经费管理就显得尤为迫切。

四、社会科学成果质量评价各项要素与科研经费管理规则的有机融合

据一份对北京、上海、广东、湖北、山东、陕西、青海、甘肃、江苏、吉林等地100多位学者的访谈发现,“71%的学者认为,目前我国哲学社会科学领域学术成果‘存在多种不良现象’”,“50.4%的学者认为,当前学术成果存在的主要问题是‘数量与质量不成正比’”;“48.7的学者认为,‘不合理的学术评价体系是当前学术成果质量存在问题的根源’”。② 而科研经费管理相关规则没有和社会科学成果的各项要素实现有机融合便是其中的重要表现和原因。鉴于此,有必要在对社会科学成果的特点进行归纳的基础上提炼出融合社会科学成果各项要素与科研经费管理规则的基本思路。

(一)社会科学研究成果要素的特点

社会科学成果要素是衡量研究成果的重要指标,所以也可以成为社会科学研究成果评价要素。一般观点认为,社会科学成果的评价因素有真理标准、价值标准、政治标准、可读性标准。③ 由于真理标准、政治标准都是高度抽象概念,不符合要素的明确性要求,所以有学者认为,社会科学成果的评价要素包括:学术创新、学术价值、社会价值、难易程度、论证完备。④结合学者的归纳和现行科研项目管理办法的规定,⑤笔者认为,社会科学

---

① 我国现在在自然科学研究项目管理方面有一部法律:《科学技术进步法》,一部行政法规:《国家自然科学基金条例》。

② 唐红丽:《学术成果问题根源于“评价体系”》,载《中国社会科学报》2014年11月7日,第A01版。

③ 参见杨红艳:《人文社科成果评价管控机制的理论思考——以创新和质量为导向》,载《重庆大学学报》(社会科学版)2014年第6期。

④ 参见高自龙、杨红艳:《学术评价:理想与现实之间的优化选择——人文社科论文评估指标体系的完善与实施新探》,载《江汉论坛》2011年第11期。

⑤ 如《教育部人文社会科学研究项目成果鉴定和结项办法》第14条鉴定内容包括:项目《申请评审书》或《投标评审书》、《计划合同书》约定的研究任务完成情况;研究内容的前沿性和创新性;研究成果的学术价值、应用价值或社会影响;研究方法是否正确,学风是否严谨。

成果的评价要素包括：学术价值、社会价值、社会影响、难易程度和学术规范。

1. 学术价值的非计量性

社会科学研究成果学术价值在于其思想性，即带来了社会整体的知识增量。思想的深刻与否与文字的多少并没有直接的关系，相反还有可能是“大道至简”。如一篇短小的《企业的性质》就奠定了现代企业理论的基础；又如，著作等身的梁启超先生曾言，他所有的著作还不如陈寅恪的300字有价值。因此，社会科学研究成果的判断是无法采取计量的方法进行的。但是，我国对社会科学研究成果学术价值的鉴定，长期以来是依据学者所发文章的期刊级别以及数量，这不符合社会科学研究成果本身的特点。

2. 社会价值的非市场应用性

无论是自然科学研究还是社会科学研究，所取得的成果都必然要求具有社会价值。自然科学的社会价值主要依据其市场化应用前景是否广泛，甚至还可以具体到能够带来多大的经济价值。但是前文提到过，社会科学特别是基础理论的研究成果几乎不能市场化应用，所以其社会价值也不能依据市场化应用前景来评判。

3. 社会影响的滞后性

正是因为社会科学的研究成果的学术价值无法采取计量的方式判断，而其社会价值又无法通过市场化的方式进行应用，所以一项社会科学成果的社会影响并不如自然科学研究成果那样能够立即显现，而是往往具有滞后性，当然这也与社会科学研究一般具有一定的超前性有关。

4. 难易程度的非观察性

科研申报中往往会看选题的难易程度，同时，资助的金额在一定程度上也取决于课题研究的难易程度。自然科学研究的难易程度可以从实验过程等方面较为容易地观察到。而社会科学以社会现象为研究对象，前文提到其主要依据课题组成员的脑力劳动、智力支撑，甚至很多社会科学研究还依赖一定程度的“灵光乍现”。因此，一项社会科学研究的难易程度是无法通过观察直接获得的，因为思考与否与思考的质量是无法直接察觉的。

5. 学术规范的严格性

前文提到社会科学研究并没有统一的研究范式,并且社会科学研究成果无法通过量化和应用前景进行衡量,这就导致社会科学对学术规范严格性的要求要比自然科学更紧迫。因为自然科学研究遵循统一的研究范式,且结果的价值可以通过计量化和市场化应用的检验,对那些不符合学术规范的研究较容易发现和避免。一方面,社会科学研究成果缺乏这些方面的检验标准;另一方面,由于知识产权的保护仅限于表达而不涉及思想,所以导致低水平重复的社会科学研究成果层出不穷。因此,社会科学相较自然科学在学术规范上理应更严格。

(二)融合社会科学成果各项要素与科研经费管理规则的基本思路

以质量为导向的经费拨款模式,是社会科学和自然科学研究经费管理的共同思路。融合社会科学成果各项要素与科研经费管理规则的"质量导向经费模式"应该以立法的方式推进,而在当前推进的重点应当是加大社会科学研究的资助力度,具体的模式为:以同行评议结果决定科研立项与否(划拨科研项目前期经费)、以中期管理决定后期经费的划拨、以"他引率"决定预留经费的划拨,同时预留经费应当带有激励性质。

1. 以立法的方式明确社会科学成果的各项要素及其与科研经费管理的关系

关于专项整治科研经费管理的弊端以及对科研经费进行法治化管理的必要性,在前文都已经有了比较详细的阐述。这里强调两个问题:第一,由于社会科学成果对学术规范的现实需求较迫切,所以需要以法治化的科研经费(通过激励和惩罚相结合的方式)来引导社会科学研究人员自觉遵守学术规范;第二,由于社会科学研究成果学术价值的非计量性、社会价值的非应用性、社会影响的滞后性以及课题难易程度的非观察性,这就要求在科研经费管理办法中明确规定社会科学成果各评价因素的具体判定办法。由于经费的使用应当是以质量为导向的,所以在明确了学术规范和评价要素的评判方法后,应以评判结果为基础来进行经费的具体分配。

2. 加大资助力度

社会科学研究过程中脑力劳动所占比重较大,加之社会科学研究成果学术价值的非计量性、社会价值的非应用性、社会影响的滞后性以及课题难易程度的非观察性，导致社会科学研究中存在成本无法“物化”。而现行的社会科学经费资助是由基于“物化”的成本核算来决定的，这就导致目前社会科学研究项目资助力度相对较低。从表 2 - 2 的调查数据可以看出，社会科学人员对科研资助力度不够有深刻的认识。当然这并不意味着社会科学研究项目的资助金额应当与自然科学相同或者相似，[①]而是应该结合社会科学研究的特点，充分考虑其脑力劳动的成本来相应地提高资助力度。

表 2 - 2　能够提高社会科学基金项目质量的经费增加幅度要求

选择	人数(人)	占总数百分比(%)
增加 10%	6	2
增加 50%	37	15
增加 1 ~ 5 倍	127	52
增加 6 ~ 9 倍	14	6
增加 10 倍及以上	10	4
不好判断	2	1
未回答	50	20
总数	246	100

资料来源：张昕竹、赵京兴、张晓：《科研资助的激励机制：理论与实践》，中国社会科学出版社 2012 年版，第 114 页。

3. 以质量为导向的经费拨款模式

目前对科研经费的拨付主要分为三个阶段：立项后的前期经费、中期检查后的后期经费、结项后的预留经费。

首先，以公正的同行评议结果来决定立项与否，即科研经费前期经费的拨付。前文提到过，社会科学研究缺乏统一的研究范式，以及社会科学研究成果学术价值的非计量性、社会价值的非应用性、社会影响的滞后性以及课题难易程度的非观察性，这些因素都导致社会科学研究的评价需

① 因为自然科学对实验仪器设备的要求比较高，而这些实验仪器的价格往往极其昂贵，所以自然科学研究的“物化”成本远远高于社会科学，甚至高于社会科学研究总成本的数十倍。

要引入同行评议这种“并非……最优的制度设计……不同权力博弈均衡的一个最不坏的途径”。[①] 公正的同行评议制度是“保证好的研究及研究者得到资助的重要前提之一……实行公正的评议也是包括科学界在内的公众对政府资助活动提出的基础要求”。[②] 所以“质量导向”对前期经费拨付的要求是必须通过公正的同行评议程序。

其次,以中期管理的结果来决定后期经费的划拨。中期管理,是指在项目研究过程中,科研项目设立机构以“项目年度检查表”等形式对研究的进度以及质量所作的检查。对在研的项目进行中期检查具有十分重要的意义,其主要是“为了避免高校教师‘重申报,轻研究’的现象,及早发现问题,保证项目按照计划进度完成,最终形成高水平的研究成果”。[③] 而我国目前科研项目的中期检查在制度和实践中都存在问题:部分科研项目只要求重大项目和重点项目实行中期检查;[④]而实践中的中期检查往往流于形式。因此“质量导向”对后期经费的管理的要求是,所有的研究课题都必须进行以“质量”为依据的实质性的中期检查;以中期检查的结果作为后期经费拨付的依据。

最后,以“他引率”作为预留资金拨付的条件,并明确预留资金的激励功能。目前,所有社会科学研究项目几乎都有项目结题之后再行拨付预留经费的规定。这其实本身就有对社会科学成果质量的审核,具有一定程度上的“质量导向”。但是现行结题后拨付预留资金的具体机制由于存在评价标准不合理和资助目的错位等原因,导致其无法真正实现社会科学研究的“质量导向”。目前结题采取的是由匿名专家组成鉴定组来对成果进行鉴定的方式,这是同行评议的一种具体形式,这种形式的确具有很大的优点。但是专家组鉴定的方式会存在“熟人评议”等情况,所以很难

① 阎光才:《学术共同体内外的权力博弈与同行评议制度》,载《北京大学教育评论》2009年第1期。

② 龚旭:《同行评议公正性的影响因素分析》,载《科学学研究》2004年第6期。

③ 徐坤鹏、吕杰:《加强高校科研项目中期管理初探》,载《高等农业教育》2007年第6期。

④ 国家社会科学基金对重大项目、特别委托项目、年度项目中的重点项目规定了中期检查,而年度项目中的一般项目、青年项目和西部项目则不需要中期检查。法学会部级课题只要求重大专项课题进行中期检查。而教育部人文社会科学研究项目和司法部法治建设部与法学理论研究部级科研项目则要求对所有类型的项目都进行中期检查,并以中期检查的结果来决定后期经费的拨付。

发挥其应有的作用。在项目立项审核阶段由于没有相应的成果产生,[①]所以采取专家组鉴定这种同行评议方式是其现实的最优选择。由于项目结题之时已经取得了科研成果且已经发表,所以此时的同行评议如果再采取专家组鉴定的方式就不再是最优的选择。基于此,“他引率”这种同行评议的方式应当成为审核社会科学研究成果质量的重要模式,[②]“一篇文章,被同行引用的情况,不仅表明学术界对其重视程度,而且代表了该论文的学术创新性和前沿性”。[③] 另外,结项之后的预留经费在目前是为了报销科研过程中那些可以“物化”的开支,而不是基于科研成果质量的激励。因此,“质量导向”对后期经费管理的要求是:第一,改变结项之后预留经费的用途和目的,让其主要具有激励功能而不是为了报销“物化”的开支,当然这需要与“加强资助力度”相结合;[④]第二,带有激励功能的预留资金的拨付应该根据基于“他引率”对成果的评价结果。

---

① 前期成果不能算作是课题研究的成果。

② 主要是同行的“他引率”。

③ 刘雅娟、王岩:《用文献计量学评价基础研究的几项指标探讨——论文、引文和期刊影响因子》,载《科研管理》2000 年第 1 期。

④ 社会科学研究项目“加强资助力度”所获得的经费主要用在劳务费和预留经费上。

第三章 我国科研经费管理沿革及规则渊源

一、我国科研经费管理制度的演进历程

科研经费是从事科学研究活动的前提条件，是国家科研事业发展的基本保障。科研经费管理作为科研管理的核心，贯穿科研项目从设立、执行到结题验收的全过程，涵盖了科研经费来源和科研经费支出两个层面。为保证科研经费管理的有序和有效进行，我国国务院、国务院各部门、地方政府及各部门、各高校或科研机构发布了一系列在全国范围内具有普遍适用性或在各地区、高校、科研机构内部具有一定针对性的有关科研经费管理的具有约束力的规范，构成了我国科研经费管理的规则渊源。[①] 科研经费管理制度的科学性与合理性，不仅直接影响科研活动的有序性与规范化，还直接影响科研人员的积极性，对国家科技水平的提升具有极其重要的意义。目前，有关科研经费管理制度的问题已成为社会各界关注的焦点。

任何一种制度的产生和变化都是历史发展的

---

① 由于各省市及高校部门对科研经费管理的规定大多数是执行国家层面相关文件的规定，或在上述规定指导下确立的规则，故本章的研究重点将置于国家层面的科研经费管理制度，对其历史演变进行梳理。

必然逻辑。科研经费管理作为重要的科研保障和激励机制,其产生和发展也需要相应的制度基础及环境条件。自改革开放以来,我国经历了由计划经济向市场经济的转型,人们对科研推动经济、社会发展的重要作用亦有了愈加深刻的认识。在这一历史条件下,我国科学战略和科研管理体制均发生了巨大变迁。科研经费管理作为科研管理的核心,其相关的制度规则和形态亦随着国家政治、经济的发展和科技战略、科研体制的变革需求而不断演变。要切实理解当前科研经费管理制度的特点,对其价值功能和存在问题进行总结,首先必须了解我国科研经费管理制度的变迁过程。梳理我国不同时期科研经费管理制度的经验与特点,有助于准确理解科研经费管理与经济、政治及科研管理体制关系的规律,并揭示科研经费管理制度变迁的内在逻辑及存在的问题,为观察并把握科研经费管理的未来发展情况及完善路径奠定坚实的基础。通过对我国科研经费管理相关制度的梳理,可以看出一些具有重要转折点意义的文件构成了我国科研经费管理的发展脉络。据此,在对各个时期我国科研经费投入和支出管理特点进行总结的基础上,可将我国科研经费管理的历史演变过程大致分为以下几个阶段。

(一)计划式的经费管理阶段(1949~1978年)

1949年至1978年,我国实行高度集中统一的计划经济体制,通过运用计划、行政一整套手段配置经济资源并控制国民经济运行。在这一时期,我国的科研活动经历了从起步、探索、重创到恢复的阶段。如同计划经济时期的其他很多产业一样,我国的科研活动都是划归国民经济计划体制,由政府直接制订并实施科学规划、计划,直接管理科研机构,并由政府按计划统一调配与科研活动相关的人力、经费、物资等。该时期的科技成果只是产品而非商品,不能进入市场进行交易。在这种体制下,科研经费也是实行国家计划资助模式。

科研事业费、科技基建费和科技三项费用是自新中国成立至十一届三中全会期间科研活动的唯一来源经费。科学事业费,是指国家财政投入科学事业机构用于发展和促进各种科学研究事业的经费支出,利用范围如人员经费、公务费、修缮费、设备购置费、业务费等。科研基建费,是指国家拨款用于科研场地和设施支持的资金,使用范围包括研究所办公楼改造、实验楼更新和新型专用仪器设备所必需的配套专用建筑物的建设等。科技三项费用,是我国政府为支持科学技术发展而设立的新产品试制费、中间试验费和重大科研项目补助费的简称。

其中,科技三项费用在我国科学技术研究经费总额中占主要部分,长期以来一直是实施国家和地方各类重点科技计划项目的重要经费来源,是国家财政科技拨款的重要组成部分。新中国成立以来,随着国民经济的发展和财政体制的变化,科技三项费用的名称和资金渠道都发生了较大的变化。1972 年 10 月 21 日,财政部、国务院科教组发布《关于新产品试制、中间试验、科学研究补助费使用管理的几项规定》(科教字第 65 号),其中明确规定:"科学技术三项费用,由国家财政预算拨款,主要用于国务院各有关部门和各省、市、自治区安排全国性的和具有地区特点的新产品试制、中间试验、重要科学研究项目",而科学研究机构进行正常研究所需费用,高等学校结合教学自行安排的科学研究所需费用,由各该单位核定的事业费预算内开支。其中,新产品试制费的使用范围包括设计费,工艺规程制定费,设备调整费,必须增添的非主要设备和相应的土建工程费,专用工具卡费,原材料费,半产品的试验费,样品、样机购置费,新产品试制成本高于售价的支出以及试制失败发生的损失;中间试验费的使用范围包括进行中间试验所需的土建工程、设备和其他安装费、仪器购置费及其他试验费用等。重要科研补助费的使用范围,一般包括课题的差旅费、设备仪器费、材料费、试验外协费、资料复印及印刷费、项目论证及鉴定的专家咨询费、科研人员加班津贴等方面的直接开支。

在这一阶段,为与当时国家的财政管理体制相一致,科研经费的管理也采取"统收统支"的方式,即科研机构所需经费由国家财政统一拨付,年终结余经费全部上交国家财政。这种由科研机构通过向上报计划、列项目,再由国家直接下拨科研经费的拨款方法,在当时被人们称为"吃公粮"。①

与此同时,科研经费并不直接对科研人员的人力成本作出补偿,科研人员的收入来源为科研机构给付的固定工资。根据高等教育部发布的

① 参见桑一叶:《谈谈改革拨款制度》,载《科学学与科学技术管理》1985 年第 10 期。

《关于1956年全国高等学校教职工工资评定和调整的通知》，这一阶段科研机构人员的收入实行按等级划分标准的等级工资制度，将科学研究人员、高校教学人员分为13个等级，行政人员分为30个等级，科研机构人员与教师的收入大体相当。① 由此可见，科研人员的收入与国家划拨的科研经费之间互相独立、互不影响。

总而言之，在计划经济时期，所有的科研活动都被视为国家计划的一部分，所需的科研经费通过国家财政以科学事业费、科技基建费和科技三项费用的形式划拨，整个科研计划立项和执行过程未使用成本预算及核算的概念。这种以科研机构为中心的经费管理模式，与当时的事业单位的财务资金管理方式相一致，具有鲜明的"大锅饭"性质。虽然这样的科研经费管理模式是计划经济体制的必然选择，在当时有利于集中力量办大事，并建立和保持一支相对稳定的科研队伍，但同时也不可避免地导致了科技资源配置效率的低下。

（二）探索式的分类经费管理阶段（1978～2000年）

1978年，我国迎来了新的历史时期。在这一年，国家作出了把工作重点转向以经济建设为中心的重要决定，并开始实施具有较强经济指向的结构赶超型战略，这一历史重要决策促使人们对原有的科技体制进行重新思考与认识。与此同时，在科研经费管理方面，原有的事业费制带来的平均主义和经济效益差的缺点逐步显现，且越来越突出，改革迫在眉睫。自此，在我国逐步由计划经济向市场经济过渡转型的时期，我国政府开始建立与市场经济体制相适应的科研管理体制，并尝试放弃计划经济时期的"吃大锅饭"模式，代之以有偿合同制等新的管理形式，并取得了较好的效果。但是从总体来看，这一阶段新的管理制度还不完善，还不能完全取代事业费制，特别是一些基础科学研究，短期内取消事业费制还相当困难。因此，在这一时期内，事业费制与其他管理制并存。以1985年我国的科技计划改革为界点，可将该时期的科研经费管理划分为以下两个阶段。

---

① 参见李晓轩、王彩燕：《科研事业单位科研人员薪酬制度的演变与特点》，载《科学与社会》2012年第2期。

1. 科技体制改革启动前(1978～1985年)

在1985年启动科技体制改革前,我国仍处于计划经济时期。这一时期科学活动的管理仍采“计划”模式,任务主要靠上级下达,经费基本靠上级拨给,成果亦靠上级推广,科研机构缺乏自主意识与自主性,更遑论市场化转型。虽然政府于1978年制定了《1978年～1985年全国科学技术发展规划纲要》(以下简称《八年规划纲要》),但是囿于当时的历史背景,即中国政府面临的首要问题是拨乱反正和肃清十年“文化大革命”给中国社会遗留的危害,《八年规划纲要》对计划经济体制自身所具有的局限性尚未有清楚的认识和彻底的反思,而主要着眼于休养生息,并希望通过改进计划和管理方式,以恢复“文化大革命”之前的科技秩序,因此,对科研经费的管理仍然主要沿用此前的计划管理模式。但是,随着此前来源单一、统收统支科研经费管理制度弊端的逐步显现,该阶段我国对科研经费的管理也进行了一定程度的变革。

第一,改变了财政管理方式。在这一阶段,政府开始改变科研活动的国家支持方式,并以中央财政预算体制改革为契机,相应对科研经费管理制度进行改革。1980年2月,国务院颁发了《关于实行“划分收支,分级包干”的财政管理体制的规定》,确定了“分级包干”的财政管理体制,并决定先于文教科学卫生事业单位和国家机关试行,随后逐步在全国的工业、交通、农业、林业等其他事业单位推开。与此相应,科研经费管理制度也取消了此前长期推行的“统收统支”科技经费管理模式,对多数科研单位逐步实行以“划分收支,分级包干”为特点的单位预算包干管理办法。这种由单位“预算包干”的财政管理体制,克服了计划经济时期“统收统支”财政管理体制的弊端,使科研机构在经费管理上实现权、责、利相结合,提高了科研单位当家理财的积极性,促使科研机构单位适当组织收入、合理使用资金和加强财务管理,有利于科研机构工作的顺利开展与完成。

第二,拓宽了科研经费的来源。虽然在这一阶段,科研经费的拨款仍呈现自上而下、切块划拨的特点,但科研经费的来源已逐渐拓宽,不再仅局限于此前财政投入的科研事业费、科学基建费和科技三项费用。在该阶段,科研经费逐渐发展出以下五个方面的来源渠道:一是国家下达的重大科研课题,由国家科学技术委员会拨给科技三项费用,包括新产品试制费、中间试验费和重大科技项目补助费；二是在1980年，高等院校结合教学自选题目的科研经费专款，开始在教育事业费中列支；三是在1982年，由中国科学院设立科学基金，科研机构或高等院校可以通过竞争方式从中国科学院基金会获取科研经费；四是科研机构或高等院校接受委托进行科学研究，由相应的委托单位给付科研经费；五是科研机构或高等学校转让科研成果或科技服务所得的收入，可按照规定自留使用。

第三，在部分地区开始试行合同制。1984年，为使“使科研任务与经费直接挂钩，明确科研单位的技术责任和经济责任，克服“吃大锅饭”的弊病，增加研究单位的动力、活力，提高科研单位的素质，促进科研与生产的密切结合，多出成果，多出人才，为四化建设多作贡献”，[①]国务院颁发了《关于开发研究单位由事业费开支改为有偿合同制的改革试点意见》（以下简称《有偿合同制改革试点意见》），确定在全国范围内开展合同制改革试点。在合同制模式下，试点单位承担国家或上级部门提出的重点科研任务和有关部门、单位委托的研制任务，一律要签订合同。在经费的来源和支出方面，《有偿合同制改革试点意见》规定，试点单位的上级（省、市、自治区或部门）科技管理部门应建立由科研事业费，科技三项费用，部门、地方资助的科技经费以及通过其他渠道获得的经费组成的科技发展基金，并统一掌握使用。试点单位与国家或上级部门签订合同，经费由科技发展基金中拨付，其他单位委托的科研任务由委托方提供经费。合同的经费计算大体包括人员工资、原材料费、设备使用费、水电能源交通费、管理费和一定比例的经济收益等。其中，对国家重点攻关任务，其人员工资由科技发展基金支付。值得注意的是，在合同制管理试点过程中，已经开始显现出人员激励机制的“雏形”。《有偿合同制改革试点意见》规定，“如提前完成合同规定的任务或技术经济指标高于合同规定，经双方协商，委托方可适当从经费上予以鼓励”，并规定“试点单位的纯收入不上交，用于建立本单位的三项基金：科技基金、集体福利基金和奖励基金……试点单位取消平均主义的综合奖，坚持按劳分配原则，把奖励与完成任务的好坏直接挂钩。奖励形式由各试点单位自行掌握，奖励总额可

---

① 参见国务院《关于开发研究单位由事业费开支改为有偿合同制的改革试点意见》。

适当高于一般研究单位，具体由各地区、各部门决定”。上述规定对激发科研单位活力、调动科研人员积极性具有重要意义。

总体而言，1978 年至 1985 年的科研经费管理制度仍基本沿用计划经济时期的管理模式。此时的科研经费仍主要采用中央财政拨款制度，科研经费管理仍以科研机构为主体。究其原因在于，这一阶段科研体制尚处于重建与恢复阶段，未进行根本性的变革。但值得肯定的是，这一阶段的科研经费管理制度仍有进行局部的调整与革新，例如，科研经费来源逐渐多样化，有偿合同制已开始试点等。

2. 科技体制改革启动后（1985 ~ 2000 年）

随着我国经济体制改革的启动与不断深化，科技管理体制与经济脱节的现象越发明显，科研管理体制的结构性缺陷也逐步显现。为此，中共中央、国务院于 1985 年 3 月 13 日发布《关于科学技术体制改革的决定》，这标志着我国科技体制改革的开始，该决定成为此后多年中国科技体制改革的基本框架。该决定要求，中央和地方财政的科学技术拨款在此后一段时间内应以高于财政经常性收入增长的速度逐步增加，但也鼓励部门、企业和社会集团向科学技术投资。最关键的是，决定要求改革对研究机构的拨款制度，按照不同类型科学技术活动的特点，实行如下的经费分类管理：“1. 对列入中央和地方计划的重大科学技术研究、开发项目和重点实验室、试验基地的建设项目，分别由中央财政和地方财政拨款……并逐步试行面向社会公开招标和签订承包合同的管理方法；2. 对技术开发工作和近期可望取得实用价值的应用研究工作，逐步推行技术合同制……原由国家拨给的事业费，要逐步减少，争取在三、五年左右的时间内，这类研究机构中的大多数能够做到事业费基本自给；3. 对基础研究和部分应用研究工作，通过设立国家自然科学基金会和其他科学技术基金会，逐步试行科学基金制，而基金来源主要靠国家预算拨款……应争取几年之后做到科研经费主要靠申请基金，国家只拨给一定额度的事业费，以保证必要的经常费用和公共设施费用；4. 对从事医药卫生、劳动保护、计划生育、灾害防治、环境科学等社会公益事业的研究机构，以及从事情报、标准、计量、观测等科学技术服务和技术基础工作的机构，仍由国家拨给经费，实行经费包干制；5. 对于变化迅速、风险较大的高技术开发工作，可以设立创业投资给以支持。”在这种改革的背景下，部分科研活动开始从国家支持转变为以课题、项目招标为主的方式，科研机构开始转向市场、面向社会，到市场中找项目、寻经费，并有偿转让技术成果。

为了适应改革开放和上述科技体制改革的要求，相关科研经费管理政策开始出台。1986 年 1 月 23 日，国务院颁发《关于科学技术拨款管理的暂行规定》，对科技拨款制度进行了重大改革，其基本原则是按照不同类型科技活动的特点，实行分类管理的办法，科研事业费归口管理，使科技管理部门承担管好、用好科研经费的责任。按照上述原则，此次科技拨款制度改革的主要内容包括以下三个方面。

一是对科学事业费的拨款进行分类改革。具体内容为：(1)对主要从事技术开发工作和应用研究工作的单位，国家拨给的科研事业费在“七五”期间逐年减少，直至完全或基本停拨。(2)主要从事基础研究、应用研究工作的单位，其研究经费应该逐步做到主要依靠申请基金，国家只拨给一定额度的事业费，以保证必要的经常费用和公共设施费用。(3)从事医药卫生、劳动保护、计划生育、灾害防治、环境科学等社会公益事业的研究单位，从事情报、标准、计量、观测等技术基础工作的单位和农业科学研究单位，其科研事业费仍由国家拨给，实行包干。拨款制度的改革，使科研单位增强了面向经济建设、开拓技术市场的压力、动力和活力。

二是对科研经费的管理进行分类改革。对主要从事技术开发和近期可望取得实用价值的应用研究单位，实行差额预算管理、核定收支、定额补助的管理办法；对主要从事基础研究和近期尚不能取得实用价值的应用研究单位，实行全额预算管理、经费包干、结余留用、超支不补的管理办法；对主要社会公益事业、技术基础工作的社会公益事业及社会服务性质的科研单位，实行全额预算、经费包干、结余留用、超支不补的管理方式；对同时从事上述基础研究、技术开发两种类型工作，其中每种类型工作均占相当比重，但又均不占明显优势的单位，管理上一般按照各级科学技术委员会审定的分类比重，参照技术开发类和基础研究类的科研单位办法进行管理。

三是各部门科研事业费归口科技行政管理部门统一管理。除基本建设经费、科技三项费用、企业与高校所属科研机构的科学研究经费外，原来在各部门事业费中开支的科学研究费和文教类科学研究费划归各级科学技术委员会统一管理。归并和调整原有的预算科目,增设"科学事业费"大类,将原来分散在农业、公交、商贸、文教等事业费类中的各部门"科学研究费"科目全部取消。同时,对各类科研单位预算资金实行"分级管理",即科研单位向主管部门负责、主管部门向科学技术委员会负责、科学技术委员会向财政部门负责。

更重要的是,在这一阶段,合同制管理的运用从试点逐步铺开。在合同制成为我国科研经费管理的主要模式后,我国又在此基础上逐步建立了适用于不同经费资助渠道的项目合同管理规定,对科研经费的管理也提出了更明确的要求,并且相关制度在实际运用的过程中不断得到完善和修订。1986 年 2 月,国务院批准成立国家自然科学基金委员会,对基础研究和部分应用研究试行科学基金制,并于当年启动了国家高技术研究发展计划,经费由中央财政预算单列,专项拨款。此举使中国科学基金工作突破了以往计划经济体制下科研经费依靠行政拨款的传统管理模式,全面引入和实施了先进的科研经费资助模式和管理理念。国家自然科学基金委员会于 1988 年 9 月 15 日发布的基金项目经费管理暂行办法,在 1992 年 11 月 18 日重新修订为《国家自然科学基金资助项目财务管理办法》。[①] 该管理办法规定,科学基金主要用于支持基础研究和应用基础研究工作,受资助单位不得自立章程和任意截留、挪用。另外,国家科技部以及相关部委也相继制定了"973 项目"和"863 项目"的经费管理原则——《科技三项费用管理办法(试行)》(〔1996〕科字 44 号)和《八六三计划经费管理暂行办法》(〔1993〕财字 822 号)。[②]

在这一时期,科研人员的工资制度虽然也发生了多次变革,但总的趋势是使科研人员的收入在一定程度上与其科研工作量及科研绩效挂钩,这也是对以往科研人员"吃大锅饭"的突破。该时期的第一次工资变革发生于 1985 年6 月。党中央、国务院颁发了《关于国家机关和事业单位工

① 该办法于 2015 年 4 月 15 日被修订为《国家自然科学基金资助项目资金管理办法》。

② 该两办法分别于 2006 年 9 月 20 日被修订为《国家重点基础研究发展计划(973 计划)专项经费管理办法》,于 2006 年 10 月 10 日被修订了《国家高技术研究发展计划(863 计划)专项经费管理办法》。

作人员工资制度改革问题的通知》(中发〔1985〕9号),结束了运行30多年的职务等级工资制,建立了以职务工资为主的结构工资制。但职务工资按专业人员担任的研究、技术职务确定,基础工资、工龄津贴、奖励工资,则按照国家规定的标准执行。20世纪80年代中后期到90年代初期,通货膨胀带来物价上涨。为提高科研人员待遇,科研事业单位开始结合科技体制改革,探索从项目结余、科技成果转移转化收入中获取人员奖励。如中国科学院和财政部于1992年发布《中国科学院所属事业单位收入和收益分配管理的暂行办法》,率先规定可按项目经费结余数的40%~60%提取劳务酬金奖励有关人员,由单位组织工作时间开展的技术转让、技术咨询、技术服务、技术培训、科技展览、科技交流服务,可以从纯收入中提取20%~30%的劳务酬金,用于奖励有关人员。1993年党中央、国务院决定,对机关和事业单位工作人员的工资制度进行改革,下达了《国务院关于机关和事业单位工作人员工资制度改革问题的通知》(国发〔1993〕79号),将事业单位专业技术人员分为5大类,实行不同类型的工资制度,其中教育、科研、卫生等事业单位实行专业技术职务等级工资制。专业技术等级工资制包含专业技术职务工资和津贴两部分。津贴为工资中“活的部分”,与专业技术人员的实际工作数量和质量挂钩,多劳多得、少劳少得、不劳不得。1994年出台的《科学研究事业单位贯彻〈事业单位工作人员工资制度改革方案〉的实施意见》(人薪发〔1994〕17号)将科研事业单位的职务等级工资和津贴的比例限制在70%(或60%)和30%(或40%)。科研事业单位中从事科学技术工作的人员,可建立科研课题津贴、科研辅助津贴和研究生导师津贴。担任领导职务的专业技术人员,可领取领导职务津贴。奖金制度继续实行。在开放搞活后,科研人员积极性显著提升,但也出现了一些混乱情况。为了进一步规范内部分配,国家相继出台了一些政策意见。1996年财政部、国家计划委员会、国家经济贸易委员会、国家科学技术委员会联合发布《科技三项费用管理办法(试行)》(财工字〔1996〕44号),将提取项目结余比例控制在10%以下。1997年《关于进一步推进事业单位工资总额包干试点工作的指导意见》(人发〔1997〕95号)出台,对事业单位工资总额包干的原则、形式给予指导,通过国家控制工资总额,在搞活内部分配的基础上形成了一定的规范。后在工资制度开放搞活、逐渐规范的基础上,事业单位结合自身特点进行了内部收入分配的探索,逐渐形成自身的工资模式。其中,以中国科学院“三元工资制”最具代表性。三元工资包括基本工资、岗位工资和绩效工资。其中,绩效工资反映科研人员的实际贡献,主要由科研人员完成承担科研任务情况确定,从科研人员承担项目经费以及科技成果转移转化收入中列支。

总而言之,这一阶段旨在改变长期以来形成的科技体制的结构性缺陷,推动科学研究的纵深配置,逐步引入市场机制,使竞争性项目资助逐渐成为政府科研资助的重要途径。在经费管理上,除国家重大科技计划面向社会招标,实行合同制管理外,各部门的科研事业费由国家科学技术委员会(后由国家科技部)统一按预算下达,逐步削减科研事业费拨款并针对不同类型的研究机构实行经费分类管理,以管理费的方式弥补承担单位为项目研究提供的条件和服务等公共服务支出,以利于打破单位吃国家、个人吃单位两个“大锅饭”“铁饭碗”的弊病,克服分配上的平均主义。此外,针对基础研究和部分应用研究试行科学基金制,采取面向社会接受申请、同行评议、择优支持的方式,将平等竞争和激励创新的机制引入科学研究,并建立相应的经费管理办法,从制度层面规范经费的预算、使用、管理和监督。

(三)逐步深化的课题预决算管理阶段(2001年至今)

随着“合同制”试点的逐步推开,“合同制”在2001年以前已成为我国科研管理的主要模式。但是,由于此时我国尚处于市场经济的确立初期,诸多体制仍然受到计划经济体制的一定影响,这一阶段的“合同制”管理仍属于指令性计划指导下的合同制,在管理上仍然主要依靠行政手段,使用法律和经济手段的意识和力度不足。为建立和完善科学的科研管理制度体系,提高科技资金的使用效益,促进科技事业的发展,经过对科研项目实行合同管理的多年探索和完善后,我国探索和引入了课题制管理模式。自此,课题制成为我国当前科研活动的基本模式。科研经费管理也逐步演化成以课题为中心、以课题负责人和课题依托单位为主体、以科研经费预算管理为主要内容的制度。在这一阶段,随着2006年对国家创新体系建设论述的深入,以及对科研活动发展规律的认识的加深,我国课题预决算式的科研经费管理制度也逐步深化,在科技资源配置的统筹协调方面、科研经费来源结构方面、创新财政经费支持方式和产学研结合方面、科研经费预算编制和执行方面、科研项目经费使用的监督管理方面、科研经费结余资金管理方面、人员绩效和劳务费支出方面均进行了不同程度的改革和完善。

1. 课题预决算管理模式的确立阶段(2001～2005 年)

2001 年 12 月 20 日,科技部、国家计委、财政部、经贸委联合发布《关于国家科研计划实行课题制管理的规定》,要求对以财政拨款资助为主的各类科技计划实施课题制管理,规定课题责任人负责从课题的立项、组织、经费管理、项目验收以及课题涉及的资产和成果的全过程进行管理,并对相关问题进行了明确且具体的规定。

所谓课题制管理,即按照公平竞争、择优支持的原则,确立科学研究课题,并以课题为中心、以课题组为基本活动单位进行课题组织、管理和研究活动的一种科研管理体制。在该管理体制下,国家财政根据课题规模以及管理工作的需要,按成本补偿或定额补助的方式对课题进行资助。同时,建立与科研活动规律相适应的预算管理机制,对课题实行全额预算管理,细化预算编制,由课题负责人员负责编制与课题研究有关的所有直接费用和间接费用的预算。直接费用,是指课题研究过程中使用的可以直接计入课题成本的费用,一般包括人员费、设备费及其他研究经费等;而间接费用,是指为实施课题而发生的难以直接计入课题成本的费用,一般包括支付依托单位课题服务的人员费用和其他行政管理支出、现有仪器设备和房屋的使用费或折旧费等。其中,人员费是指课题组成员的工资性费用,课题组成员所在单位有事业费拨款的,由所在单位按照国家规定的标准从事业费中及时足额支付给课题组成员,并按规定在课题预算的相关科目中列示,不在国家资助的课题专项经费中重复列支。此外,在课题制的模式下,课题申请人编制课题预算,包括经费来源预算与支出预算,实行预算评估或评审,由归口部门会同财政部门对课题预算的目标相关性、政策相符性和经济合理性等进行审核,确定课题经费预算。经批准的经费预算必须严格执行,一般不作调整。在成本核算方面,由依托单位进行,且未经批准不得分立或变更核算对象。对未结课题的年度结余经费,结转下一年度继续使用;已完成并通过验收课题的结余经费,经归口部门批准后,可留给依托单位,用于补助科研发展支出。

课题制管理模式使科研经费管理重心由法人研究机构转向课题责任人和课题承担法人,经费预算及其执行成为课题制管理的核心。[①] 在这一阶段,国家对科研经费的使用和监管十分严格。为此,科技部于2005年下发了《关于严肃财经纪律,规范国家科技计划课题经费使用和加强监管的通知》,提出了8项"严禁",即(1)严禁提成人员奖励支出;(2)严禁直接提取管理费;(3)严禁挤占挪用经费;(4)严禁自行调整预算;(5)严禁套取经费;(6)严禁长期挂账报销费用;(7)严禁提供虚假配套承诺;(8)严禁脱离依托单位监管。

2. 课题预决算管理模式的深化阶段(2006~2011年)

随着课题制管理体制的全面推行,国家各类科技计划也先后制定了更具操作性的经费管理办法,深化了课题预决算的经费管理模式。

2006年,中共中央、国务院发布了《关于实施科技规划纲要增强自主创新能力的决定》。2006年,国务院发布《国家中长期科学和技术发展规划纲要(2006~2020年)》(以下简称《规划纲要》),对科技体制改革和国家创新体系的建设作出了深入的论述。为全面贯彻落实《规划纲要》及其配套政策,确保财政科技投入稳定增长,进一步规范财政科技经费管理,提高经费使用效益,财政部、科技部于2006年8月21日出台《改进和加强中央财政科技经费管理的若干意见》,着力推动科技资源配置的统筹协调和决策机制、优化中央财政科技投入结构、创新财政经费支持方式和产学研结合、健全科研项目立项及预算评审评估制度、强化科研项目经费使用的监督管理,意图从制度安排上推动解决经费管理出现的诸多问题。在该意见确立的整体框架下,我国课题制科研经费管理制度呈现如下特点。

一是根据科研活动规律、科技工作特点和财政预算管理要求,将中央财政科技投入主要分为国家科技计划(基金等)经费、科研机构运行经费、基本科研业务费、公益性行业科研经费和科研条件建设经费。二是对科

① 参见刘波:《基于〈课题制〉的大学科研经费管理——与美国的比较研究》,载《科研管理》2003年第1期。

研项目经费的开支范围与开支标准进行严格管理,重点规范人员费、会议费、差旅费、国际合作与交流费、协作研究费等支出。将科研项目经费纳入单位财务统一管理,单独设账,专款专用。科研项目结余经费应严格按照国家有关财务规章制度和财政部结余资金管理的有关规定执行,不得归项目组成员所有、长期挂账,严禁用于发放奖金和福利支出。三是加强科研项目经费的监督检查,建立包括审计、财政、科技等部门和社会中介机构在内的财政科技经费监督体系,建立对科研项目的财务审计与财务验收制度。

在此基础上,为保证一些专项科技发展计划的顺利进行,我国还修订并完善了多个主体计划的专项经费管理办法,包括《国家重点基础研究发展计划(973 计划)专项经费管理办法》(财教〔2006〕159 号)、《国家高技术研究发展计划(863 计划)专项经费管理办法》(财教〔2006〕163 号)、《关于调整国家科技计划和公益性行业科研专项经费管理办法若干规定的通知》(财教〔2011〕434 号)等。上述针对专项计划的科研经费管理办法,相较以往的科研经费管理办法作了一些突破。例如,《关于调整国家科技计划和公益性行业科研专项经费管理办法若干规定的通知》首次建立了课题间接成本补偿机制及规定可从间接费用中提取绩效支出。其中,间接费用的具体计算方法按照分段超额累退比例法计算并实行总额控制,按照不超过课题经费中直接费用扣除设备购置费后的一定比例核定,具体比例为 500 万元及以下部分不超过 20%;超过 500 万元至 1000 万元的部分不超过 13%;超过 1000 万元的部分不超过 10%。至于从间接费用支出的绩效部分,是指承担课题任务的单位为提高科研工作绩效安排的相关支出,且间接费用中绩效支出不超过直接费用扣除设备购置费后的 5%。对间接成本补偿机制的确立和对绩效支出的明确,有利于对课题依托单位进行合理补偿,并对科研人员形成有效激励。通过部分诸如此类的科研项目、科研经费管理制度的率先完善,我国科研经费管理制度在整体上呈现渐趋完善的趋势。

此外,在 2000 年,为与财政管理体制改革和科技事业发展的客观规律相适应,我国以中央部门预算改革为契机,对 1986 年以来由国家科学技术委员会统一归口管理各部门科学事业费的科技经费管理体制进行了改革。科技部对“863 计划”“973 计划”等国家科技计划项目经费进行统一归口管理,而国务院各部门和各直属机构的人员、机构运转经费以及除科技计划项目经费以外的科学事业费则直接纳入各部门的部门预算,不再由科技部归口管理和分配。

3. 课题预决算管理模式的改革完善阶段(2012 年至今)

虽然课题预决算管理模式已得到确立并逐步推进与深化,但我国仍面临科技资源配置效率不高,科研项目和资金管理还不完全适应科技创新活动的特点和规律,管理不够科学透明,资金使用存在违规违纪现象,鼓励科技创新的政策激励措施还没有落实到位,科研人员的创新热情和创造活力还没有得到充分发挥的问题。社会各界特别是科技界对财政科研项目和资金的合理配置以及经费使用的安全性、有效性日益关注。

在这一形势下,我国于 2012 年召开了全国科技创新大会,中共中央、国务院颁布了《关于深化科技体制改革加快国家创新体系建设的意见》(中发〔2012〕6 号)。党的十八大亦提出创新驱动发展战略,把科技创新摆在国家发展全局的核心位置。新时期、新形势、新任务赋予科技创新重大历史责任,我国又一次面临对科技体制进行改革的急迫情势。由于项目和资金管理改革是推动科技体制改革的切入点和突破口,事关我国科技事业发展的全局,为贯彻十八大精神、落实《关于深化科技体制改革加快国家创新体系建设的意见》要求和深化科技体制改革的具体措施,2014 年国务院出台《关于改进加强中央财政科研项目和资金管理的若干意见》及《关于深化中央财政科技计划(专项、基金等)管理改革的方案》,从顶层设计的高度开启新一轮科研经费制度改革,对当下科研经费管理中存在的一些问题提出了以下几方面的改进措施。

一是规范项目预算编制。该意见首次明确,对非定额补助项目,在项目指南中不再预先设定预算控制额度。要求管理部门应简化预算编制要求,完善相关预算表格,改进编制方法,制定发布科研项目预算编制手册,在预算评估评审方面,不得简单按比例核减预算;要求承担单位科学合理地编制项目预算,并对仪器设备的购置、合作单位资质和拟外拨资金进行重点说明。

二是应及时拨付项目资金。该意见明确实行资金预拨机制,在部门预算批复前,建立科技计划经费年初预拨制度,以满足科研单位年初经费需求。对目标明确的重大项目,实施节点拨款。节点任务完成后才能拨付后续资金。

三是规范直接费用支出管理。针对当下存在的各类科研项目预算编制和支出要求不同、容易造成混乱的问题,该意见要求进一步科学界定与项目研究相关的支出范围,使各类计划(专项、基金等)的支出科目和相关标准原则上保持一致,以减轻科研人员的学习成本。针对当下项目预算管理过细过严问题,该意见提出要进一步下放预算调整权限,以赋予项目单位和科研人员更大的自主权,允许会议费、差旅费、国际合作交流费三项支出之间调剂使用,但不得突破三项支出预算总额。

四是完善间接费用的管理。针对财政部、科技部于 2011 年提出的间接费用和绩效支出有关政策还没有落实到位的问题,意见提出,间接经费应直接下达到承担单位。承担单位应建立健全间接费用管理办法,合规合理使用间接费用,并将间接费用的核定与承担单位信用等级相挂钩。在核定的间接费用以外,不得再以任何名义重复提取、列支相关费用。制定绩效考核和发放办法,有效激发科研人员积极性。

五是改进项目结转结余资金管理办法。由于项目完成后结余资金要全部收回渠道的要求与科研活动的规律和实际需求不完全适应,该意见提出,结余经费的安排将与项目验收和信用评价相挂钩。对项目完成任务目标并通过验收且承担单位信用评价好的,可按规定留归项目单位使用;项目未完成、资金管理存在严重问题的,仍要原渠道上缴国库。这种管理方式将有效解决项目单位突击花钱的问题,也将进一步促进科研人员精打细算、科学规范地使用科研经费。该意见还明确,项目在研期间,年度剩余资金可以结转下一年度继续使用。此外,为保障科研项目资金专款专用,防止单位挤占挪用不同用途、不同渠道的资金,该意见还强调要完善单位预算管理办法,要求财政部门应按照核定收支、定额或者定项补助、超支不补、结转和结余按规定使用的原则,合理安排科研院所和高等学校等事业单位预算。科研院所和高等学校等事业单位要按照国家规定合理安排人员经费和公用经费,保障单位正常运转,确保科研项目资金的独立性。

2016年,为进一步激发科研人员创新创造活力,中共中央办公厅、国务院办公厅联合印发了《关于进一步完善中央财政科研项目资金管理等政策的若干意见》(以下简称《进一步完善意见》),从经费比重、开支范围、科目设置等方面提出了一系列"松绑+激励"的措施。相较2014年的《关于改进加强中央财政科研项目和资金管理的若干意见》,《进一步完善意见》在科研经费的管理方面呈现以下亮点:一是扩大科研项目资金管理权限。主要包括:项目预算调剂自主权,劳务费分配管理自主权,间接费使用管理自主权,结转结余资金按规定使用自主权等;二是下放差旅会议管理权限,不简单套用行政预算和财务管理方法;三是完善中央高校、科研院所科研仪器设备采购管理;四是完善中央高校、科研院所基本建设项目管理。具体而言,包括以下具体举措。

第一,简化预算编制科目,下放调剂权限。合并"同类项",将直接费用中会议费、差旅费、国际合作与交流费合并为一个科目,合并后的总费用如果不超过直接费用的10%,就不用提供预算测算依据,科研人员在编制这部分预算时不用再具体说明开几次会、出几次差了。下放科研项目预算调剂权,在项目总预算不变的情况下,直接费用中的多数科目预算都可以由项目承担单位自主调剂,即"打酱油的钱可以买醋"。

第二,提高间接费用比重,加大绩效激励力度。间接费用占直接费用扣除设备购置费后的比例上限,从20%、13%、10%提高到20%、15%、13%(上述比例分别对应500万元及以下、500万~1000万元、1000万元以上部分)。项目承担单位可以在核定的间接费用比例范围内统筹安排绩效支出,并与科研人员在项目工作中的实际贡献挂钩,以加大对科研人员激励力度。

第三,明确劳务费开支范围和标准。重申劳务费不设比例限制。参与项目研究的研究生、博士后、访问学者以及项目聘用的研究人员、科研辅助人员等,都可以开支劳务费。项目聘用人员的劳务费开支标准,参照当地科学研究和技术服务业从业人员平均工资水平,根据其在项目研究中承担的工作任务确定,既有效解决了科研人员反映的评审中预设比例的问题,又突出了科研项目资金对"人"的重视和支持。

第四,改进结转结余资金留用处理方式。在科研项目实施期间,年度剩余资金可以结转下年继续使用,当年的钱花不完不用收回。项目完成任务目标并通过验收后,结余资金按规定留归单位使用,在2年内可以统筹安排用于科研活动的直接支出;2年后未使用完的,按规定收回。

第五,自主规范管理横向经费。以市场委托方式取得的横向经费,由单位按照委托方要求或合同约定管理使用,有效解决一些科研人员反映的横向经费"纵向化"管理问题。同时,为了防止设"账外账",强调横向经费要纳入单位财务统一管理。

总体而言,这一阶段的课题制改变了过去以"单位"为核心的课题管理模式,实行课题责任人负责制,课题责任人在批准的计划任务和预算范围内享有充分的自主权,同时对完成课题任务承担法律责任,由此增强了科技人员的创新精神和责任意识,体现了我国政府主导的科研计划管理原则。

原来按单位或部门分块的资金预算管理模式转变为以课题或项目为主体的预算管理模式,使理财思路更加清晰,资源配置更加合理,科技经费管理、科技计划管理和项目管理结合更加紧密。

随着时间的变迁,根据我国科研经费管理的具体情况,不断出台相应的管理办法以制约科研经费滥用、挪用等问题,但我国科研经费的使用效率依然很低,对政府、高校、单位、项目负责人的制约不到位,科研经费使用过程中的问题还很多。

课题制实施几年来,虽然取得了明显的效果。但是,在课题制框架下,如何加强科研经费管理,在最大限度内保证项目资助方、承担人及其单位的合理利益,这个问题仍然困扰着基层财务管理部门和管理人员。

二、我国科研经费管理制度变迁的特点

科研经费是从事科学研究活动的前提条件,合理有效地利用科研经费是资助方、受助人及其所在单位各方利益的焦点所在,也是科研管理追求的最终目标。通过对我国科研经费管理制度历史沿革进行梳理可以看出,我国科研经费管理制度的演变是在政府主导下渐进改革的过程。这一渐进改革的过程发生于我国从计划经济向市场经济转变的历史背景下,是在以探索出符合科研规律、有利于激励科研人员的科研经费管理制

度为目标的引领下,我国对相关科研经费管理制度的不断细化和丰富,这也使我国科研经费管理制度的变迁呈现以下四个特点。

(一)从粗放型向精细型转变

我国科研经费管理制度在从计划式的经费管理模式向课题预决算管理模式的过渡中,我国政府也不断积累了对科研经费的管理经验,不断加深了对科研经费管理的认识,并从顶层设计上进行了更精细的设计,以使现行科研经费管理能更加有效地保障科研活动的进行、激发科研人员的主观能动性,进而促进我国科研能力的整体提升。随着"课题制"的实施,我国改变了过去以"单位"为核心的课题管理模式,科研经费管理也逐渐发展成涵盖科研经费来源、开支范围与管理费提取的规定、科研经费预算与决算管理制度、科研结余经费管理制度、科研经费管理的监督机制、科研经费管理的承诺机制与信用管理机制等内容的制度体系,且相关制度的规定越来越细化。在具体制度设计上,我国科研经费管理从粗放型向精细型的转变主要体现在以下几个方面。

首先,体现在预算的编制上。在实施"课题制"以后,我国对课题支出预算编制的科目规定变得更为精细。根据《关于国家科研计划实施课题制管理的规定》,科研经费支出预算包括计划管理费和课题研究费,前者是指由归口部门使用、为管理科研计划及其经费而支出的费用,一般包括课题遴选、评审、预算评估、招标、课题监理、跟踪检查以及后评估等支付的费用;后者是指课题研究过程中发生的所有支出。之后,《民口科技重大专项资金管理暂行办法》(财教〔2009〕218 号)不再使用"管理费"的说法,首次明确将科技重大专项经费分为直接费用和间接费用。再往后,《关于调整国家科技计划和公益性行业科研专项经费管理办法若干规定的通知》(财教〔2011〕434 号)、《国务院关于改进加强中央财政科研项目和资金管理的若干意见》(国发〔2014〕11 号)、《国家自然科学基金资助项目资金管理办法》(财教〔2015〕15 号)亦均明确将科研经费分为直接费用和间接费用,并对直接费用和间接费用作出详细的规定。此外,一些科研经费管理规范还进一步对直接费用和间接费用项下的预算明细科目作出具体规定。例如,《国家自然科学基金资助项目资金管理办法》对直接费用项下的"设备费、材料费、测试化验加工费、燃料动力费、差旅费、会议费、国际合作与交流费、出版/文献/信息传播/知识产权事务费、劳务费、专家咨询费”等具体科目作了详细规定。

其次，体现在经费支出限制的规定上。为了引导和规范科研人员、课题组、依托单位在允许范围内使用经费，并推进科研经费预算制度与决算制度的实施，科研经费管理制度对经费开支范围及相关费用的提取比例进行了越来越具体的限定。例如，在间接费用的统筹安排上，虽然2002年颁布的《关于国家科研计划实施课题制管理的规定》中对建立间接成本补偿机制进行明确，但仅是原则性规定，未配套可操作性条款；后我国于2011年颁布《关于调整国家科技计划和公益性行业科研专项经费管理办法若干规定的通知》，对间接费用的列支方法进行了明确说明，规定间接费用使用分段超额累退比例法计算并实行总额控制，按照不超过课题经费中直接费用扣除设备购置费后的一定比例核定，具体比例为：500万元及以下部分不超过20%；超过500万元至1000万元的部分不超过13%；超过1000万元的部分不超过10%。同时，还规定间接费用中绩效支出不超过直接费用扣除设备购置费后的5%。又如，在各项支出的调剂使用上，《关于改进加强中央财政科研项目和资金管理的若干意见》明确规定项目实施中发生的会议费、差旅费、国际合作与交流费三项支出之间可以调剂使用，但不得突破三项支出预算总额。

最后，体现在经费监督管理机制的设立上。《关于调整国家科技计划和公益性行业科研专项经费管理办法若干规定的通知》（财教〔2011〕434号）文件强化了课题承担单位的职责，明确“课题承担单位是课题经费使用和管理的责任主体，应当建立健全经费管理制度，完善内部控制和监督制约机制……财政部门、科技部门、相关主管部门应采用专项审计、中期财务检查、财务验收、绩效评价等多种方式实施监督检查。建立健全信用管理机制。积极推进信息公开”。但对如何健全经费管理制度、完善内部控制和监督制约机制并未进行具体规定。后《关于改进加强中央财政科研项目和资金管理的若干意见》（国发〔2014〕11号）文件在此基础上进一步规范了科研项目资金使用行为，明确了若干“不得行为”，以更好地对经费支出进行监督，包括改进科研项目资金结算方式，明确使用（公务卡）支付制度和银行转账结算制度；完善信用管理，提出建立全过程信用记录制度,实施信用评级与结余经费留用挂钩制度;建立科研信息公开制度和科技报告制度等。通过多种政策措施,加强科研经费管理。

(二)从单一化向多元化转变

新中国成立以来,随着我国科研管理体制的多次变革,科研经费管理制度也相应发生多次变化,最直接的体现就是科研经费管理制度的文本经历了从无到有,并在短时间内从少到多的过程。我国从1985年启动科研体制改革后便开始尝试制定相关科研经费管理政策,但仍带有明显的计划经济特征且数量少。后来,随着科研经费来源的多样化,科研机构、高等院校自主权的加大,以及合同制、基金制乃至课题制的引入,有关科研经费管理政策文件的层次和类型也不断丰富,呈现从单一化向多元化转变的特点。

首先,是规则层级从单一化向多元化的转变。我国科研经费管理制度是国家主导下的制度变迁过程,先由国家进行顶层设计,再由科研机构、高等院校根据本单位的实际情况,在国家确定的制度管理框架下进行科研经费管理制度的制定与执行。尤其是近几年来国家对科研承担单位和课题组逐步实施的"简政放权",各科研机构的自主权不断加大,其在自主权范围内所制定的有关科研经费管理的制度数量也逐渐增多。从我国科研经费管理的各类文本来看,近30年来,在国家层面规范性文件的指导下,各地区政府及大部分的科研机构、高等学校均先后制定了有关科研经费管理的各类文件。这些文件虽然仅在本地区或本单位具有适用性,但系各地方和各高校根据自身实际情况,制定出的符合本地区或本单位科研活动特点的经费管理制度,其内容既包括相关实施细则,也包括差旅费、会议费内部管理办法,科研项目资金内部管理办法和报销规定等专项规定,极大地丰富了我国的科研经费管理制度体系,是我国科研经费管理制度从单一化向多元化管理的重要体现。

其次,是规则类型从单一化向多元化的转变。在新中国成立后相当长的一段计划经济时期,我国并没有任何关于科研经费管理的专门政策文件,科研经费只是作为国家预算的一类,按当时国家的相关财政管理制度执行。随着国家对科研经费管理重要性认识的不断深化,有关科研经费管理的规范性文件经历了从无到有,且科研经费管理规范性文件类型日益增多的过程。1986 年 1 月 23 日，国务院发布《关于科学技术拨款管理的暂行规定》，针对各类不同科研活动，实行科研经费的分类管理。2004 年国务院颁布的《关于改进加强中央财政科研项目和资金管理的若干意见》也提出，应对科研项目进行分类管理，基础前沿科研项目突出创新导向，公益性科研项目聚焦重大需求，市场导向类项目突出企业主体，重大项目突出国家目标导向。因各类科研专项计划或项目的类型不同，特点亦不同，对其科研经费管理也各有不同的要求，这一点从当前我国针对不同类型科研计划制定了专门的科研经费管理办法即可看出。例如，我国针对“973 计划”“863 计划”制定了专项经费管理办法[《国家重点基础研究发展计划(973 计划)专项经费管理办法》《国家高技术研究发展计划(863 计划)专项经费管理办法》]，对国家自然科学基金和国家社会科学基金制定了专门项目经费管理办法(《国家社会科学基金项目经费管理办法》《国家自然科学基金资助项目资金管理办法》)，针对国家科技计划和公益性行业科研制定了专项经费管理办法(《关于调整国家科技计划和公益性行业科研专项经费管理办法若干规定的通知》)，以及针对其他类型课题项目相应制定了《国家重点基础研究专项经费财务管理办法》《〈国家重点基础研究专项经费财务管理办法〉补充规定》《国家高技术研究发展计划专项经费管理办法》《应用技术研究与开发专项资金管理暂行办法》等。这使我国科研经费管理办法呈现类型化和多样化的特点。

(三)从计划性向自主性转变

在计划经济时期，我国科研经费的配置主要采用国家科技计划指令性分配和管理模式，此时的科研经费管理制度呈现相当强的“计划性”特征。20 世纪 80 年代之后，随着市场经济体系的逐步建立和完善，尤其是 1985 年 3 月《中共中央关于科学技术体制改革的决定》的颁布，科研领域也逐渐被市场理念渗透，引入市场运作模式，科研活动管理在市场经济体系的建立和健全过程中逐步得到发展。与此相适应的，在科研经费的管理上，主要是在科研经费的来源和支出方面，相关制度也赋予科研活动主体更多的自主性。这种自主性主要体现在以下两个方面。

一是体现在科研经费的来源上。20 世纪 80 年代之前我国处于计划经济时代，科学研究活动被严格纳入国民经济计划，开展研究工作所需要的经费通过国家科学事业费或专项科研经费形式划拨,管理上属于“大锅饭”性质,积弊甚重。20 世纪 80 年代初,我国启动科技体制改革。1986 年国务院发布了《关于科学技术拨款管理的暂行规定》,对科技拨款制度进行了重大改革,对重大科技项目逐步实行招投标合同制,将科技经费与科研任务直接挂钩,并部分实行有偿使用,将竞争机制引入科技工作,以改进管理和提高资金使用效益。自此,我国开始尝试逐步扩大科研机构的自主权,鼓励发展科研横向联系,最明显的是体现在科研经费的来源上,由单一的国家计划拨款,发展到由科研机构自主寻求资金来源,并开始试点推行科研责任制和合同制,以及基于此提出了针对不同资助渠道的科研经费的不同形式的合同管理。自此,我国科研机构的经费被二分为“纵向经费”和“横向经费”。“横向经费”的引入,使科研机构在寻求科研经费来源方面有了更大自主权,也使课题来源和构成向有利于加强研究者同使用者联系的方向转变,避免了传统的“计划式”管理的诸多弊端。

二是体现在科研经费的支出上。在计划式的经费管理时期,我国对科研经费财政支出管理十分严格,科研机构基本上只能依据财政预算控制支出,以提高财政资金使用效益。随着我国“课题制”的引入,科研活动管理改变了过去以“单位”为核心的管理模式,实行课题责任人负责制,有关科研经费管理制度赋予了课题负责人及课题依托单位在预算编制与预算调整、预算执行方面更多的自主权。首先,在预算编制申报方面,根据中共中央办公厅、国务院办公厅颁布的《进一步完善意见》,课题责任人在批准的计划任务和预算范围内享有充分的自主权,课题项目负责人在编制课题直接费用预算时,可完全根据课题项目研究需要,自行编制各项支出预算安排;其次,在预算执行调整方面,考虑到课题研究期限长,原有预算测算依据会发生变化,《关于改进加强中央财政科研项目和资金管理的若干意见》《进一步完善意见》规定,在课题总预算不变的情况下,材料费、测试化验加工费、燃料动力费、出版文献费、其他支出预算调整,由课题承担审批,科技部或相关资助单位在中期财务检查或财务验收时予以确认,直接费用中的会议费、差旅费和国际合作与交流费等三项费用,可在三项总额内调剂使用;最后,根据《进一步完善意见》,科研机构享有了更大的资金管理权限,包括劳务费分配管理自主权、间接费使用管理自主权,结转结余资金按规定使用自主权。

(四)从管理导向型向激励导向型转变

科研经费是科研活动顺利进行的首要保障。作为科研管理制度的重要组成部分,科研经费管理制度不仅对额度核算、支出控制等财务管理内容起到约束作用,而且承担着激励科研人员、引导资金有效运用的重要职能。建立在计划经济体制基础上的我国科技体制决定了当时政府的科研管理职能,即由政府直接组织制定和实施科技规划和计划,由政府通过对人力、经费、物资等的计划调配实现对科研机构的直接管理。因此,在该时期,政府对科研经费的配置和使用规范以管理方式为主。后随着科研管理体制改革进程中我国政府对科研活动规律的认识愈加充分,我国科研管理活动逐渐从重"物"向重"人"转变,科研经费管理制度的定位、原则与具体规则也逐步由强的、直接的计划管理性向灵活的、自主的、更富有激励性的宏观调控转移。相关科研经费管理制度的重心更多地落脚于加强统筹协调、强化执行监管和创造有利环境等方面,这无疑有助于服务自主创新的战略目标,具体而言,这种转变主要体现在以下几个方面。

首先,体现在各类政策文件对科研经费管理总体要求的表述上。例如,《进一步完善意见》在总体要求中明确提出,应"坚持以人为本。以调动科研人员积极性和创造性为出发点和落脚点,强化激励机制,加大激励力度,激发创新创造活力"。国务院印发《关于深化中央财政科技计划(专项、基金等)管理改革方案的通知》(国发〔2014〕64 号)在总体要求部分也明确提出,应"建立目标明确和绩效导向的管理制度,形成职责规范、科学高效、公开透明的组织管理机制,更加聚焦国家目标,更加符合科技创新规律,更加高效配置科技资源,更加强化科技与经济紧密结合,最大限度激发科研人员创新热情"。从上述规定可以看出,我国对科研活动管理及科研经费管理的目标定位已十分明确,即"调动科研人员积极性""绩效导向""符合科技创新规律"等,这就决定了我国科研经费管理制度必然会以激励为导向进行转型。

其次,体现在科研绩效支出的规定上。近些年,我国政府出台的许多科研经费管理政策均体现了新时代下我国政府为了让科研经费管理发挥其应有的激励作用而进行的制度设计,特别是在对科研经费绩效支出的肯定上,对调动科研人员的积极性具有重要意义。《关于调整国家科技计划和公益性行业科研专项经费管理办法若干规定的通知》(财教〔2011〕434号)、《国家自然科学基金资助项目资金管理办法》(财教〔2015〕15号)分别对国家科技计划和公益性行业科研专项、国家自然科学基金资助项目制定绩效工资激励政策,通过设立绩效支出肯定科研人员超工作量的付出。《进一步完善意见》提高了间接费用的比例,该意见规定,中央财政科技计划(专项、基金等)中实行公开竞争方式的研发类项目,均要设立间接费用,核定比例可以提高到不超过直接费用扣除设备购置费的一定比例:500万元及以下的部分为20%,500万元至1000万元的部分为15%,1000万元以上的部分为13%。并进一步提出,要加大对科研人员的激励力度,取消绩效支出比例限制;项目承担单位在统筹安排间接费用时,要处理好合理分摊间接成本和对科研人员激励的关系,将绩效支出安排与科研人员在项目工作中的实际贡献挂钩。

再次,体现在对劳务费的规定上。劳务费较少且限制开支范围是制约我国科研工作的"瓶颈"问题。为解决这一问题,我国科研经费管理部门相继制定了多项政策,逐步对劳务费规则进行了调整。2015年4月15日起实施的《国家自然科学基金资助项目资金管理办法》(财教〔2015〕15号)扩大了劳务费的开支范围,并取消了比例限制。《进一步完善意见》亦规定,参与项目研究的研究生、博士后、访问学者以及项目聘用的研究人员、科研辅助人员等,均可开支劳务费;项目聘用人员的劳务费开支标准,参照当地科学研究和技术服务业从业人员平均工资水平,根据其在项目研究中承担的工作任务确定,其社会保险补助纳入劳务费科目列支;劳务费预算不设比例限制,由项目承担单位和科研人员据实编制。对劳务费比例限制的取消有利于科研机构、高等院校通过科研项目招聘专职科研人员,加强人才队伍建设,有力强化了科研力量。

最后,体现在对结余资金的规定上。《关于调整国家科技计划和公益性行业科研专项经费管理办法若干规定的通知》(财教〔2011〕434号)规定,课题结余经费应当按原渠道收回科技部或相关主管部门,由科技部或相关主管部门按照财政部关于财政拨款结转和结余资金管理的有关规定执行。但在"十二五"后期,《关于改进加强中央财政科研项目和资金管理的若干意见》(国发〔2014〕11 号)文件取消了结余资金应按原渠道上缴的规定,该意见明确提出,项目完成任务目标并通过验收,且承担单位信用评价好的,项目结余资金按规定在一定期限内(其中,自然科学基金明确为 1 年)由单位统筹安排用于科研活动的直接支出,并将使用情况报项目主管部门;未通过验收和整改后通过验收的项目,或承担单位信用评价差的,结余资金按原渠道收回。可以说,从以往的"一刀切"到现在的与项目验收及信用评价相挂钩的留用制度,现在的这种有条件的结余资金留用制度显然更有利于科学研究的长期发展,也更有利于科研信用管理和评价激励机制的建立。

三、我国科研经费管理制度演进的问题揭示及原因分析

科研经费管理是一国科研活动顺利进行与科技水平提升的关键因素。在计划经济时代,政府是科研机构的创办者和管理者,在相当长的一段时间里,政府管理着科研机构的设立、科研经费、科技计划、学科发展、项目安排等。随着经济体制向市场经济过渡,这种无所不包的计划管理理念和模式逐渐不再适应市场经济时代的科研发展规律,并出现科研经费投入递增但产出效益不明显、科研经费管理手段提升但科研腐败等问题。

为此,政府开始自上而下地推行科研体制改革,并以问题为导向,致力于建立健全既遵循科研活动规律,又符合依法理财要求的科研资金管理机制,自此,我国科研经费管理制度从新中国成立之初的计划色彩浓厚逐渐向市场化方向发展,并呈现以管理为导向向以激励为导向转变的特点。然而,从我国科研经费管理制度的整体变迁来看,这种具有明显政府主导性的制度变迁依然存在较为严重的路径依赖,对科研经费的管理思路仍较大程度地沿袭了计划经济体制下的管理思路,反映到现实中,即存在对科研机构的行政管理色彩较浓厚,对科研经费收支的管理计划性色彩较浓厚,以及对科研人员的薪酬待遇给付亦带有较浓厚的行政管理色彩等问题。

(一)问题揭示:计划经济时代管理模式的沿袭

相较我国总体改革进程而言,我国科研经费管理制度改革的进展相

对迟缓。虽然科研体制发生了多次变革，科研经费管理制度也经历了由粗放式向精细式、由单一化向多元化、由计划式向自主式以及由管理导向型向激励导向型的转变，但大体仍旧是延续计划经济体制下的国家拨款和预算管理模式，基本框架没有大的变化。科研活动的主体仍以具有事业单位性质的科研机构或高等院校为主，科研机构或高等院校的科研经费的来源仍以国家财政拨款为主体，科研经费的支出仍被较严格的预算管理约束，而科研人员的薪酬仍主要通过其所在单位财政预算列支，与科研经费预算科目相互独立。

1. 科研机构的管理方面

经过20世纪90年代末部分科研院所的转制改革，除少数科研机构成为企业外，大多数科研机构仍然保留事业单位性质。目前，我国科研机构、高等院校大部分仍属于事业单位，具有相应的行政级别，有些则是政府机关的内设机构或直属部门，科研机构的人员亦具有相应的行政职级，外部管理和内部管理方面均体现出浓厚的行政化色彩，这就直接导致了以下两方面问题。

一方面，在外部管理上，科研机构作为行政机构或“类行政机构”，受到计划经济体制之下主管部门至上的思想，科研机构法人主体地位因此被弱化。在这种情况下，极可能出现行政决策对科研经费管理的简单干预，或可能出现科研经费激励与市场环境严重脱离的问题。例如，目前，我国科研人员的科研绩效支出系从间接成本补偿中列支，且被限制在较小的一个比例范围内，不利于调动科研人员从事科技创新的积极性，没有完全弥补广大教师从事科学研究的额外智力付出，因此，难以真正有效发挥其应有的激励作用。另外，在劳务费的问题上，目前科研经费管理办法均限定，劳务费只能支付给参与项目研究的研究生、博士后、访问学者以及项目聘用的研究人员、科研辅助人员等，这种僵化的制度规定，使科研人员的劳动成本得不到应有的补偿，科研工作的积极性、主动性、创造性极大地被压抑甚至抹杀。

另一方面，在内部管理上，各单位的科研经费管理制度也带有行政化色彩。目前，无论是横向课题还是纵向课题，我国均采用“课题制”管理模式。科研机构或高校是课题的依托单位，并成为科研经费使用的监督者和管理者。在实际监督管理的过程中,由于科研机构内部管理体现出的行政管理的特征,导致在科研经费的管理上也带有浓厚的行政化色彩。例如,目前高校的科研经费管理制度,对高等院校取得的各类科研经费,不区分科研经费的来源渠道,也不区分经费使用上的行政法律关系和民事法律关系,更不论科研活动是什么种类或为了实现什么目的,只要是高校取得的科研收入,均将其作为学校收入,全部纳入学校财务部门统一管理、集中核算。这种统一、严格的行政管理办法,只注重经费的收入与支出核算,忽视了科研各个项目的具体内容要求,造成科研经费使用的效率低下。又如,因科研机构内部不同人员的职级和权力不一样,在科研经费管理方面可能享受的待遇在实际操作中也有所不同。此外,由于目前各科研机构或高校对科研经费的管理大多依照本单位内部的财务规定,由财务部门负责科研经费的财务管理和会计核算,指导项目负责人编制项目经费预算,审查项目决算,监督、指导项目负责人按照项目立项书或合同约定以及有关财经法规在其权限范围内使用科研经费,而相关财务规定因属于一般性规定,通常仅注重经费支出的细节和规范控制,可能影响科研经费使用的顺畅程度,甚至可能与科研规律相悖。

由此可见,科研机构、高等院校处于传统的内、外部行政管理体制之下,我国科研经费管理制度受到较大影响,无法发挥其应有的激励作用,与科研规律的契合度仍有待提高。科研单位作为独立的法人主体,具有独立承担民事责任的能力,单位取得的各项收入属于单位的法定资产,科研机构具有独立的支配权利,因此,政府应当尊重科研机构的主体地位,适时转变职能,改变管理重心,在资金投入、人员报酬、资金支出的管控方面,实施合理的政策导向,实现科研机构、科研人员的利益最大化,推动我国科研事业的快速发展。

2. 科研经费的收支管理方面

科研经费的管理是以科研活动中的资金拨付与支出为中心。从目前我国科研经费管理的现状来看,我国在科研经费拨款和支出管理上仍然没有完全摆脱计划经济时期旧的模式和办法的束缚。随着我国逐步深化市场经济体制改革的过程,传统体制的弊端日益显现出来。

首先,在国家财政对科研经费的拨款上,高校科研经费仍可能受到行政控制。这就导致,在制定预算依据不充分或不科学的情况下,极有可能造成有限科研经费的不合理配置。我国传统的科研经费预算制是由上至下、逐层切块,具体到科研课题,是根据各课题的具体申报预算,拨付相应的科研经费。这种方法的最大问题是切块的依据是否合理。此外,在目前全成本核算难以实现的情况下,根据课题负责人申报预算进行科研经费拨款的模式,很有可能导致在课题申报阶段,预算编制的随意性加大,体现在实践中,就是有些课题负责人为了争取更多经费,存在一定程度上夸大开支或虚假列支的情况,因此,科研课题申报预算是否真实,据此给予的科研课题补助的额度是否恰当,也成为当前科研经费拨款的一大问题。从科研资金的实际拨付情况来看,这种模式在多年运作下来后,有些科研经费预算指标和实际情况大相径庭,结果不仅加剧了资源的供求矛盾,也固化了科研经费在部门、地区之间的分配格局,制约了科研管理机构对科技事业发展布局的调整。此外,这种过度依赖国家财政资金拨付科研经费的现象,还将导致科研机构及高校争取横向经费的意识不强,与社会的实际需求相脱节,科研机构及高校可能因此以政府宏观政策导向为科研活动的唯一目标,造成科研活动的功利性过强,科研成果无法与社会生产力发展有效联动。

其次,在对科研经费支出的控制上,也存在制度管控过于机械的问题。目前,我国的科研经费核算系采用事业单位会计核算方法。由于相关制度对科研经费的正常支出(如人工费、资产购置费、通信费等)作出了一定限制,可能导致预算编制时无法据实列支,相关支出预算无法准确制定。此外,目前科技经费预算普遍采用的固定预算编制方法也不符合科研经费运动的规律。因为科研项目本身具有创造性和不确定性,这就决定其工作量和未来支出也具有不确定性,加之受物价上涨、工资上调等因素的影响,科研项目的预算经费可能不是一个具体数值,而是一个在一定范围内波动的数值区间。在多数科研经费管理制度未对此给予一定调整空间的情况下,采用固定预算编制方法,可能造成经费的实际支出与预算不符。

3. 科研人员的薪酬给付方面

目前,就财政拨款的科研机构、高等院校而言,我国科研人员的工资和科研项目经费来源与支出属于不同科目。一方面,我国科研机构在工资薪酬的给付上存在较重的行政管理色彩,把科研人员当作公司职员或是政府公务员,进行行政化管理,认为学术研究只有硬件投入,人力投入可有可无,相应的工资报酬无法充分体现科研人员付出的科研人力成本。另一方面,在科研经费的管理上,对科研人员的智力补偿也不够充分。究其原因,还是由于我国在科研经费管理与人员薪酬管理方面很大程度上沿袭了计划经济的特点。

首先,我国对科研人员劳务报酬的给付仍然带有行政色彩。目前,我国公立科研机构还占据主导地位,科研机构的经费很大部分来自财政投入,人员也多是事业编制,有些政府研究机构还按公务员管理,他们的人事管理制度虽然正在由身份管理向岗位管理转变,但仍具有深刻的计划经济烙印。综观我国科研人员劳务报酬制度的发展历史,我国先后经历了由"级别工资制"向"职务工资制",再到如今向基本工资、岗位工资、绩效工资的"三元工资制"转变。虽然工资薪酬制度的科学性有所提升,已通过设置绩效工资达成对科研人员的激励,但从总体上来看,这种行政事业单位的工资制度还是难以符合科研工作的要求,因其还是没能充分体现科研人员的工作业绩和科研价值,也没有通过设置合理的薪酬体系来体现对科研人员的智力补偿,目前科研机构人员的工资薪酬是否能够反映其真实价值和贡献本身值得商榷。

其次,人是科研工作中最重要的因素,在科研经费的管理上,体现科研人员的智力付出是科研经费管理中必要且重要的一环。但从我国当前科研经费的管理制度来看,对"人"的问题的重视仍然不够充分,过于严苛的人员经费支出限制使正常的学术人力资本投入难以得到补偿,这突出表现在有工资性收入的科研人员的智力价值在科研经费的支出管理上没有得到充分的经济认可。一些尽职的科研人员为了更快、更好地出成果,"五加二、白加黑"地加班加点,结果他们却因享受了研究机构或高等院校的工资收入,而不得从科研项目经费中列支相应的劳务费,这与其付出的巨大人力成本是极不对称的。这就导致在实践中,一些科研人员按照项目申报的预期承诺完成学术研究,但是无法取得相应的报酬,间接迫使这部分项目承担者进行"逆向选择",从非实际支出的范围内报销发票来使用科研经费，“文科买车票、理科买设备”就成了科研经费支出的真实写照。

总而言之，科研人员作为一个特殊群体，在科技人才的竞争已经国际化、市场化的情况下，不能将科技人才的薪酬待遇简单地按一般行政事业单位人员处理，而应体现出其特殊性。当下我国科研人员的薪酬给付制度及科研经费管理制度是从传统的计划经济体制下沿袭和改进而来的，仍然在很大程度上带有计划经济的色彩，这样的科研经费管理制度及薪酬给付制度必然会造成激励扭曲和效率低下，不利于科研活动的发展和我国科研水平的提升。

（二）原因分析：政府主导、自上而下制度变迁的路径依赖

制度变迁理论认为，制度变迁是一种效率更高的制度（制度变迁的目标模式）替代另一种制度（所谓的起点模式）的动态调整过程。科研经费管理政策同样具有制度变迁的内在机制与功能，因而制度变迁理论可以为政策的变迁提供分析视角。[①] 从上文分析可以看出，我国在科研经费的管理上仍可见计划经济时期的诸多特征。究其原因，是因为我国科研经费管理制度的变革是从计划经济时期的管理制度变迁而来，是一个政府主导、自上而下的过程。由于在制度选择过程中，初始选择对制度变迁的轨迹具有相当强的影响力和制约力，一旦确定某种选择，则会产生依赖性，这种选择本身的惯性以及自我积累放大效应就会不断强化初始选择。[②] 因此，当前我国科研经费管理制度之所以仍然存在上文所述的种种计划经济体制的特征，正是由于在制度变迁的过程中存在较严重的路径依赖。

路径依赖是经济学上的术语，是诺斯对技术变迁过程进行分析并扩展到解释不同国家制度变迁时提出的一个概念，类似物理学中的“惯性”，用来描述历史对制度及组织的惯性作用，指当制度变迁选择进入某一路径后，在自我强化机制的作用下，沿着既定方向演变的趋势将得

① 参见李燕萍、吴绍棠等：《改革开放以来我国科研经费管理政策的变迁、评介与走向——基于政策文本的内容分析》，载《科学学研究》2009年第10期。

② 参见文少保：《高校教育科研成果向政策转化的路径依赖与制度创新》，载《中国高教研究》2013年第9期。

到强化,并将沿着该路径一直发展下去,并锁定在该路径上。正如制度经济学对路径依赖所作的解释:“人们过去做出的选择决定了他们现在可能做出选择的范围,人们一旦选择了某个制度,就好比走上了一条不归之路,惯性的力量会使这一制度不断自我强化,让你不容易走出去。”①

综观我国科研经费管理制度的历史沿革过程,可以看出现行科研经费管理制度是对原有计划经济时期的科研经费管理制度的继承、发展和创新。一方面,在现有的科研管理模式下,科技经费管理作为核心组成部分难以单独突破,由政府主导制定的科研管理政策必然要与社会发展阶段的政治经济背景相适应,即受到外部环境的影响;另一方面,在制度变迁的过程中,也不可避免要受到内部条件的制约。

1. 外部环境的影响

单一制度的变迁必然会受到与其相关的制度环境的影响和牵制。所谓制度环境,是指一个国家内的各种规章、政策、法令等基本制度的总和。制度环境对内置于其中的某种制度安排将起到基础性的影响作用。作为以政府为资助主体的科学研究活动的开展及其经费管理制度的制定除取决于科研管理体制外,还必须在现实社会政治经济背景下,依赖国家财政政策、科研机构管理政策还有科研人员工资薪酬给付制度的建立与完善。

首先,科研经费管理制度的形成取决于当下的社会大背景及科研管理体制的需要,一方面,因其要反映科研新体制的要求,为实现科研管理的整体功能和目标服务;另一方面,其制度变革本身也将受到科技管理体制变革的影响。当科研管理体制改革呈现保守化的状态时,科研经费管理制度的改革也会在一定程度上受整个科研管理体制改革的影响,并因科研管理体制改革的滞后性而引发路径依赖,呈现惯性现象。在我国从计划经济向社会主义市场经济转换的过程中,市场经济导向的制度变迁尚未彻底完成,过渡阶段的“杂合”制度既从客观上否定了计划经济时代的相对优越性,也无法保证市场竞争的长期效率,反而助长了短期经济利

① 郭军杰、李文雄:《高校科研经营管理的路径依赖与创新》,载《科学学研究》2007 年 6 月(增刊)。

益对科研本质属性的扭曲，[①]这导致科研经费管理在变革中不断面临新的问题和新的矛盾。例如，在计划经济体制的影响下，我国科研活动的规划仍然以国家为主导，导致科研经费的来源也很大程度依赖财政划拨，而忽视了技术创新的市场导向。若当前科研体制管理能发挥市场对技术研发方向、路线选择、要素价格、各类创新要素配置的导向作用，建立主要由市场决定技术创新项目和经费分配、评价成果的机制，以企业为主体在国家确定的重点领域范围内，结合企业的发展，提出技术创新需求项目，而不直接依据各政府部门科研专家的论证和评审确定重点科技项目和计划，那么科技经费的配置将更有效率。

其次，科研经费管理制度的变迁还会因为其他相关制度的变迁存在路径依赖引发自身的路径依赖问题。科研经费管理制度改革的目的之一就是要引进市场的力量，调动科技人员的积极性，增强科研事业的活力。但是与科研经费管理相关的国家产业政策、社会公平政策还存在一些冲突，科技改革还没有摆脱传统的计划经济管理所形成的“路径依赖”。以纵向科研经费管理办法为代表的许多科技改革的各种政策和措施在思想逻辑上和过去计划体制下的“干预、控制”思想暗合，表现出极强的“恋旧”情节。同时，科技改革没有充分尊重科研单位的法人主体资格，结果使改革演变为政府主管部门进一步加强对科研工作的控制力度的过程，充分暴露出改革没有摆脱对计划体制的“路径依赖”问题。而正是这种“路径依赖”，为上文所述我国科研经费管理的种种问题提供了滋生的土壤和条件。以科研机构管理制度对科研经费管理制度的影响为例。如上文所述，虽然我国科研机构也历经多次改制，但市场化改革的推行仍不彻底，大部分科研机构依然属于行政事业单位。在这种情况下，对科研机构实行兼具外部与内部行政化管理，导致我国科研经费管理在预算编制、财务管理等方面也同样具有浓厚的行政化色彩，在一定程度上脱离了科研发展规律。

总体而言，科研经费管理制度的变革所涉及的不仅是经费管理制度本身的问题，还涉及社会政治经济发展及整个科研体制的基础问题，并受

---

① 参见殷献民、李志斌、彭志文：《财政性科研经费的使用问题及政策建议》，载《北京社会科学》2012 年第 6 期。

到历史和社会发展中长期积累问题的约束。在这种情况下,科研经费管理制度变迁中存在的路径依赖不可避免,若要逐渐完善,仍需要一个渐变的过程,这需要相当较长的时间才能完成。

2. 内部条件的制约

所谓的内部条件的制约,是指科研经费管理制度在发展演变的过程中,受到制度变迁主导者观念或意识形态的阻滞,或所涉各方利益博弈时利益集团的阻挠等原因,而导致制度变迁无法彻底,存在一定的路径依赖问题。

改革开放以来,我国科技管理体制发生了多次变革,与之相应的科研经费管理制度也日趋完善与合理。但是,几十年计划经济体制下所形成的旧观念,如等、靠、要,小富即安,平均主义,循规蹈矩,形式主义等,还是不可避免地对我国科研领域产生一定程度的影响。这些计划经济体制下的旧观念在一定程度上阻碍了科技管理体制的变革,科研经费管理作为科研管理体制的重要内容,也因此受到一定影响。尤其是在我国科研体制的变革具有明显政府主导性的情况下,从政府角度的科研经费管理思想主要强调计划的执行和财务管理水平,更容易受到计划经济旧有观念的影响。例如,我国目前形成的对科研人员薪资报酬给付的制度,正是一定程度上受到计划经济时期“平均主义”观念的影响;又如,目前大部分科研机构或高等院校在科研经费的争取上过分依赖国家财政的拨款,也是在一定程度上受到了计划经济时期“国家分配”观念的影响。

此外,依据新制度经济学的理论,一种制度安排产生以后,就会形成与之密切相关的利益主体。在制度创新过程中,由于利益格局的调整而产生部分改革的获益者和损失者。按照路径依赖理论的分析,任何企图改变既得利益的制度创新都会受到特殊利益集团的阻挠和反对,而当前与制度相关的特殊利益集团往往具有维护特殊利益的推动力,从而导致原有的科研管理现状很可能仍然会有“惯性”地发展延续下去。制度创新的要素则应包括制度本身以及制度的实施体系,而路径依赖是利益主体一个不可避免的行为惯性,其形成的深层次原因就是利益因素。在我国科研经费管理制度变迁过程中,也存在国家、科研单位和其他预算主体为了各自的利益所形成的三方博弈的过程。这个利益博弈的过程,就可能导致科研经费管理制度的变迁存在一定路径依赖。例如,在三方博弈的过程中,在人员报酬的问题上,国家与其他预算主体实现结盟,最终使科研单位接受统一的人员工资标准;而在科研项目经费方面,国家又与科研单位实现结盟,迫使其他预算主体接受国家设立科研项目专项经费的政策。当利益博弈完成后,相关制度已经形成,所涉利益各方基本处于一个较为稳定的状态,后续若要打破现有的利益格局进行制度创新,将会受到一定阻碍,从而导致制度变迁的路径依赖。

总而言之,我国科研经费管理制度的变革基本上都是自上而下的政府强制性供给行为,而不是自下而上的科研管理诱致性需求行为,这种方式虽然降低了制度变迁的时间成本和摩擦成本,却存在较大的路径依赖问题,致使有关科研经费管理的实际制度供给状况在很大程度上也难以满足科研活动的需要。鉴于当前我国科研经费管理制度仍在很大程度上沿袭了计划经济时期的特征,与新时代要求和发展趋势不相匹配,我国科研经费管理制度的创新必须打破具有传统计划经济体制特征的制度环境的“瓶颈”,突破传统路径依赖而作出“转型式”转变,综合考虑各种因素,制定出符合科研规律、有助于激励科研人员创新的科研经费管理制度。

第四章　域外科研经费监管规则及经费来源属性差异

作为第一生产力的科学技术，其重要性不言而喻，它既是提升国家竞争力、创新力的关键举措，又是推动国家发展和社会进步的不竭动力源泉。科技投入宛如科技创新的脊梁，是支撑科研机构顺利开展科学研究的基本保证，也是科技创新目标得以实现的财力保障，更是界定世界一流大学之重要指标之一。此间之科研经费管理乃是现代科技强国之至关重要课题，不仅是启动科学研究的阀门，也成为向经费投入者提出要求的重要标尺，若置之不顾，则将构成对科技投入规范化之阻碍、对科技强国目标之限界。中国早在 2013 年就超越日本与德国，一跃升为仅次于美国的第二大科技投入国，而 2017 年研发经费投入更是高达 17,500 亿元，比 2016 年增长 11.6%，增速较上年提高 1 个百分点。[①] 然而，一系列衍生问题也伴随科研经费投入的增量而越发显现，例如，科研经费投入后劲不足、渠道单一，项目预算编制不甚科学，系统的激励机

---

① 参见《2017 年我国研发经费投入强度为 2.12%》，载国家统计局网站：http://www.stats.gov.cn/tjsj/zxfb/201802/t20180213_1583420.html，最后访问日期：2018 年 4 月 28 日。

制与绩效考核制度缺乏,科研经费监管不到位,科研腐败频出直击诚信机制缺位,科研智能化滞后直指信息技术供给不足,科研管理队伍良莠不齐聚焦其职业素养问题等。上述现象的存在严重影响着科学研究的客观性与公正性,制约着我国创新的步伐。

享誉世界的比较教育学先驱爱德蒙·金(Edmund J·King)曾说:“教育的所有比较研究都具有变革的意义。”与每个国家科研经费总是其国家教育体制中的一环无异,中国的科研经费制度亦是国家教育体制中的重要组成部分。中外国情不同,在科研经费管理上便有很大差别,但是“管理”精神的内涵却具有相通性。我们考察域外科研经费的管理机制与体制,探寻其管理理念与技术,考察其监管机制与环境,重要的目的之一即为我国科研经费管理的转型、改革和发展提供可参考的域外经验。随着全球科技创新进入高度活跃期,世界各国都在寻找科研经费管理创新的突破口,其中,美国、欧盟、澳大利亚的做法最具代表性,接下来考察上述典型域外国家的科研经费管理实践,限于资料和篇幅仅对其中最具特殊性和代表性的制度进行分析阐述,以探寻其各色制度背后的共通性,进而为我国方兴未艾的科研经费改革提供适当的参考与借鉴。在此基础上,进一步探讨如何借鉴域外经验,转变我国“物本主义”的管理理念,健全相关法律机制,拓宽经费来源,提高经费管理服务,完善监督机制,仍是我国当下科研经费管理不可回避的课题。

一、美国科研经费管理实践:分散型模式之观察

美国科研经费管理具有较先进的管理理念、严密的法律体系、多渠道的经费来源、专业性与服务型的管理机构以及全流程的监督制度等特点。

(一)秉承以人为本和自由竞争相结合的科研经费管理理念

“自由竞争”和“以人为本”的管理理念是美国科研经费管理的基本理念,固然在科研经费的管理阶段各有侧重但仍贯穿科研经费管理的全过程,推动着美国科研经费管理逐步迈向科学化、市场化、人本化,促使美国科学技术的井喷式发展进而迅速提升美国的国际竞争力与创新力。

自由竞争主要指教授申请研究经费时依靠其外部的学术竞争力自由

申报,校内一般不会进行额外的筛选。[1] 详言之,在科研管理权限被分散下放至联邦各部门、各基金的背景下,以教授为核心的项目组可以自由地对上述有管理权限机构之研究课题(或资助计划)提出申请,进行公平竞争。[2] 原则上学校通过专门机构的平台引导科研人员直接申请科研项目,不会直接对该行为进行干预。在例外情况下,学校可以通过组织一个第三方项目评审小组通过同行评议的方式对申请者进行投票评估。这个过程虽有校方的干预,但仍遵循着各申请者"质高者得"的自由竞争理念。

美国高校在从事科学基金项目时,遵循以人为本理念,即将人的作用放在第一位,将物的作用放在第二位。详言之,该理念,注重"人"之作用在经费使用、分配与监督中的运用,注重研究者的劳动成果,特别是智力成果,这集中体现在重视人才报酬、实行人性化的人力资本补偿机制方面。在美国,科研经费预算并未对人员经费作硬性比例限制。根据美国白宫管理与预算办公室(Office of Management and Budget,OMB)发布的《教育机构成本准则》(Cost Principles for Educational Institutions,OMB Circular A-21),即《A-21 通告》,[3]高校科研经费包括直接成本(direct cost)与间接成本(indirect cost)(如图 4-1 所示)。[4] 其中,直接成本主要是"科研人员的薪酬和福利 + 科研设备和材料费 + 出版费用 + 差旅费 + 咨询费",具体还可以涵盖研究生学费、聘用人员、博士后和教师的工资。这对每年仅发放 9 或 10 个月工资的美国科研人员来讲,以科研经费之直接成本列支其余工资不仅有利于维持其基本生活开支,更是美国以人为本科研经费管理理念下充分发挥并调动研究者积极性和创造性的重要物质支撑。另外,科研负责人有极大自主权和灵活度,以美国国立卫生研究院(National Institutes of Health,NIH)院外项目为例,其人员费用几乎占直接成本的 80%,竞争性项目列支的研究人员福利一般是工资的 25%,这显然迥异于我国。

---

① 参见孙益、张婷姝:《美国公立研究型大学的科研经费管理——以加州大学洛杉矶分校(UCLA)为例》,载《高教探索》2017 年第 9 期。

② 参见学白羽、李美珍、王孙禺:《中美政府部门对高校科研经费的投入及管理方式比较》,载《清华大学教育研究》2004 年第 6 期。

③ 1958 年制定,并经 1973 年、1979 年修订,最新版本为 2004 年版本。

④ 见图 4-1,根据《A-21 通告》第 D-F 条款整理。

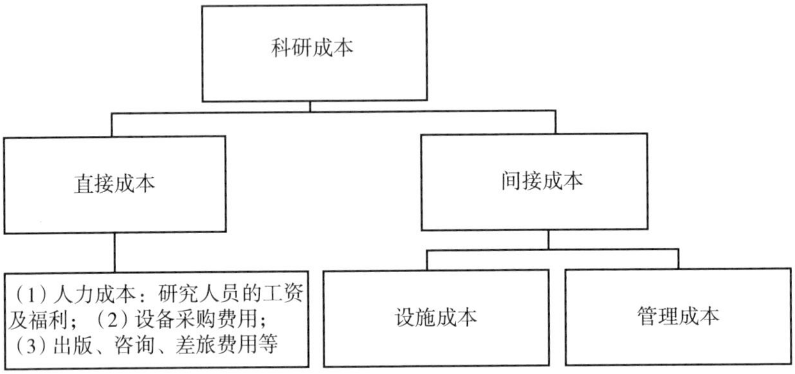

图 4-1 美国科研项目的成本结构

(二)形成系统严格的科研经费管理法律体系

以法律形式明定科研经费投入最早可以追溯至《莫里尔法案》(1862年)随即形成"赠地体系",[①]而后州立大学赠地办学模式在美国遍地开花。而1958年颁布且有"美国教育史上划时代的文献"之美誉的《国防教育法》既标志着高校科研工作重心开始由农业和机械技艺向国防武器研究的转变,也预示着教育领域权力由州政府向联邦政府的转移,真正开启美国联邦教育新时代。

至今,美国政府规范科研经费的法律法规已逐渐形成体系,主要是联邦政府各部门的法律,该部分法律法规作为顶层设计,囊括各科研机构的科研资助、协议与合同管理内容,具体涉及申请者权益、相关规定、申请资格与条件及程序内容、财会审计监督等规范科研项目申请→批准→实施→中后期检查→终期结题等全流程的严格规定。具体而言,现有法律主要包括两个方面:一是规定科研经费常规管理的法律,主要为美国白宫管理与预算办公室通过的《关于对高等教育机构、医院及其他非营利机构给予拨款资助的统一管理要求》(Uniform Administrative Requirements for Grants and Other Agreements with Institution of Higher Education, Hospitals Organizations, OMB Circular A-11),即《A-11通告》和《教育机构成本

① 包括1862年《莫里尔法案》、1887年《哈奇实验站法案》、1890年第二个《莫里尔法案》、1914年《史密斯-莱沃法》等一系列具有极大的相关和相似性的法案。

准则》(《A－21 通告》)以及《政府绩效成果法》(1993 年)。科研项目适用于与政府拨款项目同样的管理办法以对联邦研究经费使用提供指导。其中,《A－11 通告》存在类似总体指南的性质,高屋建瓴地从整体上规定科研经费管理的内容;《A－21 通告》开篇在明确学术机构成本原则的前提下,详细规定学术机构经费使用支出明细并列明相关附件作进一步指导与说明。①《政府绩效成果法》规定了政府拨款的管理办法,科研项目同样适用于此。二是部分条款有涉及科研经费管理的法律,其中,《总监察长法》(1982 年修订)规定整体检察,《联邦会计和审计法》和《单一审计法》涉及经费审计问题,《联邦虚假申报法案》、《关于研究不端行为的联邦政策》和《关于科研不端行为的公共卫生署政策》相关内容直指科研不端问题,《信息公开法》和《开放政府指令计划》(Open Government Directive Plan,OGDP)关涉科研经费及其相关结果之公开等而上述仅为不完全统计之法律。

除法律外,各科研经费的其他资助主体如慈善基金会、企业等也有相应的科研管理规定与标准,成为官方法律法规的辅助性内容。例如,美国全国教育协会有《美国教育专业伦理规范》(Code of Ethics of the Education Profession)。当然,受资助的各高校也有相应的科研管理规定,如全美最顶尖的公立大学之一加州大学洛杉矶分校(University of California,Los Angeles,UCLA)针对科研经费专门制定了 UCLA 910 号文件、UCLA 财务政策等。

(三)拓展多渠道的科研经费来源

在美国,无论是公立高校还是私立高校,其研发经费均来自多渠道,包括联邦政府、州和地方政府、高校、企业以及慈善组织等。其中,如政府层面形成"联邦政府—州政府—地方政府"三级的资助体系,就各有侧重。联邦政府及各部门侧重于对全国具有重大意义的理论和应用型研究,如国防部(Department of Defense,DOD)、卫生与人类服务部(Department of Health and Human Services,DHHS)、宇航局(National Aeronautics and Space Administration,NASA)、教育部(Department of Education,DOED)、商务部(Department of Commerce,DOC)的一些应用课题具备上述特征。州政府下拨的科研经费更倾向于如何将科研成果商业化,地方政府下拨

① 具体涉及研究直接花费和器材、管理花费的支出指南,对专利申请、会议、人力、器材维护、利息、发表和印刷、保险、住宿、货物等。参见《A－21 通告》。

的科研经费多用于应用发展方面,侧重以成果转化推动该区域科技竞争力和创新力进而促进综合实力提升。

在美国,按照科研经费的投入量来分,依次为联邦政府(≥60%)、高校自有经费(22%)、州和地方政府(6%)、市场主体(6%)。① 该格局近年来稍有变化,集中体现为官方渠道的投入有所下降,市场主体的投入持续增长。详言之,联邦政府的科研经费投入有所下降,特别是在特朗普2018财年预算案和2019财年预算案公布后,削减科研经费已成定局。与之相比,来自企业、捐赠机构等其他市场主体的科研投入在逐渐增加。以素有"公立常春藤"之称的密西根大学(University of Michigan)2008~2012年的科研经费为例,其从联邦政府获得的科研经费始终占总科研经费的60%以上,而从企业等组织获得的经费占总科研经费的10%左右且近期有增长趋势。② 再以UCLA 2015年科研经费为例(如图4-2所示),联邦政府的投入占60.4%,企业、慈善等机构占比为21.6%。另外,通常公立高校获得科研经费数量多于私立高校获得的科研经费。

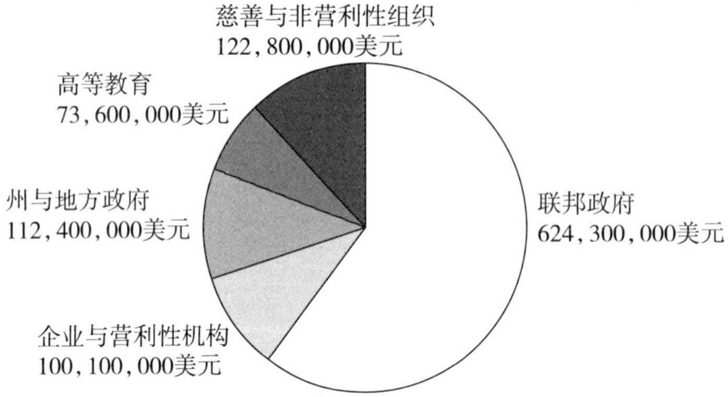

图4-2 2015年UCLA科研经费来源构成

资料来源:http://portal. Research. Ucla. edu/Annual Reports/MR_FY14-15_Annual_Report. pdf。

---

① 贺飞:《美国高校科研经费来自何处?》,载博客网:http://blog. sciencenet. cn/blog-1015-969386. html,最后访问日期:2018年4月28日。

② See University of Michigan, Annual Reports on U-M Research & Scholarship, Fiscal year 2012. U-M Office of Research, 2012.

(四)设立分散式下专业服务型科研经费管理机构

在美国,分配和管理科研经费是由联邦各部门共同负责的,并未在联邦政府层面设立科研领导机构。具言之,一是由 OMB 对包括联邦政府及其部门、基金会、研究院及州与地方政府各层级经费政策进行总体规划、指导和协调,以维持上述不同主体政策间之协调性与一致性;二是联邦各部门分散享有科研经费的分配和管理权,包括 NIH、NSF、DOD、DHHS、DOE(Department of Energy)、NASA、DOED、DOC 等部门。

在分散的科研经费管理模式下,高校内部的科研管理机构又呈现专业性,一般设有专业的科研管理办公室。其中,美国公立大学通常会设置专门的科研经费管理机构,其功能与我国高校的科研处类似。该机构人员大多是科研岗位编制,只负责与科研管理相关的工作而不参与校内教学或其他行政性工作。例如,美国的纽约理工大学(New York Institute of Technology, NYIT),设置专门的 Office of Sponsored Programs and Research(OSPAR),其使命即为协助教职员工和行政部门获得外部资金,以推进奖学金与研究、机构发展和学生服务。该机构寻找合适的资金来源并发布相应清单(list of funding sources),有意向的科研人员可以通过电子邮件或致电的方式获取感兴趣的资金信息。同时,OSPAR 还提供:索取指引及申请资料、解释赞助商的指导方针和规章响应应用程序请求(RFAs)、与项目负责人或赞助商讨论该项目、起草预算和预算说明、编辑建议叙述、机构信息或样本叙述、导航 NYIT 内部审批流程等与项目申请、经费支出、审计等相关专业性服务。[①] 密歇根大学(University of Michigan)2012 年更名的科研与资助项目管理办公室(the Office of Research and Sponsored Projects, ORSP)运用专业的管理、法律与组织相关的知识通过寻求经费资助→撰写和提交研究计划→项目立项和管理以协调大学使命与研究者学术追求、校内学术人员与行政管理部门、校内研究者与校外资助机构,从而最大限度地实现服务科研项目和科研人员的宗

---

① See Office of Sponsored Programs and Research (OSPAR) | NYIT, https://www.nyit.edu/ospar,最后访问日期:2018 年 4 月 28 日。

旨。[①] 美国著名私立高校斯坦福大学(Stanford University)的专职科研管理人员多达28人,除专职从事公布新的研究政策并监督实施和例外情况外,也专门提供包括和项目相关的全流程科研能力培训服务。[②] 享誉中外的私立高校哈佛大学(Harvard University)在财务管理办公室(Financial Administration Department, FAD)下设"项目计划办公室"(Office for Sponsored Programs, OSP)负责管理预奖励、研究金融和赞助财务报告、账单和收集(pre-award, research finance, and sponsored financial reporting, billing and collection)等科研项目与经费的管理。[③]

(五)实施全过程多角度的科研经费监督机制

美国已经形成了一套覆盖事前、事中和事后全过程之科研经费监督机制且涉及国家立法、外部监督和内部控制等面向。具体而言,科研经费监督主体涵盖"政府—主管部门—科研部门—审计部门"四层,对象包括分配管理部门、科研单位、项目负责人及参与人,内容涉及经费来源、分配、运行等,监督程序包括制定监督计划、监督实施、征求意见和反馈、监督结果处理及公开,监督方式则有报告制度、审计制度、调查和绩效评估等,从而保证了科研项目组从申请经费、项目执行到结题每个环节都要接受监督。

官方主要通过立法、细化预算内容及特殊拨款方式对科研经费进行监管,其中立法保障其外部法治环境,细化预算内容确保经费开支合理,"先支付后拨款"则进一步增强科研单位监管力度。详言之,一是美国政府用立法的手段来规范科研经费的管理模式,由议会负责对预算的审查和批准,这种经费监管制度使科研经费监督处在一个良好的法律环境中,有利于政府从制度层面加强监管。二是细化预算内容。美国要求项目申请人对从项目申请直至结题所涉及之经费预算内容做细致规划且具体开支应严格遵循上述计划,若遇必须调整情形则需报请拨款方批准,相关审

---

① 王思懿、赵文华:《迈向服务型行政:研究型大学科研管理机构组织变革——以密歇根大学和上海交通大学为例》,载《中国高教研究》2017年第3期。

② 参见 Vice Provost and Dean of Research | Do Research, https://doresearch.stanford.edu/research-offices/dor-office-vice-provost-and-dean-research,最后访问日期:2018年4月28日。

③ 参见 About Us | Office for Sponsored Programs, https://osp.finance.harvard.edu/about,最后访问日期:2018年4月28日。

核机构正常情形下会在两周内予以答复。三是科研机构先行垫付，资助机构后续报销。在美国较为常态之情形为资助机构并非直接在立项后即将经费拨付给相关单位，而是采取科研机构先行垫付，资助机构后续报销的倒置方式。一方面，该特殊拨款方式敦促科研单位对与预算明细不符且经报请调整仍予以否定之预算进行初步核销；另一方面，该方式事实上形成了初步之“科研方＋资助方”双重审核结构，增强监管之强度与力度。

在高校内部，监督的主体部门是总检察长办公室，并通过财务部门审查预算、财政部门和行政部门之间的制约来达到内部的制衡与约束。科研单位内部一般会配备专业财务管理工作人员使其运用专业知识与技能对科研经费进行管理以提高经费利用效率。此外，监督机构还需要核查该科研单位内部经费审计执行情形，为符合规定之科研机构出具专业核查结果以便在签订项目合同时双方予以检查。审计部门对高校审查结束后的审计报告需及时向公众发布，高校也理应接受来自社会各界的监督。

另外，科研经费管理的监督甚至还包括科研人员的科学不端和学术腐败等科研诚信行为，通过对上述行为所涉及之科研经费诚信问题进行监管、处理并将结果公之于众，以形成一种威慑之功效。美国于 2000 年在《关于研究不端行为的联邦政策》中对科研不端行为（research misconduct）进行定义，①一统 HHS、PHS、NSF、NAS、OSTP 等机构多年议论不休之僵局。若存在科研经费使用不规范现象，经费使用人和项目负责人承担直接责任，学校作为依托单位承担管理责任。② 在美国，若存在非诚信使用科研经费行为，其项目直接负责人及其所在单位均要为此承受相应代价。如 2014 年年初西北大学前癌症研究教授查尔斯·贝内特造假申请研究经费案以其本人和西北大学分别向联邦地区法院及联邦政

① “在项目计划、履行或项目评审或研究结果报告中的伪造、篡改和剽窃行为。”

② 参见教育部赴美教育经费监管培训团、王守军、刘景、杜育红：《美国高校经费监管的主要做法与启示》，载《教育财会研究》2014 年第 2 期。

府支付巨额赔偿而告终。[①]

除此之外,在美国,各科研主体可通过发达的科研信息网络系统进行沟通交流同时亦可据此实时网上监管。一方面,经费收款方之高校可以通过信息系统完成审批,经费使用明细在系统上均有记录。上已提及,美国在高校一级一般设专门项目秘书协助经费管理,若经信息系统检测有经费支出、报账等不当行为,院系及学校资金管理机构会立即在系统上作出警告,提示该秘书及项目负责人兹作证明。若无法自证其合理性则将受到相应惩戒。另一方面,经费拨款方之各基金主体可通过该系统实时监测经费使用实况数据信息,对存在校方刻意隐瞒或经费使用不当的行为根据情节作出警告、停止项目资助、限制项目申请资格等措施,更严重者甚至因学校信誉受到影响而导致后续该校失去各种项目资助机会。[②]

二、欧盟科研经费管理实践:集中型模式之检视

与美国分散式科研经费管理模式相比,欧盟[③]形成了依法设立专业机构、灵活性的经费筹资渠道、科研经费管理信息化以及注重科研信用的独具特色的集中式科研经费管理模式。欧盟以系列框架计划的形式进行科研计划规划,诚如欧洲委员会在2016年发布对欧盟第七研发框架计划(FP7)的评估报告中所言,"2007至2013年,欧盟预算对研究和创新的投资大大提高了欧洲的科学成就,提高了工业的创新能力,增强了其竞

---

① 美国联邦调查局以造假申请研究经费的罪名起诉西北大学前癌症研究教授查尔斯·贝内特,指控其曾在2003年至2010年,用从联邦政府申请到的癌症研究经费来支付自己、家人和朋友的旅行费用,还聘请"不合格"的朋友和亲戚担任研究顾问。最近,贝内特同意向联邦地区法院缴纳47.5万美元的个人罚款来达成和解,而西北大学则向联邦政府赔偿了293万美元。廖政军:《科研经费,各国如何监管?》,载《人民日报》2015年第23期。

② 参见许俊卿、国亚萍、麦志伟:《关于完善高校科研经费管理与监督的思考——从中美公立大学比较的角度看》,载《高教探索》2016年第12期。

③ 英国虽于2016年6月通过公投宣布脱欧,但目前仍处于"脱欧协议"谈判期,2018年3月18日欧盟和英国就脱欧过渡期达成一致:英国"脱欧"过渡期将从2019年3月29日开始,过渡期结束时间为2020年12月31日。是故,目前仍将英国关于科研经费的管理归入欧盟一起讨论。参见《新进展!欧盟和英国就脱欧过渡期达成一致》,载海外网:https://www.sohu.com/a/225894776_115376,最后访问日期:2018年4月28日。

争力”。[①] 2013 年 12 月 11 日随着“里斯本战略”落下帷幕，欧盟第八研发框架计划（FP8，2014～2020 年），即“地平线 2020”（Horizon 2020，以下简称 H2020 计划）[②]随即走马赴任，明确规定将“科研经费支出占 GDP 3%”确定为各国核心目标之一。下面将详细考察欧盟科研经费管理，着重对下述内容进行论述：

（一）设立专业化的科研经费管理机构

欧盟委托专业机构负责科研经费管理可追溯至 2003 年，[③]并将欧盟理事会新设机构协助科技管理计划实施之提议上升至法律层面。随后 2007 年 FP7 实施，研究执行局（REA）、欧洲研究理事会执行局（ERCEA）两家机构接受委托处理 FP7 中所涉经费问题，随着科技日新月异发展及欧盟积极推动科研成果市场化转化进程加速，新的专业机构——创新与网络执行局（INEA）、中小企业执行局（EASME）亦已参与最新 H2020 计划管理。另外，视听和文化执行局（EACEA）、消费者和健康及食品执行局（CHFEA）也是相关领域经费管理专门机构。随着专业机构队伍逐渐壮大，专门对其进行规范之 C－2014－9109/F1－EN 应运而生，其明确指出要以确保进一步委派任务之中立性为边界条件，区分其余欧委会之界限，规定代理机构的任务变更、停止与撤销等设立与运行事宜。[④]

上述专业机构均是欧盟依法设立的政府正式机构，具有极强的自治性和依赖性。自治性，是指这些机构是具有独立法律人格，有能力以自己的名义实施制定协议或签订合同等法律行为；依赖性，是指该机构对欧委会之依赖性，其仅能执行欧委会授权委派之任务，帮助正在使用或即将使用之基金方管理资助方案。当然该机构同时也须参照诸如《欧洲议会和

---

① European Commission-PRESS RELEASES-Press release-EU research funding boosts scientific excellence and competitiveness, report finds, http://europa. eu/rapid/press-release_IP－16－145_en. htm, Apr. 28, 2018.

② H2020 计划是欧盟有史以来最大的研究和创新计划，预算总额约为 800 亿欧元，时间跨度 2014～2020 年，三个优先领域分别为卓越科研、产业领导和社会挑战，其包含多类的项目、行动和人员。See “What is Horizon 2020? -European Commission”, https://ec. europa. eu/programmes/horizon2020/en/what-horizon-2020，最后访问日期：2018 年 4 月 28 日。

③ 详见 Article 1 of Regulation（EC）No. 58/2003。

④ Guidelines for the establishment and operation of executive agencies financed from the Union budget.

欧盟理事会2003年第58号法规》及《欧盟和欧洲原子能共同体2012年第966号法规》等相关规则,若有偏离上述规则之行为,需在学校与中央服务部门讨论后,以学院行为为准。详言之,该机构负责以必要之检查、执行预算任务等方式监管项目生命周期内的一些或所有阶段之管理,特别需要注意的是上述机构还接受委托负责执行依据一定事先协议而作出的行政和财政处罚。具言之,上述专门机构中涉及科研经费管理之业务为:(1)收集、处理和分发与科研经费相关之数据信息;(2)管理和指导与项目经费相关之网络;(3)组织各种形式如项目运营、经费开支之会议、研讨会、会谈或培训;(4)推动年度和中期评估计划实施并监测评估方案在市场上之实际效果;(5)应委员会要求开展其他相关工作。

(二)推行淡化国别的灵活性筹资方式

欧盟各国的科研经费源于欧盟的研究补助金和合同、各国政府财政拨款、经济界、高校以及慈善捐助、基金会等。以FP7中欧盟的补助为例,其总预算550亿欧元,在各国分配大致如表4-1所示,其中德国和英国所接受的拨付科研经费额多年来稳居前两位且远多于他国。

表4-1 欧盟FP7(2007~2014年)具体资助金额

序号	国家	金额(欧元)	序号	国家	金额(欧元)
1	德国	7,082,373,724	15	波兰	437,236,016
2	英国	6,880,527,890	16	捷克	286,600,194
3	法国	5,068,664,683	17	匈牙利	280,263,971
4	意大利	3,529,803,442	18	斯洛文尼亚	170,097,277
5	荷兰	3,291,522,613	19	罗马尼亚	136,585,611
6	西班牙	3,182,316,401	20	保加利亚	98,402,280
7	比利时	1,774,479,511	21	塞浦路斯	92,373,558
8	瑞典	1,697,826,137	22	克罗地亚	89,079,769
9	奥地利	1,167,455,114	23	爱沙尼亚	88,643,035
10	丹麦	1,044,006,580	24	斯洛伐克	77,767,309
11	希腊	989,922,449	25	卢森堡	58,770,267
12	芬兰	866,563,671	26	立陶宛	54,771,251
13	爱尔兰	621,462,745	27	拉脱维亚	48,191,521
14	葡萄牙	513,936,311	28	马其他	21,092,888

资料来源:Country profile-FP7-Research-Europa, https://ec.europa.eu/research/fp7/index_en.cfm? pg=country-profile#funding。

在英国，欧盟拨付科研经费、英国政府拨款、高校自由经费、高等教育基金、科研项目资助、公司投入、慈善机构、信托机构及其他市场主体的资助构成多元化的英国科研经费来源渠道。如英国 2013 年正式启动的由捷豹路虎（Jaguar Land Rover）、工程与自然科学研究理事会（Engineering and Physical Sciences Research Council，EPSRC）以及四所顶尖高校[①]所联合实施的为期 5 年总计 1000 万英镑之"虚拟创新计划"（Programme for Simulation Innovation，PSI），其依次投资比为 40%、40%、20%（四所高校总计）。[②] 诚如 EPSRC 首席执行官大卫·德尔比（David Delpy）教授所言，"这种合作模式展示了研究界和工业界携手合作新模式，推动科学和工程领域发展"。[③]《经济学人》（*The Economist*）2016 年统计数据表明，在 2006～2015 年，英国高校 10% 以上的科研经费来自欧盟，[④]英国《金融时报》（*Financial Times*）更是在 2016 年曾发文指出，英国对欧盟拨付的科研经费具有极大的依赖性，[⑤]而脱欧后英国将面临每年巨额的经费损失，这对自 2010 年以来一直在政府公共预算中处于削减状态的英国科研界来说无疑为雪上加霜之举。目前，英国政府对此作出承诺称财政部将对损失的欧盟财政补贴以每年增加投入之方式予以买单。此外，英国科研界也在积极寻求脱欧后的科研资助新模式，例如，英国皇家学院与法国国内最大的政府科研组织——国家科研中心（Le Centre National de la Recherche Scientifique，CNRS）于 2018 年 2 月在伦敦创建了联合数学实验室，该合作关系能确保英国学术机构在脱欧后继续使用欧盟科研经费，同时也将为

---

① 拉夫堡大学、利兹大学、剑桥大学和华威大学。

② 参见《英国宣布投资 1000 万英镑开展虚拟工程研究》，载中华人民共和国科学技术部网：http://www.most.gov.cn/jscxgc/jscxgzjb/201310/t20131028_109994.htm，最后访问日期：2018 年 4 月 28 日。

③ Programme for Simulation Innovation（PSI）：University of Leeds Driving Simulator（UoLDS），https://uolds.leeds.ac.uk/news/programme-for-simulation-innovation-psi/，最后访问日期：2018 年 4 月 28 日。

④ 参见《每年 45 亿英镑，英国承诺补贴因脱欧损失的欧盟科研经费》，载海外网：http://m.haiwainet.cn/middle/345677/2016/0822/content_30246146_1.html，最后访问日期：2018 年 4 月 28 日。

⑤ 参见《脱欧将使英国损失欧盟拨付的每年近 10 亿英镑科研经费》，载中国时报网：http://www.chinadaily.com.cn/hqzx/2016-05/18/content_25354930.htm，最后访问日期：2018 年 4 月 28 日。

欧盟科研经费提供一个跨越英国脱欧的协作模式和共享方案。[①]

在德国,官方(特别是联邦政府和州政府层面)有义务提供科研经费支持。德国科研经费的主要来源是企业,其次才是政府(包括联邦政府、州政府及欧盟)资助,此外还有来自经济界、慈善捐助、基金会等的资助。全部科研经费中大约65%来自企业,32%来自联邦政府和州政府,剩余的来自其他渠道。近期还出现了"第三渠道合同资助"模式,即由联邦和州政府、德国科研协会、欧盟、工商界共同负责的"科研项目资助"。[②] 其中,联邦和州政府主要为应用技术大学提供"基本资助",包括教职工薪金、实验设备投资和图书经费等。2018 年 2 月 28 日,研究和创新专家委员会(Commission of Experts for and Innovation, EFI)递交的"2018 研究、创新和技术能力评估报告"(EFI-Jahresgutachtens 2018)中称,德国科研投入近年来持续增长,德国公司的创新支出在 2016 年上升至创纪录水平约 1600 亿欧元。[③] 联邦教育和科研部部长约翰娜·万卡(Johanna Wanka)在接收上述报告时称"希望于 2015 年前实现研发支出提高到 GDP 之 3.5%"。[④] 这显然高于 H2020 计划中提及的3%,进一步表明德国对研发的支持力度持续增强,也保证了德国稳居世界领先创新国家的实力与地位。

(三)实施信息化科研经费管理流程

欧盟实行特色之在线信息系统科研经费管理模式。具体而言,一是该系统通过专门的客户端确保全程无纸化且监控自动管理文档和转账以实现全面覆盖科研经费管理的全流程。[⑤] 借此,极大地缩减了科研项目的评审时间,提高了科研经费利用效率,同时,全新无纸化的办公流程也节约了科研经费管理的成本。二是该网站设有面向全球科学家之专家库系统,推动和保障了科研计划和经费预算、开支、审计及监督之科学性、公平

---

① 参见《英法建立联合数学实验室 共同使用欧盟科研经费》,载搜狐网:http://www.sohu.com/a/221673858_100057012,最后访问日期:2018 年 4 月 28 日。

② 杨明:《论德国高等学校科研经费筹措的现状、问题和对策》,载《比较教育研究》2007 年第 12 期。

③ EFI-Jahresgutachtens 2018.

④ Verstärkt in Forschung und Innovation investieren-BMBF, https://www.bmbf.de/de/verstaerkt-in-forschung-und-innovation-investieren-5739.html,最后访问日期:2018 年 4 月 28 日。

⑤ 参见周斌等:《欧盟科研项目管理专业机构现状调查研究》,载《科技管理研究》2017 年第 6 期。

性与合规性。就专家的来源而言，范围覆盖全球，有意愿的专家自愿按照要求填写完整的个人信息和各类标签即可成为专家库内的专家；就项目评审专家选定程序而言，有权管理之欧委会或接受其委托之上已提及的6个专业机构依照程序在专家库进行检索并经相关部门最后确认就专家库的管理而言，其采取动态的管理方式，即自动淘汰未按规定更新或维护个人信息的专家。就公平性与回避性而言，每次评审以专家的国籍和领域平均选取，每个指南方向每次评审必须补充一定数量的新专家加入，同时规定严格的专家回避和信息保护条款。[①] 三是实施全面的科研数据开放。欧委会对2014年开始试点运行的科研数据开放试点进行评估后，提出将实施包括科研经费使用、管理在内的全面科研数据开放制度，及时公布项目数据信息。欧委会为此申请了专门预算基金予以支持，并即时推出与之相配套的数据管理计划（Data management plan）。[②] 以德国为例，德国特别重视信息化与数字化在科研领域的应用与推广。具体来讲，科研经费的管理借助计算机软件且拥有一套系统完备的项目审批制度软件和核算软件。在德国科研项目和经费的管理流程为“政府提出项目框架—高校项目申报—专业评估机构评估—政府审批—下拨科研经费—项目负责人进行支配和管理—后期审计与监督”。整个流程可通过互联网在专门软件上进行操作，提高项目运行效率，节省了大量的人力物力且更节能环保。另外，项目运行过程中涉及的人工成本、物资成本、场地设备成本等都可以用项目核算软件计算出来。

（四）倡导国别化下重惩罚的科研信用机制

欧盟一贯重视科研诚信问题，倡导负责任的科研行为，强调培养科研从业者信用意识来净化科研环境，以期为包括科研经费使用在内的科研行为提供良好外部氛围。欧洲科学院联盟（ALL European Academies federation，ALLEA）适时制定并更新《欧洲科研诚信行为准则》（European

---

① 参见周斌等：《欧盟科研项目管理专业机构现状调查研究》，载《科技管理研究》2017年第6期。

② 参见《欧盟将全面实施科研数据开放制度》，载科学技术部网：http://www.most.gov.cn/gnwkjdt/201609/t20160914_127685.htm，最后访问日期：2018年4月28日。

Code of Conduct for Research Integrity),[①]其强调研究价值和原则可能因社会、政治或技术发展及研究环境的变化而有所不同,是故该准则是一个定期更新的文件,且允许其执行中的地方或国家差异的存在。其具体内容由原则、良好的科研实践、违反科研诚信行为构成。[②] 欧委会将为成员国层面和欧盟层面推行该准则提供支持,并会在 H2020 计划中启用,成为受资助项目必须遵循的基本要求。[③] 科研经费管理诚信问题作为科研诚信的重要内容,也当然受此准则约束。承前所述,各成员国在遵循该统一准则的同时,亦应结合本国科研经费管理的实践进行国别化管理与规制。在法国,若发现科研经费使用中存在非诚信行为,该行为者将被列入全法学术不端黑名单。瑞典也有类似规定,其通过建立科研诚信档案进行规制,英国科研经费使用不端除要支付巨额罚金外还可能锒铛入狱。德国早在 20 世纪 90 年代就出台了 3 部法律应对该行为并规定了详细制裁措施。[④] 当然,事关科研人员之学术声誉问题,各国均对科研经费使用不端及管理非诚信行为规定严格调查程序予以认定。[⑤]

三、澳大利亚科研经费管理实践:从“政府主导”到“政府引导”之考察

随着澳大利亚高等教育体制改革和高等教育大众化进程加速,其自 20 世纪末政府就启动对科研经费管理进行系列改革:科研经费来源趋向市场化、分配注重评估结果的作用、监管以科研诚信为核心。而面对知识经济和全球化带来的挑战,特别是金融危机对国家的外部冲击,澳大利亚政府试图减少不必要之财政支出,其提议削减重大科研项目经费以迫使

---

① 目前的版本是 2017 年版,该准则作为一个自治性的约束规制而非法律规定。

② European Code of Conduct for Research Integrity(2017).

③ 参见《欧盟将启用新版〈欧洲科研诚信行为准则〉》,载中华人民共和国科学技术部网:http://www.most.gov.cn/gnwkjdt/201705/t20170516_132793.htm,最后访问日期:2018 年 4 月 28 日。

④ (1)1996 年德国联邦最高行政法院的判决 ART.5.3satz1GG;(2)1997 年《质疑科研不端行为的诉讼程序》;(3)1998 年《关于提倡良好科学实践和处理涉科研不端行为的指南》。

⑤ 如法国《关于学术廉洁、公正与不端行为处置校令》明文规定了对于学术不端行为的定性和接受举报、立案调查、通知本人 10 天内作出书面解释和调查委员会听证等程序。《法国:科学伦理有“道”可依》,载全国哲学社会科学工作办公室网站:http://www.npopss-cn.gov.cn/n/2014/0910/c219468-25632466.html,最后访问日期:2018 年 4 月 28 日。

参议院放宽一贯实行的较严的科研经费管制模式。

(一)推行政府引导市场化改革的经费投入方式

澳大利亚科研经费大部分来自政府等官方渠道,企业等市场主体投入有限,但近几年澳大利亚大学来自企业、捐赠机构及高校自身等非官方渠道之经费收入呈稳步增长态势。整体观之,澳大利亚科研经费源于“校外 + 校内”两种途径共五种渠道。就校外资金来源而言,包括政府科研投入、企业合作基金、科研咨询费用;而校内资金主要由学校获得教育部补助性拨款后的指标分配性经费和学生部分学费构成。

第一,政府科研经费依是否需要竞争而分为竞争性科研经费和非竞争性科研经费。前者主要源于澳大利亚研究理事会(Australian Research Council,ARC)、国家健康和医学研究理事会(National Health and Medical Research Council,NHMRC),经过研究者申请、同行评议后20%的项目将获资助,该经费直接进入研究人员的账号而因不经学校故其不收取管理费(over-head)。后者主要是通过委托将特定事宜交由同行专家进行。关于澳大利亚政府科研经费拨款的法律最早可追溯至《高等教育拨款法案》(1988 年),该法案确立政府对高校进行直接拨款之制度。《知识与创新:科研和科研培训的政策宣言》(1999 年)表明澳大利亚开始推行突出卓越的选择性公共拨款原则并采取科研绩效拨款政策,《澳大利亚研究委员会法案》(2001 年)和《高等教育资助法案》(2003 年)调整科研拨款为教育部科研拨款组合 + 研究委员会科研项目拨款 + 其他政府机构拨款 + 健康和老龄化科研拨款组合,接着政府提出的《高等教育体系转型改革报告》(2009 年)指出要根据花费适当增加研究基金,且基于绩效分配给机构一定比例的资金。上述政府拨款的变迁过程,也是政府拨款方式逐步精细化和科学化的历程。

第二,企业合作经费。这部分经费呈现持续增长趋势,这既得益于澳大利亚政府实施高等教育市场化政策、重视产学研结合、强调科研成果的商业化转化,也得益于政府通过立法明确企业投入金额比例及退税标准。自2011 年7 月1 日起,R&D 税收激励便取代施行多年之 R&D 税收优惠。《研发退税条例》被《研究和开发税法条例》[Tax Laws Amendment (Research and Development) Act 2011]所废止,此外为保持平稳过渡还订立了特别过渡安排以广泛处理一些在收入年期延长的情况。具体内容为一方面,对某些合资格的R&D实体征收43.5%的可退还税款抵销,每年累计营业额不到2000万美元。另一方面,所有其他合资格的R&D实体的38.5%不退还税款抵销,未使用的抵销金额可在未来收入年内结转。①

第三,科研咨询经费,主要针对有需要的企业和政府部门之咨询提供建议给出对策。对于第二种、第三种资金,学校要收取一定比例的管理费,为15% ~40% 。

第四,学校指标性经费,由澳大利亚教育部拨入学校的科研经费,学校一般会在留下40% ~60%后按指标的方式分配至各学院经学院自行分配。

第五,学生学费的部分。高校从学生的学杂费中提取一部分用于科研经费,近期随着扩大国际学生比例和招生规模,这部分经费的总量也在增加。另外,在澳洲典型的基金为联系基金(Linkage Grant)和工业合作基金(Cooperative Research Centre,CRC),工业合作基金侧重大项目而联系基金侧重小项目。

(二)实施ERA评估结果与科研经费分配呈正相关的科研经费分配模式

政府主导且结果直接与科研经费分配呈正相关之科研评价体系在澳大利亚由来已久且久负盛名。澳大利亚研究理事会(ARC)开展的科研评价经历了从"综合指数"(Composite Index)②到"科研质量框架"(Research Quality Framework,RQF)③再到澳大利亚卓越研究报告(ERA)的转变。④ERA于2009年试运行,2010年全面实施,目前已于2010年、2012年

---

① See Transition from the R&D tax concession to the R&D tax incentive | Australian Taxation Office, https://www. ato. gov. au/Business/Research-and-development-tax-concession/In-detail/Transition-a-R-D-tax-concession-to-incentive/, April 28,2018.

② 始于1995年的综合指数评价以大学为独立单元进行评价,是种量化考核方式,评价内容主要包括大学所获得的经费及科研产出(出版物数量及授予的硕士学位和博士学位数量等)。

③ 澳大利亚政府于2006年开始筹备新的科研评价体系,即RQF,着重两方面的考量:一是科研质量;二是科研成果影响力制度设计。其历时3年且评价单位由大学改为研究组,包括13个学科领域的专家组,每个组有12个成员,专家组成员包括至少3个外国专家和3个终端用户。事实上,RQF还未及实施。

④ 参见蒋玉梅:《全球科研评价体系的演进与发展——以美国、英国、澳大利亚、荷兰四国为例》,载《国家教育行政学院学报》2013年第9期。

和 2015 年进行三次评估并出版《ERA 年度评估报告》，本轮评估将在本年开启。作为澳大利亚官方组织实施的评价，ERA 结合文献计量数据以及专家评审内容，区分人文社会科学和其他学科分类分别采取代表作制度、科学计量评价的方式对科研质量进行评估，具体评价内容涉及科研质量、数量及活动、应用和声誉四个部分，以期通过对澳大利亚既有的科研机构进行鉴定之基础上，识别“双卓越”——卓越高校与卓越学科并对之进行经费倾斜进而推动卓越国家计划落实。

ERA 评估结果直接与科研经费挂钩，其与经费分配呈正相关。ERA 比较所有公立高校各学科和专业在本国及全球地位而非孤立分析该大学的整体业绩，在这个过程中核心是绩效评估，绩效评估的核心则是效益，根据评估结果对科研经费进行分配，形成科研绩效拨款新渠道与模式。按照绩效原则一部分根据高校产出按公式分配，其他则以科研项目申请的方式进行竞争性分配。绩效评估以纯定量的方式建立起来的绩效指标，实际上是仿效企业财务管理对科研经费进行高校配置和精细化管理，一方面，该方式加强了联邦政府对学术和科研活动的控制，促使高校活动的评价更加简单化和标准化；另一方面，成本低效率高，有利于宏观和内部管理体制的改革并增强高校为消费者服务的意识，最终达致提高科研经费的使用及产出效率的结果。（如表 4－2、表 4－3 所示）

表 4－2　澳大利亚 ERA 评估指标

一级指标	二级指标
研究产出	（1）著作；（2）书的章节；（3）期刊论文；（4）会议论文（全文收录） 以上四种为传统的产出形式，非传统的有原创作品、创造性的表演、重要的公共的展览和事件。 注：对于著作，要求必须是原创性的，有些书如教材、选集、编著、旧书新版等不能计算在内
研究经费	（1）澳大利亚政府和公共部门的各类项目和经费；（2）企业和商业界的科研经费；（3）合作项目的科研经费
成果应用	（1）育种者权利；（2）专利；（3）登记的设计；（4）研究商业化收入
研究者身份认可	（1）有名刊物的编辑；（2）AIATSIS 名录里面有名学术机构成员；（3）全国有名的学术奖获得者；（4）法律规定的委员会成员；（5）澳大利亚艺术委员会项目或奖励获得者

资料来源：黄艳霞：《澳大利亚大学科研成果转化最新政策体系探析》，载《高教探索》2015 年第 11 期。

表 4－3　ERA2015 卓越科研评价阶段

评价阶段	评价活动	
材料提交	符合学术条件的机构向提交待评价数据	
任务分配	科研伦理委员会(Research Ethics Committees,REC)主席向委员会成员分配评价单元	
	REC 主评审委员向同行评审分配评价单元	
评价过程	阶段 1	REC 成员对 4 位数字代码评价单元的初步评价,其中包括对科研产出的同行评议结果,同行评议对所有分配的评价单元的初步评价
	阶段 2a	REC 成员对 4 位数字代码评价单元做出调整和中期评价,并对 2 位数字代码等级评价单元作出初步、独立评价
	阶段 2b	REC 成员对 2 位数字代码评价单元做出调整和中期评价
	阶段 2c	REC 成员对 4 位和 2 位数字代码的评价结果进行复审,为第三阶段的会议做准备
	阶段 3	REC 召开全体成员会议,确定最终评价结果
研究报告	澳大利亚高校科研状况:卓越科研评价(2015～2016 年)国家报告发布卷 1	

(三)注重以科研诚信管理为核心的科研经费监管机制

澳大利亚非常重视科研经费管理中的诚信问题,将其视为科研经费监管的核心内容。具体来说,一是制定专门的法律法规从立法上进行保障。2007 年,联邦政府出台了由澳大利亚研究理事会(ARC)与国家健康和医学研究理事会以及大学等机构共同起草的以《NHMRC 与 AVCC 关于科研实践的联合声明与指导原则》为基础的《澳大利亚负责任研究行为准则》(Australian Code for the Responsible Conduct of Research,以下简称《准则》)对处理违反守则及科研不端行为进行指控,对《准则》的遵守是机构获得 NHMRC 和 ARC 基金资助的前提条件。2010 年后开始实施全新的《研发税收信用》政策,通过更高比例的税收减免,刺激企业研发投入,特别是对年营业额低于 2000 万澳元的企业研发给予更多的减税支持。2011 年 2 月,联邦政府公布了作为科研诚信委员会

(Australian Research Integrity Committee, ARIC)组织及行动依据的《澳大利亚科研诚信委员会章程》。二是成立专门的机构进行管理。2010年4月,澳大利亚科技部成立了ARIC,根据《澳大利亚科研诚信委员会章程》,ARIC的职责是通过审查的形式,对各学术研究单位的学术不端调查处理活动实施程序性监督。作为一个独立组织,ARIC将审查各高校和研究机构的内部程序,以确保其能遵照《准则》对科研不端行为的指控作出反应。

四、域外科研经费监管规则的启示:从理念到制度之修正

起步稍晚的我国科研经费管理仍处于探索期,各色制度亟待建立,详细举措有待进一步落实。他山之石可以攻玉,尽管上述域外国家在科研经费管理方面的环境、体制及模式与中国存在较大的差异,但是认真研究分析上述国家与地区的科研经费管理制度,特别是一些理念和具体举措,对于推动我国科研经费的规范化、法治化具有借鉴意义。

(一)科研经费监管理念:从"重物轻人"到"以人为本"

在"重物轻人"的理念下,我国科研经费在具体运用和实施的过程中,诸如既有规定中的人员费和劳务费比例不能充分体现科研人员的智力劳动,绩效方式有碍科研人员创新能力发挥,经费报账流程依照"参公管理"模式浪费学者时间和精力,统一管理基础型研究、应用型研究和事务型研究经费降低科研效益,高校财务人员服务意识淡薄等现象不胜枚举。上述种种将本应致力于科学研究的科研人员困于越发精细化的预算和烦琐化的报账中,导致凑发票、调经费、当会计等"人的创造性活动为经费服务"的科研怪象频现,严重制约着科研人员的创造性和积极性,有碍研究者学术自由。

之所以出现上述乱象,究其根本在于规则制定部门对科学研究存在认识误差,项目执行主体(包括各机构与相关负责人)对科研经费的定性不一。为纠正上述认识误区,一是应明确科学研究作为一种复杂的智力活动而绝非简单的建设项目行为。显然科研经费管理规则的制定者并未真正认识到该事实,其仅是将科研作为简单的如同盖房子一样的建设行为进行统一化管理与规制,并未触及科研活动尤其是科研创新行为乃高

级脑力劳动,实为人之创造性行为。同时,忽视智力活动的不可预见性与不确定性,试图以精细僵化的方式对科研预算进行量化管理,显然难敷科研创新过程中经费实际需灵活使用的事实。加之,不区分项目类别,无论是自然科学项目还是社会科学项目,无论是基础型研究、应用型研究还是事务性研究,无论纵向项目还是横向项目,在拨款和使用上采取"一刀切"的方式而忽略其各自的特殊性更是加剧上述乱象的产生。二是采取类型化方式明确各经费属性。依照科研经费的来源渠道不同,可将其分为财政性科研经费与市场性科研经费。其中,财政性科研经费来自各部委、基金委、政府等部门,虽所占科研经费的比例较少,却起着基础性、引导性的功能,其具体投入的领域为基础性研究、政策性研究、关于国家战略及国计民生关键领域的高新技术产业等公共产品,是故该类经费具有明显的"公共性"。与之相对的市场性科研经费来自各类企业、个体工商户等市场主体,在我国科研经费中投入比例远高于前者,其具体投入的领域为市场效果好、应用型强、转化率高、成果在市场中可直接交易的领域,是故该类经费具有明显的"市场性"。诚如习近平总书记在"科技三会"上所言,"要着力改革和创新科研经费使用和管理方式,让经费为人的创造性活动服务,而不能让人的创造性活动为经费服务"。[①] 申言之,亟须一改既往"重物轻人"之固有观念,奉行"以人为本"的科研经费管理理念,唯有此,方能提高并锻造科研工作者之能动性,增强其创造能力,加快研究成果转化。否则,"重物轻人"理念下科研人员的从业热情极大消解,将影响科研创新力。回顾上文已提及之域外经验,无论是美国直接提及将"以人为本"和"自由竞争"作为管理理念,还是欧盟、澳大利亚虽未明示,但是在科研经费分配、设立专业管理机构及科研经费监管等具体制度中无不是最大限度强调并发挥科研人员的智力劳动,通过具体制度构建和实施推动经费效用之最大发挥。是故,在我国科研经费管理中亟待在思想上转变该领域"重物轻人"之根深蒂固的想法,坚持"以人为本"科研经费管理理念。

---

① 《习近平指出建设科技强国党委和政府的责任》,载全国哲学社会科学工作办公室网站:http://www.npopss-cn.gov.cn/n1/2016/0612/c219468-28426385.html,最后访问日期:2018 年 4 月 28 日。

坚持“以人为本”的科研经费管理理念。具言之，就是在科研经费的使用和管理过程中，强调人智力成果的价值，重视科研人才的报酬。一方面，提高劳务费比例，扩大人员费的范围。在我国劳务费属于直接经费的范畴，新近改革提出对其进行大幅度的松绑，指出劳务费不设比例限制，诚如李克强总理所言“提高人员费用比例，就是承认人才和智力劳动的价值”。[①] 上述改革虽打破了以往我国劳务费限制过严，管得太死的僵局，在一定程度上激励了科研人员，但是其人员费的具体范围有待进一步扩围。考察域外人员费问题，可以发现其人员费不仅包括科研人员及辅助人员的劳务费，甚至包括其一定比例的工资、奖学金、学费等内容。例如，美国科研经费中的直接成本包括人员的劳务费、工资、研究生的学费且不设置比例限制。英国的人员费既可以从财政拨款的内在运行费用中获得也可以在项目经费中分摊取得。另一方面，重视对人员的物质激励。在我国，绩效支出即对科研人员的激励举措属于间接经费的范畴且长期限制为5%，2016年改革将其提高至20%。[②] 既有政策虽强调加大绩效激励力度，但内容仍较为保守，力度依旧有限难敷时需。进一步的改革尝试引入市场机制中的期权、股权等方式，保证科研人员收入和福利的同时，结合具体项目实际，适当给予科研人员一定的期权，赋予科研人员股份以更大且持续性的物质收益来进一步提高科研人员的创造性和积极性。

（二）科研经费治理模式：从“政策之治”到“法律之治”

我国整体呈现政策性有余而法律化不足的样态以致各形态的政策交叉且相互间协调性差。即我国科研经费管理领域立法层级较低，可持续性差且难形成系统化。申言之，一是现有科研经费管理立法层级较低，散见于各种科技单行法律、行政法规和规范性文件中。诸如，“通知”“公告”等形式广泛存在，并指导着我国科研经费管理实务之规范性文件在数量上占据着绝对优势。二是法律持续性有限。就法律位阶而言，我国上述政策多为基于基础性行政法规而派生之以“打补丁”模式存在的行政规范

---

① 《科研经费放开“人头费”：5%提至20%》，载快科技网：http://news.mydrivers.com/1/485/485232.htm，最后访问日期：2018年4月28日。

② 参见《进一步完善意见》（2016年）。

性文件,固然其时效性较强能够及时回应科研经费管理中出现的问题,但是该模式内含的暂时性严重危害法律的权威性和稳定性,无益于科研经费管理的长远发展。三是科研经费管理法律法规间协调性较差且较难成体系。面对为数众多且层级较低的科研经费管理规范性文件,从国家层面到地方层面乃至科研单位均有各自的科研经费管理办法,上述政出多门的管理办法在适用时往往存在交叉甚至冲突情形,本该作为上位法的科研经费管理办法在实务中反而受制于学校的管理办法。面对我国与常态相悖的科研经费管理生态,统一系统之管理办法难以真正形成并落实。

鉴于此,基于应对上述乱象之考虑,坚持科研经费管理法定,推动科研经费管理法制化实乃当下之所需。详言之,一是要清理现有科研经费管理政策,建立清单。梳理现有政出多门的科研经费管理政策,对其制定、执行和监督进行考察与衡量,及时将不合时宜的内容剔除,形成科研经费清单,以类型化的方式列明有效与失效内容。二是提高科研经费管理法律层级,进行统一立法。前已述及我国科研经费管理政策法治化较低,为回应此难题,应该着力提高科研经费管理法律的层级,将清理后已形成清单的政策法律化,提高立法层级。诚如马怀德教授所言,"法律应当具有统一性,统一完备的法律体系是法治国家的题中应有之义"。[①] 科研经费管理莫不如是。在应然层面,其立法应该确立"《宪法》—《科技技术进步法》—各部门法—《科研经费管理法》—《科研经费管理法实施细则》"五层架构且各层级间相互协调的法律体系。详言之,前三个层级着重落实相关条款,《科研经费管理法》应作为核心进而以此为基有序展开统一立法。在前述科研经费管理法和条款已经制定的前提下,还需梳理并理顺各位阶的科研经费管理规定,推动各法律间的协调与衔接。

(三)科研经费来源体系:推动"政府—市场"各行其是

环顾世界,科研经费来源(投入)总是多渠道的,无不强调经费来源的多样化,无不逐渐强化企业为主的市场主体在科研经费投入中之重要性,强调产学研的结合效应。根据国家统计局业已发布的《2016 年中国创新指数测算结果》我国 2016 年创新指数为181.2,同比增长 5.7%。其中,就

---

① 马怀德:《法律的实施与保障》,北京大学出版社 2007 年版,第 114 ~ 115 页。

创新投入而言,该年度我国 R&D 投入为 15676.7 亿元,比上年增长 10.6%,占当年 GDP 2.11%。其中企业 R&D 支出达到 12,144 亿元,比上年增长 11.6%,占全社会 R&D 经费的 77.5%。上述数据不仅表明我国在研发投入方面持续增加且增速加快,[①]而且也说明企业作为主要的市场主体在科研投入中越发显现自己的能力。

通观我国目前的科研经费投入,政府侧重于具有"准公共品"性质的基础研究领域及关乎国计民生的重大应用性领域,市场主体偏好于应用性强的科研领域。而上述这种在科研投入中逐步形成的默认格局,固然是实务的现实选择,但显然缺乏应有的科学性与效率性,难以兼顾各方利益平衡。因此,为使我国形成科学协调的科研经费投入形式,需要解决的关键问题就是如何使政府投入与市场投入在不同的科研领域进行协调以改变既有倾斜性严重的样态,充分发挥政府与市场各自能力。进言之,即如何厘清政府与市场在科研经费投入中的关系,如何使政府更好地发挥作用,如何使市场在科研经费配置中起决定性作用。上述政府与市场主体在科研经费中的各自偏好问题始终是我们必须解决的问题,科学研究项目兼具"公共性"与"市场性"的双重品格也意味着科研经费的来源不能偏废其一,过分仰赖甚至依赖单个的投入主体。鉴于此,为推动建立"政府—市场"各司其职的科研经费来源体系,应采取在持续增加财政投入和保持企业等市场主体活力的前提下,政府进行适当的引导与干预,使企业研究投入领域拓宽至应用性和转化率高的科研项目背后的基础性研究,加强行业共性问题的应用型基础研究,注重基础原理的支撑,使"中国创造"不再仅仅是技术,更包括原理。

美国国家科学基金会(National Science Foundation,NSF)2018 年 1 月最新发布的《科学与工程指标》(Science & Engineering Indicators 2018)显示,美国 2015 年科研投入占 GDP 的 2.74%,澳大利亚在 2013 年为 2.11%,

---

① 参见《2016 年中国创新指数为 181.2　创新型国家建设持续推进》,载国家统计局网站:http://www.stats.gov.cn/tjsj/zxfb/201712/t20171207_1561123.html,最后访问日期:2018 年 4 月 28 日。

欧盟2015年为1.96%,中国在2015年为2.07%。[①] 固然我国财政对科研投入持续增加且在2016年R&D经费投入占GDP的2.11%,但我国仍需采取措施继续增加对科研经费投入的规模和强度。据此,一是继续加大科研投入,这个过程包括继续稳步加大政府的科研投入并保持企业在科研经费投入中的力量,特别是加大政府对具有原始创新性特征的基础研究领域的投入以及企业对行业共性问题的应用型基础研究的投入。二是政府积极引导市场主体科研投入行为,推动投资渠道的多元化。政府在保证上述自身财政投入的同时,也应及时运用"看得见的手"发挥适度干预科研经费流向的功能。其可以通过宏观调控行为,特别是财税中的税收优惠行为对捐赠、积极投入科技研发的企业与个人投资者给予适当的税收激励,鼓励并间接使其投资导向于应用型基础项目等方向,加速科技成果市场转化率进而推动产学研结合。在这方面许多高校已经迈出了积极的步伐,各高校纷纷建立各种智库吸收社会资金即是例证,上海社会科学院及中国人民大学亦建立了各种智库吸纳社会资金。[②] 另外,在积极吸引国内资金的同时,加强国际化合作,主动同世界主要国家和地区的基金组织、高校等科研机构建立科研联盟也是经济全球化背景下的一种可行之道。一方面,通过合作可以拓宽科研经费来源,丰富科研经费形式;另一方面,也可以相互学习,推动深层次的交流。

(四)科研经费监督制度:完善全方位的内外部相结合机制

我国科研经费监管制度显然难敷我国经费使用和管理过程中层出不穷的各种状况,是故监督制度有待进一步完善,内外部监管相结合的全方位科研经费监督制度亟须建立。该制度的构建,首先,就主体而言,涉及科研单位所设的科研处、财务部门、审计部门、项目组成员等内部监督主体和拨款单位、社会公众等外部主体。其次,就过程而言,涉及经费的审批、执行直至项目结项后经费使用整个流程。其中项目立项时要重点关

---

① 参见Science & Engineering Indicators 2018,其中数据是以2015年或者收集到的最近的一年为准。

② 例如,上海社会科学院尝试建立多元化、多渠道的经费保障机制,智库建设基金会争取到社会更大支持;中国人民大学国家发展与战略研究院设立智库基金制,初期吸纳社会捐助1亿元。参见《把握大势服务发展有序生长》,载光明网:http://epaper.gmw.cn/gmrb/html/2017-02/23/nw.D110000gmrb_20170223_1-11.htm? div=-1,最后访问日期:2018年4月28日。

注经费预算编制的科学性与合理性，项目开展中要格外强调各部分经费支出情况的结构稳定性与合法性，项目结题时要注重发票报销及结余经费处理等具体问题。最后，就方式而言，可以采取“线上＋线下”互通形式，推动“互联网＋科研经费管理”模式与传统人工科研经费管理模式相连通，促进其监督效用的最大化发挥。具言之，可以通过下述具体举措来推动内外部监管相结合的全方位科研经费监督制度的构建。

第一，开展从业教育，促进科研经费自律管理。经费预算编制的粗糙、经费使用支出的不合理、经费套现等问题一方面是囿于项目负责人自己知识的盲点对经费预算编制不了解、不重视，另一方面也是由于科研管理机构重立项轻经费执行而未给予应有重视，同时，科研人员侥幸的从众心理认为法不责众且立法暂未具体明了也是促使上述现象产生的重要原因。是故，科研经费管理应该以预防为主，通过各种从业教育、技能指导、科研伦理宣传等方式使科研从业人员从思想上重视科研经费的预算与支出管理，从行为上注重科研经费开支及报账的适当性，从结果上认识到科研经费不当使用、违法套取的严重性。

第二，引入第三方中立机构，创新科研绩效评估模式。域外国家在区分不同类别科研项目的基础上纷纷采取针对性的评估方式，其中，最引人注目的当属第三方中介机构的引入，特别是在作为科研评估母国的英国及后起之秀的澳大利亚两国，第三方中介机构的引入极大提高了其科研经费使用效率、推动科研成果转化，进而推动其创新能力和竞争力得到很大提升。在我国，除保留以同行评议为主的评估系统外，引入第三方中介机构进行科研评估既是适用我国国情的需要，也是顺应国际潮流之举。第三方中介评估机构是专业的评估机构，其专业性能够提高科研评估的科学性，其中立性能够保证科研评估的公正性，在如此明显之双重属性下，引入第三方中立机构实施科研评估实乃明确之举。

第三，构建清单制度，推动科研经费管理公开化。在科研经费管理的过程中对不涉及国家秘密和安全、非商业秘密及个人隐私的有效信息，应当及时在其生成后形成目录清单并在拨款方、高校等相关网站设置专门板块予以公布。对每个科研项目经费相关的变动要及时予以更新，对科研经费的管理过程及程序要及时予以公开，形成科研经费预算清单、支出清单、审核清单等具体内容，让科研经费的收支、审计等每一步每个程序都曝晒于阳光之下，制止和约束各方主体之任性行为，实现其公开透明化。

第四，完善问责规定，强化科研经费管理责任追究。法律责任作为保障法律功能和秩序的最后防线，对完善科研经费管理意义重大。我国目前关于科研经费违法行为的法律责任散见于民法、刑法中，且实务中争议非常大，存在"犯罪说"与"无罪说"两派观点，"犯罪说"又具体区分"职务侵占罪""贪污罪"等内容。同时，依现有规定，多部门同时监督的模式，多头监督同时执法但是各执法依据又不统一，难免会造成混乱，反而不利于科研经费的监管。是故应该进行类型化管理与监督：区分各监督主体的具体职责，针对科研人员与科研管理人员不同的涉科研经费违法行为区分处理。

（五）科研经费信息化管理：构建"互联网＋科研经费管理"新模式

科研经费管理风险的主要样态反映并佐证其困境。前已述及我国科研经费管理的不足之处，这既植根于传统管理的时代局限性和滞后性，也受制于其数据样态的有限性及管理人员的主观性。我们已迈入互联网时代，互联网技术日新月异，运用互联网可以提高科研经费管理的准确性与预见性，有利于降低科研经费管理的运行成本和风险。尽管科技发达国家普遍以信息化的方式进行科研经费管理，例如，上已提及欧盟已实行全流程信息化管理，然而这对于仍处于科技新兴状态之我国而言显然具有极大挑战。鉴于此，"互联网＋科研经费管理模式"应运而生。

高校可以既有科研经费管理网络平台为起点，进一步将互联网创新成果与科研经费管理领域深度融合，具体表现为应用"互联网＋科研经费管理模式"全面及时准确地收集数据、推动报账的便利化、信息公开的及时性和风险提示项目化从而促进从科研经费数据收集—经费报账—经费监管这一管理全流程的网络化、无纸化与智能化。首先，就科研经费数据信息的收集而言。一方面，可以将包括科研经费、负责人及参与人的基本信息等科研项目基本信息整合到网络平台上，为科研经费管理提供前提性数据；另一方面，在上述基本信息的基础上可以利用互联网的连通性精准呈现科研人员经费使用情况以供报账时的发票认证与审核。当然,上述发票或其他相关信息的获取建立在高校与其他部门间信息共享的基础之上,而这种信息共享应更强调事前的信息共享以期在预防为主理念导向下减少科研经费管理中的违法行为,降低管理成本。同时还应注意的是信息共享的限度,秉承以人为本的理念,最大限度地维护科研人员的合法权益,特别是维护科研人员相关生活密码及知识产权方面。其次,就经费报账问题。在“互联网+科研经费管理”模式下,科研经费的报账可以有三条途径:一是网上自主报账。报账人登录科研管理平台在网上提供各种发票信息特别是对电子发票等票据进行自主认定,即可足不出户实现报账。二是在自助厅设置自主报账终端设备。需要报账的科研人员可在该全天候提供服务的设备上自行结合时间进行报账。三是网上预约报账。报账人可以通过官网、手机 App、微信等多种渠道,向科研经费管理部门预约办理日常报账业务,然后在约定时间直接办理。再次,就科研经费的监管问题。“互联网+”模式下的科研经费监管最大特色是使信息公开即时化和风险提示项目化。就前者而言,可以适时更新科研经费管理信息,对科研经费使用情况进行公开公示,使项目负责人在及时了解信息的前提下,其他人员也可以通过该信息了解项目经费使用情况,是后续社会监督的前提。就后者而言,科研管理部门建立科研经费风险信息取得和共享机制,区分不同类别的科研项目并定期向各项目负责人及主研人员发送相应的科研经费风险提示信息,帮助其降低在科研经费使用过程中之可能风险。

“互联网+科研经费管理模式”无疑是传统模式发展之高级阶段。在该模式下,科研经费管理更加精准化、便利化,这具体涉及主体包括拨款方—学校—项目研究人员三个层面,分析路径包括科研经费数据的收集—处理—应用三个动态维度。

第一,科研经费管理的精准化。传统科研经费管理的最大问题即是在信息不对称条件下的约束欠缺“精准”,究其根本实为数据收集、分析的问题,而“互联网+科研经费管理”模式运用大数据、云计算等新兴科技可以实现科研经费管理最大限度的精准性。在大数据时代,在大数据库中的大数据到非常小的数据,[①]均可量化,均可数据化。大数据技术应用相关性理念而非传统因果关系标准来采集数据,从海量且杂乱无章的数据中抽取大量的信息从而将表面看起来无甚关联的数据碎片拼接出一系列有效的科研经费管理信息。云计算技术突破常规技术成本和时限的制约增强科研经费管理的及时性。上述两种技术在科研经费管理过程中,因管理项目经费的精准而排除管理人员的主观随意与裁量滥用的可能性,因经费使用票据或其他信息精准而降低发票收集认证的难度及成本,因管理方式精准区别不同项目有针对性的管理而保障科研经费管理的公平性,从而能够有效提高科研经费管理风险的可预测性和科研人员权益侵害的可防范性。

第二,科研经费管理的便利化。“互联网 + 科研经费管理”模式必然将引领现代科研经费管理之发展,它以创新性和便利性之途径和举措为报账人提供便利性的同时,也相应提高工作人员效率并降低运行成本。前已提及的电子发票网上自主认定、网上报账、自助终端设备设置、业务自主预约及风险提示项目化等具体举措,给予科研人员最大限度的选择权,其可自主选择适合自己的方式。同时,上述举措也促使科研工作人员有条不紊地进行经费审计、监督工作,减轻其工作压力和负担。当然这些需要以具备较高的互联网应用技术为前提,而这可以通过“点单式”进行培训辅导。在科研经费管理平台上专设科研人员学堂,为从事科研工作的人员和科研管理人员提供不同的培训内容,采用 O2O、直播录播结合的模式,需求人线上“点单”辅导内容,答疑人线下“配料”教学视频。

除此之外,还须注意的是“互联网 + 科研经费管理”模式并非完美无缺的。其以技术作为核心,这即使在一个完美的信息世界也无法排除科研管理人员的主观裁量作用。应该认识到,真正有效的科研经费管理模式应是立足于传统科研经费管理并融入互联网创新技术的完美结合。唯有此,方能真正推动我国科研经费管理之深层变革,真正迎来其现代化与法治化之明天。

---

① 小数据包括但不限于:证人,执法机构和检察机关之间的电子邮件,短信和社交媒体通信信息。See Garrett, Brandon L., “Big Data and Due Process”, Cornell Law Review Online 99 (2013 - 2015), p. 209.

(六)科研经费管理人员:锻造兼具服务型和专业型队伍

一方面,科研经费管理人员服务意识普遍不强。另一方面,工作人员业务素质普遍不敷经费管理发展需要,这持续制约着科研经费管理的效率与质量,科研经费的"双重性"也要求工作人员不仅要具备专业财务会计知识、管理知识,还应熟悉法律法规、兼具法律常识与能力。但现有生态下的大多数管理人员或仅具备单一的知识背景,或固守已有程序不更新现代化的业务模式致使其在面对日新月异的高科技以及催生的各种科研经费使用业态时捉襟见肘。从域外经验来看,在繁杂科研经费管理过程中实施具体科研分配行为、严惩科研失信行为、科研监管行为等,均与经费管理人员之良好服务意识和一流专业素养息息相关。是故,立足于思想与技能双重面向,打造一支服务型和专业型兼具的高校科研经费管理队伍已是当下"箭在弦上"之举。

一是提高科研经费管理人员的服务意识。具体可从下述三个内容进行改进。第一,始终秉承服务科研人员之理念并以之为导向落实其行为。通过各种举措激发管理人员的工作热情,使其从认识上真正认同科学活动的严谨性与公正性,尊重进行辛勤脑力劳动的科研人员,以最大之热情服务科研人员。具体在实施时可采取以是否得到学术共同体的认同为标准,定期进行回访与调研以进一步改进科研经费管理人员的服务质量。第二,在院系一级设立专职人员协助科研经费管理。具体可根据各院系的科研项目数量和经费金额进行灵活性人员数量调整,既可以将科研人员从烦琐且不熟悉的事务性工作中解放出来,更专心地进行科研和教学活动;也可以很大程度提高工作效率且节约不必要成本花费。同时,专职协助人员在一定程度上还起着监督经费使用的管理功能。需要特别说明的是,这里不提倡设立专职的协助机构,因为新设机构一方面可能增加高校内设机构的烦冗与臃肿程度从而加大制度运行成本,另一方面在我国科研经费管理机构协调性有限的既有生态下还会存在新设机构与原来机构的积极或消极冲突问题。第三,创新科研经费管理服务方式。基于高校自身环境,即依托既有各级科研部门、财务部门并利用大数据、物联网、区块链等"互联网+"模式与技术建立实时提供科研经费管理的网络服务平台,试行无纸化与智能化之报账方式,推行数字化与信息化之监管流程。

二是提高科研经费管理人员的业务能力。科研管理人员的业务能力是实现科研经费管理专业化的重要保障,业务能力水平亟待提高是目前我国科研管理人员面对的共性问题。据此可以进一步做如下努力:第一,提高准入门槛。高校科研经费管理人员应是兼具极强的业务专业性、学术性、法律性和政治性的高素质管理人才。一方面,科研管理人员需要较高的专业水准和学术水平以应对日常工作中涉及的科研规划拟定、科研资源配置、科研项目协调与评价、科研经费预算与审核等财会事务和学术事务;另一方面,科研管理人员同时需要具备较高的法律素养和政治觉悟,严格遵守各项财务制度和法律法规,坚决抵制各种违法违规经费使用与管理行为。是故,适当提高科研管理人员的准入门槛,以更严格的人事选拔标准进行规范的筛选和把关是非常有必要的。第二,定期开展对科研人员的培训。科研人员的培训就内容而言涉及专业的财务会计、管理知识、必备的法律及计算机技术,具体包括但不限于项目申报、执行与后期管理内容,项目经费预算、支出、运转、审计与法律规定等信息,技巧方面的情报技术处理技巧等。就方式而言,可以采取"线下+线上"的模式。其中,在"线下"采取定期开设相关知识讲习班、宣传会议、讲座等方式,在"线上"可以提供科研经费管理的各种相关在线课程、工作报告与指南等资源以供随时随地在线学习与提升。与此同时,高校也可以开展定期的专业知识测试,将测试成绩关联工作绩效从而激发科研经费管理人员学习的积极性,谨防科研管理部门就是养老部门思想的滋生与泛滥。通过上述举措进一步增强科研经费管理人员在财会、法律与技术等层面之职业技能,推动其专业化水平整体提升。

第五章 科研经费管理法律理念和原则论证

近年来，我国政府大力推动"科教兴国"和"创新型国家"战略，这主要是由于在21世纪一个国家知识创新的能力从根本决定了一个国家的未来——"知识就是力量"在21世纪演变成了"知本主义"。① 无论是哲学社会科学还是自然科学，科研都是推动知识创新最重要的方式，而科研经费则是开展学术研究的保障和物质基础，经费管理是科研管理的重要组成部分。科研经费管理不仅关系各方利益，更重要的是直接影响科研目标的实现。在计划经济时期，我国所有的科研活动都被视为国家计划的一部分，科研经费也被纳入国民经济计划采取划拨的方式进行管理。随着改革开放后市场经济的确立，我国开始建立与市场经济相适应的科研管理体制，其中最重要的特点就是"合同制"管

---

① "知本主义"是在总结高科技企业实践基础上提出的概念，其核心观点认为在21世纪知识会逐渐独立并取代资本成为支配社会资源分配的核心力量。其包括以下几个方面的内涵：知识是企业核心的资源和价值创造的主导要素；给创造价值的知识劳动以合理的回报；通过知识资本化来实现知识的价值；主张知识职权化。（王福民：《论"知本主义"》，载《社科与经济信息》2002年第7期）无论是否赞成"知本主义"的提法，都无法否定知识在21世纪的重要地位。

理和"课题制"模式。但是由于科研经费的来源多样性带来了管理的复杂化,我国现行的科研经费管理制度也日益暴露出其不足,山东大学刘某某采取虚开发票的方式骗取科研经费等公款341.8万元而被判入狱13年就是其中的极端例子。所以,要想实现"科教兴国"和"创新型国家"战略就必须对现行的科研经费管理制度进行反思和重构。

"理念"一词与许多法律术语一样并非汉语所固有的词汇,而是一个舶来品,主流观点认为理念是"日本人在引进西方学术、文化、制度之时由德语中的idee翻译(意译)而来"。① 史尚宽教授认为"法律之理念,谓'法律应如何'";②江山教授将法律理念的内涵概括为以下五个方面:"内在精神,直至最高本体","被理解的东西或定在","知识论","历史的成长","哲学问题的解释和解决"并认为"法理念既是具体法形态的内在,同时也是法之本体的存在";③李昌麒教授从经济法角度讨论了经济法理念的相关问题,认为"经济法的理念是人们对经济法的应然规定性的理性的、基本的认识和追求,是经济法内在精神最为集中的体现和反映,是指导经济法活动的最高原理,对经济法的价值、原则及指导思想等具有决定性作用,是经济法诸范畴中最上位的概念,是经济法的灵魂"。④ 从这些对法律理念的观点,我们可以简单地认为科研经费管理的法律理念就是科研经费管理法治化过程中的内在应然性规定。而原则是理念的下一级概念,有什么样的法律理念就会产生什么法律原则,而有什么样的法律理念和原则就会生成什么样的法律制度。因此,要想实现"科教兴国"和"创新型国家"战略就必须对现行的科研经费管理制度进行反思和重构,而对现行的科研经费管理制度进行反思和重构应当从基本的法律理念和原则出发。

---

① 史际春、李春山:《论经济法的理念》,载《华东政法学院学报》2003年第2期。

② 史尚宽:《法律之理念与经验主义法学之综合》,载刁荣华主编:《中西法律思想论集》,台北,汉林出版社1984年版,第263页。

③ 江山:《中国法理念》,中国政法大学出版社2005年版,自序。

④ 李昌麒、岳彩申主编:《经济法学》,法律出版社2013年版,第105页。

一、"人本主义"[①]的法律理念和原则

党的十六届三中全会提出"坚持以人为本,树立全面、协调、可持续的发展观,促进经济、社会和人的全面发展"。马克思早就提出了"每一个人自由发展是一切人自由发展的条件"的观点。法律作为人类社会所独有的一种制度创设,其存在的终极目的也必然是人类的自由及全面的发展。"如果认为法是为人而存在和发展的,那么它的存在和发展都应当具有人的根据。如果认为人的最基本属性是人的自由属性、社会属性和意识属性的话,人的自然属性也就会直接促使人类运用法律来保护人的生命、维护人的安全、追求人的幸福。"[②]科研经费管理制度作为规范科研经费使用的制度设计,其出发点和最终归属也必然要求秉承"人本主义"的理念和原则。

(一)人本主义概述

"人本主义"源于拉丁文 humanistas,也被称为"人道主义""人文精神""人文主义"等,"人本主义"的思想在中西方的历史上都曾经有过精辟的论述。早在古希腊时期,"人本主义"的思想就已经萌芽,当时诡辩派学者普罗泰戈拉提出"人是万物的尺度,是存在的事物存在的尺度,也是不存在的事物存在的尺度",[③]"希腊哲学家为探求人权的谱系提供了最有利的开端",正因如此,后人认为"古希腊思想最吸引人的地方之一是,它是以人为中心,而不是以上帝为中心"。[④] 我国古代典籍中最早出现"人本主义"思想的是《尚书》和《管子》,"民可近,不可下,民为邦本,本固邦宁"、[⑤]"夫霸王之所始也,以人为本",[⑥]与《尚书》和《管子》从维护统治秩

---

① 虽然有人提出在哲学上"以人为本"和"人本主义"是一对既有联系同时又有本质区别的概念(武步云:《人本法学的哲学探究》,法律出版社 2008 年版,第 7～13 页),但是我们从习惯用语出发,认为人本主义和以人为本是同一概念。

② 卓泽渊:《法的价值论》(第 2 版),法律出版社 2006 年版,第 2 页。

③ [英]罗素:《西方哲学史》(上卷),何兆武、李约瑟译,商务印书馆 1963 年版,第 111 页。

④ [英]阿伦·布洛克:《西方人文主义传统》,董乐山译,三联书店 1997 年版,第 14 页。

⑤ 《尚书·五子之歌》。

⑥ 《管子·霸言》。

序的角度不同，荀子认为“天之生民，非为君也。天之立君，乃为民也”。[①]

我国古典的“人本主义”思想大多数是从维护统治秩序的角度论证的，其“人本”中的“人”之所以“本”不在于其具有独立的主体地位而是可以实现王道或者霸道。因此，现代的“人本主义”思想主要是由古希腊继承和发展而来的，一般认为人本主义是指“任何承认人的价值或尊严，以人作为万物的尺度，或以某种方式把人性及其范围、利益作为课题的哲学”。[②]

1. 人本主义与神本主义

神本主义是第一个与人本主义相对的概念，同时，人本主义也是在冲破神本主义之后才得到确认和发展的。“人本主义”在古希腊萌芽之后并不是一帆风顺地驶入现代自由民主的汪洋大海之中的，而是经历了中世纪黑暗的山谷。欧洲中世纪，基督教一统天下，整个社会都处于教会神权的严密控制之下，所有的思想和行为都必须符合基督教的世界观——必须服从《新约》和基督教教义。“像其他科学和思想的分支一样，法律哲学也为教会及其教义所支配。”[③]因此，在这段时间法律是以神为本而非以人为本的，在以神为本的法律之下，神作为万物的尺度，而人的价值和尊严受到压制。

而随着文艺复兴和启蒙运动的兴起，神本主义受到了古典自然法学家和哲学家的猛烈抨击。人开始从宗教神权中独立出来，人的价值开始得到重新的认识。“以个人主义为核心的人文主义，以自由、平等为口号的人道主义，以唯心史观为基础的抽象的人性论，成为资产阶级人权理论最早的思想渊源。”[④]从神本主义中重生的人本主义思想也成为新兴的资本主义法哲学的核心思想，康德认为，“法律就是在使每个人的意志根据

---

① 《荀子·大略》。

② 杨寿堪、李建会：《现代科学主义与人本主义哲学的基本特征及其走向》，载《学术月刊》2001年第11期。

③ [美]E. 博登海默：《法理学：法律哲学与法律方法》，邓正来译，中国政法大学出版社2004年版，第27页。

④ 付子堂主编：《法理学进阶》（第5版），法律出版社2006年版，第145页。

自由的普遍法则与别人的意志共存并处的条件下的综合”，[①]黑格尔更直接地表述为“法的命令是：成为一个人，并尊敬他人为人”。[②]

2. 人本主义与物本主义

通过文艺复兴、思想启蒙运动以及资产阶级革命，法律走出了神本主义从而重新确立了人本主义的领导地位。整个人类社会开始日益呈现现代性的特征——工具理性占据主导地位，具体而言“在政治方法，现代性标志着民族国家和与之相应的现代行政组织和法律体系的建立；在经济方面，现代性标志着资本主义新世界的体系趋于形成，包括世界性的市场、商品和劳动力流动；在社会方面，现代性标示着相对社会的个人自由、个人本位理念的建立；在意识形态方面，现代性标示着人在挣脱宗教的掌控之后，开始过着一种世俗化的生活，理性和科学成为人认识世界的武器”。[③] 人本主义提高人的地位，使人的理性取代了“神谕”成为人类认识世界的工具，但是随着工具理性逐渐占据主导地位，人类社会出现了现代化悖论——现代化是以“人本主义”为基础的，但是随着现代化中工具理性的肆意侵入导致人日益被“工具化”，社会呈现了“物本主义”的特征。即人本主义创造了工具理性而工具理性的异化反过来摧毁了“人本主义”并将整个社会带入了“物本主义”。

3. 人本主义与国家主义

“人本主义”除受到来自“神本主义”和“物本主义”的侵蚀外，在现实生活中，人本主义最直接的危险是来自强大的政府，人类在很早之前就已经有了驯服“利维坦”的思想，“到文艺复兴时期，资产阶级思想家用人道主义的思想来反对封建主义对人的压制，并以此来论证民主主义。这时候的人道主义，就是一种民主主义，其内涵是自由、平等与博爱。”[④]国家主义和人本主义的区别在于：法律的目的是保障国家权力的行使还是保障公民权利的实现；法律的运行体现为国家权力的运行还是体现为作为人

① 法学教材编辑部《西方法律思想史编写组》编：《西方法律思想史资料选编》，北京大学出版社1983年版，第399页。

② [德]黑格尔：《法哲学原理》，范扬、张企泰译，商务印书馆1982年版，第46页。

③ 李永成：《经济法人本主义论》，法律出版社2006年版，第46页。

④ 吴建、舒美芹：《从人道主义的发展来揭示发展的人道主义》，载《前沿》2012年第3期。

的法律行为和法律活动。①

(二)人本主义对完善科研经费管理制度的价值

1. 明确科研经费管理目的

不同的科研经费管理目的必然生成不同的制度设计。针对目前科研经费使用的乱象,大多数学者都是从财务管理监督的视角来论证科研经费管理这一问题的,其建构起来的制度也许可以解决科研经费存在的某些问题。但是这种对策式的建议,由于没有明确科研经费管理的目标,极容易落入"物本主义"和"国家主义"理念下"为了管理而管理"的窠臼。从而忽视了科研经费管理中的"人本主义",导致无法实现科研本身的目的。

《国家自然科学基金条例》第1条规定:"为了规范国家自然科学基金的使用和管理,提高国家自然科学基金使用效益,促进基础研究,培养科学技术人才,增强自主创新能力……"《国家社会科学基金项目经费管理办法》第一条也做出了类似的规定:"为了规范和加强国家社会科学基金项目经费管理,提高资金使用效率……"这是目前我国对于科研经费管理目的最典型的规定,从这个规定可以看出对科研经费的管理重经费使用的规范而相对忽视科研创新和科研人员的权利保障——"重费轻人"的"物本主义"和重权力轻权利的"国家主义"。现行规定无法回应《国家中长期科学和技术发展规划纲要(2006~2020)》中"深化体制改革,完善政策措施,增加科技投入,加强人才队伍建设,推进国家创新体系建设,为我国进入创新型国家行列提供可靠的保障"的要求,更不用说践行"人本主义"的法律理念和原则。

科研项目设立的目的是鼓励学术创新,所以科研经费管理不能违背这一根本目的。在科研经费的管理中,应当是以"人本主义"为理念,明确"鼓励学术创新和保障科研人员权利"的制度目的,在合理利用经费的基础上通过相关制度设计实现知识创新进而推动社会发展。

2. 理清科研经费管理思路

针对目前科研经费管理中存的问题,很多学者提出了完善科研经费

---

① 参见张洪涛:《国家主义抑或人本主义——转型中国法律运行研究》,人民出版社2008年版,第56页。

管理制度的总体思路。有学者提出将程序正义的理念融入科研项目管理之中；[①]有学者从学术自由的角度来讨论了高校科研经费的管理问题，并提出将法治化建构作为其保障；[②]还有学者从完善国库集中支付制度的角度来讨论科研经费管理制度；[③]也有学者将理顺科研管理部门、经费管理部门、课题组三者之间的关系从而保障科研工作的顺利进行作为总体思路；[④]有学者将促进发展、改革创新、注重效益、利益兼顾、上下结合作为完善科研经费管理制度的原则。[⑤]

现有的研究成果，除程序正义和学术自由保障外都没有涉及"人本主义"理念，而只是方便行政管理的需要从而带有严重的国家主义色彩，这从根本上违背了科研经费管理制度的目的。而程序正义仅仅是"人本主义"的一个方面而已，所以科研经费管理制度应当在人本主义理念的指导下以保障科研人员学术自由、激励科研人员的学术创新为思路来建构。

3. 走出科研经费管理的困境

目前科研经费既存在使用不规范、虚报、套取等方面的违法行为；同时又存在管理过死、报账程序烦琐等方面的问题，在一些高校甚至出现凌晨排队报账的情况。据孙宪忠教授的调研发现，"目前已经有大量的科研人员放弃申报科研项目，大学教授以上级别的科研骨干普遍的反映是，当前只要做好教学等本职工作即可，不再愿意做科研项目……国家社会科学基金法学研究项目评审、教育部法学研究项目评审、司法部法学研究项目评审、中国法学会研究项目评审、北京市和上海市法学研究项目评审，发现这几年申报人的科研实际水平呈现下降趋势，不论是申请立项材料还是结项材料，都很少有优秀的作品。其中最主要的原因，就是现在的科

---

① 参见王芳：《程序正义视角下科研项目审批权的法律规制》，载《青岛科技大学学报》（社会科学版）2015 年第 1 期。

② 参见郑毅：《高校科研经费管理与学术自由的保障研究——以〈中央和国家机关差旅费管理办法〉第 25 条为切入点》，载《当代法学》2015 年第 3 期。

③ 参见刘卫民、严会超、尹北晖：《基于国库集中支付制对加强高校科研经费管理的思考》，载《科技管理研究》2008 年第 8 期。

④ 参见孙玉霞：《从高校科研管理现状看科研经费管理的思路》，载《经济师》2006 年第 8 期。

⑤ 参见常笑霓、王心雁：《高校科研经费管理监督中的问题及对策研究》，载《北京航空航天大学学报》（社会科学版）2006 年第 3 期。

研经费使用管理制度,对于科研的促进发挥了不友好的作用,使最有科研能力和经验,也就是以前的科研骨干群体不得不退出了项目的申报”。[①]甚至有学者在网上公开喊出“申请课题项目,学者应三思而行”的口号。[②]科研经费使用的乱象带来科研经费管理的困境:如果放任科研经费的乱用,那么虚报、套取科研经费等现象将可能层出不穷,并最终影响创新型国家的建设;而加强科研经费使用的监管则会让多数教授不愿意再申请科研项目,这也会影响科研成果的质量并最终不利于创新型国家的建设。

科研经费管理的困境主要是由于现行科研经费制度所造成的:为了规范科研经费使用情况,现行制度并不是从“人本主义”出发来建构的以人为本的科研经费制度,而采取的是以增加管理环节和烦琐程序为主要表现的“物本主义”和“国家主义”的管理制度。在这种烦琐的程序之下,科研工作人员在报账过程中面临着财务上的严重不信任,忙于填写各式的报表从而沦为会计。[③] 而最近曝出的“万亿科研经六成用于开会”的新闻,受到社会广泛的关注和批评,[④]姑且不论该新闻统计数据是否属实,之所以在科研经费中会议开支占到如此高的比重,在很大程度上是因为现行的科研经费报销制度对发票的信任远远胜过对科研人员本身的信任——很多开销在现实生活中是无法开具发票的,特别是进行社会调研的过程中。正是因为这种以“物本主义”为基础的、带有“国家主义”色彩的科研经费管理制度才使科研经费的使用存在比例严重失调的情况。为了走出科研经费管理中“一放就乱,一管就死”的困境就必须反思以“物本主义”和“国家主义”为基础的科研经费管理制度,以“人本主义”为理念和原则来重构我国科研经费管理制度。

---

① 孙宪忠:《关于建立“科研友好型经费使用管理制度”的建议(第二次征求意见稿)》,载中国法学网:http://www.iolaw.org.cn/showArticle.aspx? id = 4681,最后访问日期:2016 年 4 月 3 日。

② 《申请课题项目,学者应三思而行》,载壹学者网:http://www.1xuezhe.com/WeMedia/WeMediaContent? id = 20,最后访问日期:2016 年 4 月 13 日。

③ 参见《科研人员忙于填表没空搞科研,为报销经费当起会计》,载新华网:http://news.xinhuanet.com/politics/2015 - 12/27/c_128570346.html,最后访问日期:2016 年 4 月 25 日。

④ 参见《万亿科研经费到底去哪了》,载人民网:http://leaders.people.com.cn/n1/2016/0215/c58278 - 28124186.html,最后访问日期:2016 年 4 月 3 日。

（三）人本主义对科研经费管理具体制度的指引

1. 以信用制度代替基于不信任的发票制度

目前，科研经费管理采取的是以发票为基础的“物本主义”和“国家主义”的管理制度，在具体报账过程中只认发票，对于没有发票的其他开支一律不予报销。同时对于发票还有一系列的限制：哪些项目的发票才能报销、每个项目的发票不得超过多少比例、发票开具时间的限制等。可以毫不夸张地说，这一套基于严格发票制度而形成的管理模式是对科研人员的极度不信任，甚至可以说在某种程度上严重损害了科研人员作为知识分子的尊严。“人本主义”的理念和原则要求走出这种“物本主义”和“国家主义”的管理制度，建立基于个人信用为基础的科研经费管理制度。

2. 以成果导向代替经费使用导向

目前，科研经费管理制度片面注重经费的使用情况而忽视科研成果的质量，重视科研经费的会计审查而忽视科研经费的效益考量。以“经费使用为导向”的科研经费管理制度从本质上讲是一种“物本主义”的制度设计，其关注的是资金的使用。“人本主义”理念和原则要求在进行科研经费管理的具体制度设计之时，应当以科研人员为主体，即以科研成果的质量为导向。

3. 合理的报酬制度

无论是自然科学还是社会科学，都会涉及劳务费的问题。但是我国目前科研经费管理办法明确规定劳务费只能支付给“直接参与项目研究的在校研究生和其他课题组临时聘用人员”，[①]而对有固定工作的项目负责人和项目组成员则不允许领取劳务费用。可以说，现实中出现的套取

---

① 《国家社会科学基金项目经费管理办法》第4条第8项。几乎所有的科研经费办法都作出了类似的规定。当然，最近有地方开始对科研经费中的劳务费用制度进行改革，如重庆市将人力资源费比例从以前的不到5%提高到30%～60%，并实行签字领取制度（参见《重庆市推出科研项目与科技经费管理“七条新政”》，载魅力重庆网：http://www.huaxia.com/mlcq/zqsy/bysk/2016/04/4807762.html，最后访问日期：2016年4月9日）；湖北省将提高科研人员科研劳务收入比重，对承担省内企业委托研发项目的高校院所研发团队和科技人员，可在项目经费中获得科研劳务收入，属于软件开发类、设计类、规划类和咨询类项目的比例最高可达团队使用经费部分的70%，其他项目比例最高可达50%（参见《湖北科研人员报酬可占项目经费7成，职称与企业服务挂钩》，载荆楚网：http://news.cnhubei.com/xw/jj/201511/t3446343.shtml，最后访问日期：2016年4月9日）。

科研经费的情况在很大程度上是由于劳务费在科研经费中的比例过低导致的。不允许拥有固定工作的科研人员从科研经费中获得劳务费用的做法违反了"人本主义"理念和原则,其不利于激励科研人员进行学术研究。因此,应当给予科研人员以适当的报酬以对其进行激励。

4. 救济制度

在进行科研经费管理,特别是在实施科研评估之后的经费追回等措施时,会严重影响科研人员的利益,这不仅是物质利益,更重要的是学术声誉。所以基于"人本主义"理念和原则的要求,科研经费管理制度的构建应当考虑建立申诉等救济制度。同时,需要将程序正义的理念贯穿科研经费管理的全过程。

二、"矛盾衡平"的法律理念和原则

任何一项制度都会面临价值冲突、价值选择和价值整合的过程,通说认为法律制度在进行价值整合的过程中需要遵循"兼顾协调的原则""法益权衡的原则""维护法律安定性的原则"。[①] 科研经费管理制度也不例外,由于其涉及多方主体、多元化的经费来源途径、多层次的项目等导致其也必然存在各种矛盾需要衡平。

(一)衡平学术自由与经费管理之间的矛盾

学术自由是思想自由的重要组成部分,自由对学术研究来说具有极其重要的意义。而根据英国学者迈克尔·博兰尼的观点,学术自由是指,"包括选择自己探究问题的权利,不受任何外在控制的自由从事研究的权利,以及基于自己的见解教授自己的课题的权利"。[②] 正如所有的自由都有一定的界限一样,学术自由也有来自意识形态、大学制度和学术规范等方面的限度。[③]

---

① 张文显:《法理学》(第3版),法律出版社2007年版,第315页。

② [英]迈克尔·博兰尼:《自由的逻辑》,冯银江、李雪茹译,吉林人民出版社2002年版,第36~37页。

③ 参见谢俊:《大学的学术自由及其限度》,西南大学教育学院2010年博士学位论文,第19~21页。

1. 学术自由与经费管理之间出现矛盾的原因

首先,学术自由作为自由和权利的一种,和其他自由和权利一样并不是绝对的,其需要受到来自权利内在和外在的限制。如前文所述,学术自由需要受到来自意识形态、大学制度以及学术规范这些外在的限制,因为学术自由必须符合社会伦理,必须在一定的组织之上才能得以实现,同时学术有自己的规律和规范体系。而一个国家的科研管理制度从很大程度体现了意识形态、大学制度和学术规范的内在要求,既是对学术的鼓励同时也形成了对学术的引导,从而构成对学术自由的限制。集中体现科研管理目的的科研经费管理制度就必然会在实践中与学术自由产生一定的矛盾。

其次,权力主导的科研体制导致科研经费监管目的异化,从而带来学术自由和经费管理之间的矛盾。理想状态下的科研经费管理制度是有利于学术自由的开展,而实际由于我国目前的教育和科研体制整体而言是由权力主导的,科研经费作为现有教育、科研体制的一部分也必然带有权力色彩。权力主导下的科研经费管理一方面并不会尊重科研工作人员,另一方面由于其缺乏公开透明的机制和监督制度而导致腐败现象的高发。[①]

最后,科研经费预算编制方面的不足导致其侵害了学术自由。我国目前所有的项目都要求编制相应的预算,一方面,科研人员并非专门的财务人员;另一方面,对于科研活动产生的间接费用、协作费用和劳务费用并不能完全纳入科研经费预算进行编制。[②] 正是由于存在这方面的问题,才导致科研经费预算编制的不完全和不真实,从而形成学术自由与现行科研经费管理制度之间的矛盾。

2. 学术自由与科研经费管理矛盾的表现

首先,侵犯科研人员的经济利益。虽然企业日益在科研活动中扮演重要的角色,但是按照我国目前的科研体制,科研活动主要发生在科研机

---

① 参见梁发芾:《权力主导的科研经费分配必然腐败》,载《中国经营报》2013 年 10 月 21 日,第 D07 版。

② 虽然湖北、重庆等地开始提高劳务费在课题经费中的比例,但是目前大多数科研项目的劳务费仅限于参加课题的研究生以及临时聘用的没有工资的人员,而所占比例一般为 5%。

构和高等院校中，特别是社会科学的研究。虽然科研机构和高等院校的科研人员有相对比较固定的工资收入，但是科研经费依然是其开展科研活动最重要的物资保障。目前不合理的科研经费管理制度，极容易导致“原可获偿科研活动的成本被转嫁至教师身上”。[①] 这种科研经费仅能弥补科研成本甚至出现“越做科研越穷”的局面，最终必定会对学术自由造成伤害。

其次，影响正常的学术交流。学术交流是学术自由的重要组成部分，除少数课题外，调研是开展科研活动必不可少的一个环节。而目前我国对调研所产生的差旅费采取两种方式进行管理：对国内调研产生的差旅费按照国家关于差旅费的相关规定进行开支，具体就是2013年12月财政部下发的《中央和地方机关差旅费管理办法》；对国外调研则需要所在单位和科研项目的设立机构同意方可进行。这种将学术交流等同于公务人员出差的做法“对科研活动产生了阻滞效应，以致对学术自由构成了不当妨害”。[②]

最后，影响学术积极性。目前，不当的经费管理制度侵害了科研人员的经济利益、影响了正常的学术交流，更重要的是这种建立在“物本”主义基础上的报销制度极大地损害了科研人员作为知识分子的尊严。凡此种种，最终的结果就是影响学术的积极性。

3. 衡平学术自由与科研经费管理之间矛盾的思路

一般而言，衡平互相矛盾的两个制度、价值，应当首先考虑是否能够兼顾，如果不能再考虑谁享有相对优先地位。对学术自由与科研经费管理之间矛盾的衡平也应当遵循同样的思路。

首先，重构科研经费管理制度以兼顾学术自由与经费管理。学术自由与科研经费管理虽然存在矛盾之处，但是其也存在统一的一面，即理想的科研经费管理制度有利于实现学术自由，同时理想的学术活动也不会妨碍科研经费的管理。所以，衡平学术自由与科研经费管理之间矛盾的首要选择是结合我国科研活动和科研经费管理的现实情况，总结存在的

---

① 郑毅：《高校科研经费管理与学术自由的保障——以〈中央和地方机关差旅费管理办法〉第25条为切入点》，载《当代法学》2015年第3期。

② 同上。

问题,在"人本主义"理念的支撑下重构科研经费管理制度,通过科研经费管理来激励科研活动从而推动学术自由。

其次,树立学术自由相对优位的原则。完全兼顾学术自由与科研经费管理的制度毕竟只是理想,而即使一套完善的科研经费管理制度也只能在总体上实现学术自由与科研经费管理的和谐共生。因此,对于现实生活依然会出现的两者之间的矛盾应当采取价值位阶的方式来实现衡平。学术自由是思想自由的重要组成部分,是实现社会发展和进步必不可少的价值,其具有最终目的性;科研经费管理的目的应当是有利于实现学术自由,所以其价值具有工具性。基于此,当学术自由和科研经费管理之间的矛盾不可兼顾之时,应当树立学术自由相对优位的原则。

(二)衡平政府、市场与社会三者之间的矛盾

政府、市场和社会是推动历史发展的三股力量,虽然不同的历史时期这三股力量之间的比重各不相同。但是毫无疑问,三股力量都各有其优势,并且在现代社会往往是交织在一起的。科研经费管理中也存在政府、市场和社会三者的合力,要建构起合理的科研经费管理制度就必须重视这三者之间的关系并衡平可能出现的矛盾。

1. 科研经费领域出现政府、市场与社会三者矛盾的原因

首先,科研成果从本质上来讲属于准公共产品。经济学根据产品收益是否具有排他性和消费是否具有竞争性而将产品分为公共产品、准公共产品和私人物品。公共产品,是指那些收益不具有排他性同时消费也不具有竞争性的物品,而准公共产品,是指具备公共产品部分特征的物品。科研成果就属于准公共产品,虽然随着知识产权的确立导致科研活动的收益具有一定的排他性,但是科研成果的消费不具有竞争性。科研成果最终会带动整个社会的发展,科研产品作为准公共物品也就必然地带有强烈的正外部性。这些都导致科研产品不能仅依靠市场来提供,因为市场会出现盲目性、自发性和滞后性等市场失灵。传统观点认为,克服市场失灵需要进行政府干预,但是"政府的缺陷至少和市场一样严重",[①] 这就是人们常说的政府失灵。市场失灵和政府失灵的现实导致了重视以

---

① [美]詹姆斯·布坎南:《自由、市场与国家》,吴良健等译,北京经济学院出版社 1998 年版,第 28 页。

“第三部门”为标志的社会机制的出现,但是社会机制并非对政府和市场的代替而是对其的弥补。因此,基于科研成果是准公共物品的性质导致科研经费管理中必然会出现政府、市场和社会之间的矛盾。

其次,科研经费领域出现政府、市场与社会三者矛盾的原因还在于科研经费来源的多元化。科研经费的来源途径主要分为以下三种:政府固定投向科研机构、高等院校的用于科研的财政资金以及政府设置的各种课题,如社会科学基金、自然科学基金等;来自企业以及一些风险机构的资金,这主要发生在产学研结合比较紧密的领域,如大多数横向课题;来自社会公益组织的科研资金,目前,我国在这方面还比较缺乏,但是随着社会组织的发展,这方面课题经费的来源也会逐步增加。这三种资金来源分别代表了政府、市场和社会,而不同资金来源的课题之间无论是在目的、使用原则还是监管方式上都存在不一致的地方,所以会存在矛盾需要衡平的情况。

2. 科研经费领域政府、市场与社会三者矛盾的表现

首先,忽视科研成果准公共产品的性质。目前,我国科研经费管理存在的问题之一就是忽视科研成果准公共产品性质所带来的正外部性问题:由于社会整体受益但行为者没有获得相应的补偿而导致动力不足,所以对准公共产品一般都会建立相应的激励机制。而我国目前的科研经费管理将主要甚至是全部的着力点放在经费的具体使用上,而缺乏从成果角度的激励性机制,这不仅是对科研人员利益的损害,长此以往必将损害到社会发展和科研创新。

其次,不区分科研经费来源而采取政府主导型的统一管理。不同来源途径的科研经费有着不同的目的和使用规则,但是我国目前对所有的科研经费采取的都是一律按照政府资金的方式进行管理。教育部和财政部在 2005 年下发的《关于进一步加强高校科研经费管理的若干意见》中规定“必须将科研经费纳入学校财务部门统一管理。高校取得的各类科研经费,无论其资金来源,均为学校的收入,必须全部纳入学校财务部门统一管理、集中核算,并确保科研经费专款专用”就是这种管理模式的具体体现。

3. 衡平科研经费领域政府、市场与社会三者矛盾的思路

首先,建立科研成果激励机制。建立科研成果激励机制是正视科研成果作为准公共产品具有正外部性的做法。财政部在解答科研项目经费中能够列支人员性费用时所阐发的“课题组成员中编制内有工资性收入的科研人员,由于目前国家财政按照相关工资制度和财政预算管理规定,对正式在编的科研人员已经通过部门预算安排了相应的人员经费,因此一般不允许直接在项目中列支此类人员的人员性费用”,[①]是一种典型的片面重视科研经费中政府作用而忽视市场和社会的看法。

其次,对来源不同的科研经费实行不同的管理方式。总体而言,对来自政府的科研经费按照财政资金进行管理在方向上没有大的问题,但是应该在尊重科研规律的前提下,在“人本主义”思想指导下进行完善;对来自社会和市场的科研经费则不能按照财政资金进行管理,而是应当尊重社会和企业设立科研项目的目的以及课题双方的协议。

(三)衡平基础研究、应用研究与事务性研究之间的矛盾

基础研究和应有研究是一组相对的概念,“基础研究,是以发现自然规律和发展科学理论为目标的研究。它是社会和科学本身发展的重要基础……基础研究一旦取得重大突破,就会推动整个科学技术和社会生产的突飞猛进……应用研究则是为特定的应用目的所进行的技术发展性研究……它可以将基础研究的知识成果转化为技术能力;同时将技术、生产的信息反馈给整个科学体系以促进科学研究的发展”。[②] 由此可见,基础研究和应用研究在相辅相成的同时也具有极大的区别。而事务性研究则是指科研人员所从事的与所在单位业务工作相关的研究,其具有长期性、重复性。

1. 基础研究、应用研究与事务性研究之间出现矛盾的原因

首先,三者存在矛盾的根本原因在于我国现行的科研体制。我国科研体制在1979年之前长期实行的是“机构式”的行政配给制;1985年我国开始实行科研体制改革,实现以科研合同为基础的“项目制”与行政配给

---

① 《财政部解答:科研项目经费中能否列支人员性费用?》,载新浪财经网:http://finance.sina.com.cn/roll/20101109/16558925118.shtml,最后访问日期:2016年4月17日。

② 王超群:《试论正确处理基础研究与应用研究的关系》,载《科技信息》1997年第9期。

制的分流;在此之后我国不断完善“项目制”从而转变政府职能、建立科技人员的社会化管理体系等。这种科研体制以及科研体制之下的科研人员组成结构带来了两个方面的问题:事务性研究比重较大;国家政策的应用型课题比重较大。但是随着科研面向市场以及科研人员社会化管理的稳步推进,导致科研人员对原单位的人身依附性降低,这为科研人员进行多样化的课题选择提供了可能,从而形成基础研究、应用研究与事务性研究之间的矛盾。

其次,科研经费来源的多元化导致科研目的的多样化。传统的科研经费只来自国家财政而科研人员属于体制内人员,这样即使是国家科研政策发生变动,但是在一定时间内也不会出现基础研究、应用研究与事务性研究之间的矛盾。而随着科研经费来源的多元化,如企业资金和社会资金开始进入科研领域,甚至是不同层级的政府科研项目往往对基础研究抑或是应用研究的侧重也有不同,这就必然导致基础研究、应用研究与事务性研究之间矛盾的凸显。

最后,如果研究人员知识结构是全面且精深的、时间是完全充足的,那么基础研究、应用研究与事务性研究之间的矛盾也就不会出现乃至凸显。正是因为科研人员的知识结构存在差异、科研时间有限导致的机会成本问题,才会使三者之间的矛盾需要衡平。

2. 基础研究、应用研究与事务性研究之间矛盾的表现

首先,科研管理机关过于重视事务性研究,或者将非事务性研究等同于事务性研究对待。前文提到的财政部解答“科研项目经费中能够列支人员性费用”问题时的观点就是将所有的研究都视为事务性研究的体现。同时,各科研机构和高等院校将科研任务的完成与绩效工资挂钩的做法,即使不能完全说是混淆事务性研究和非事务性研究的举措,至少也是没有能够完全区分事务性研究和非事务性研究的表现。

其次,各类课题的目标不明晰。基础研究相对应用研究,无论是在投入的时间还是投入的资金上都要求更高,并且基础性研究的不确定性也要大于应用型研究。但是基础研究的突破才能从根本上推动科技和社会的进步,也才能在此基础上进行应用研究。正是由于基础研究和应用研究的区别导致不同类型特别是政府不同级别的课题应当具有不同的

目的导向。而目前各类课题特别是政府各类课题的不同目的导向并不明显。[①]

最后,正是因为各类课题的目标不明晰,导致紧跟政策热点的应用研究比重过大,而基础研究偏冷。这当然也有基础研究由于投入较大而产出不明确带来的科研人员理性选择的原因,但是很大程度上是因为科研经费管理中没有衡平好基础研究和应用研究之间矛盾。

3. 衡平基础研究、应用研究与事务性研究之间矛盾的思路

首先,清晰界定政府各级课题的类型。[②] 鉴于基础性研究时间和资金投入较大以及产出不确定性所带来的风险,国家级课题的重点应当在重大基础性研究;而地方对地方实际需求比较了解,部委对相关具体行业比较熟悉,所以地方和部委的课题应当在具体领域的基础性研究以及应用研究之上。据此,通过衡平基础研究和应用研究形成较合理的科研目标层次体制。

其次,尊重研究人员的主体性。科研人员自身的知识结构、专长和爱好是个人选择基础研究、应用研究和事务性研究的关键性因素。应当改变行政配给制留下的指令式的研究课题选择模式,在"人本主义"的理念之下尊重科研人员的主体性,由科研人员自己选择从事基础研究还是应用研究。

(四)衡平竞争性经费与稳定性经费之间的矛盾

根据科研经费的获得是否需要通过竞争,可以将科研经费分为"竞争性经费"和"稳定性经费"两种。竞争性经费也称竞争性资助,是指"公权部门发布指南,研究者基于课题或项目进行申请,经过同行评议,择优资助,然后中标者以课题组方式开展研究,并最终以既定的项目成果形式完成项目验收的资助形式",稳定性经费也称非竞争性经费,是指"不需要进行同行评议,不以项目指南为依据的科研经费"。[③]

---

① 相对而言,企业和社会资助的课题具有较为明显的应有导向,当然也有部分企业和社会资助的课题是属于基础研究的。

② 对社会和企业资助的科研项目,应当根据社会和企业设立课题的目的以及与课题组成员签订的科研合同确定,本着契约精神不当对此进行干涉。

③ 田华、肖瑜:《竞争性资助与非竞争性资助关系研究》,载《科技进步与对策》2014 年第 15 期。

1. 竞争性经费与稳定性经费之间出现矛盾的原因

有学者将科研活动的特点归纳为"成果的首创性""成果的非排他性""产出的不确定性""成果的不可描述性或不可验证性""行为的不可观察性"这五个方面。[①] 这些特点正是竞争性经费和稳定性经费之间出现矛盾的原因所在。

首先，科研活动非排他性的规律。科研活动具有非排他性，即对一项科研活动可以许多人同时分别进行，并且科研活动需要前期智力和物质源源不断的投入。这就要求科研经费必须带有一定的稳定性。但是科研活动非排他性是由其准公共产品的性质决定的，准公共产品的性质带来了科研活动的正外部性，而正外部性效应的维持则需要带有竞争性的激励。因此，科研经费管理中存在竞争性经费和稳定性经费之间的矛盾。

其次，科研活动的首创性与产出不确定性之间的矛盾。科研活动的首创性是指一项科研活动的成就往往归功于首次取得科研成果的人，所以科研活动需要竞争性经费予以支持和激励。而科研活动产出的不确定性则要求必须提供稳定性经费，否则科研活动将会失去物质保障。

最后，行为不可观察性与成果不可描述性或不可验证性之间的矛盾。科研活动的行为具有不可观察性是因为科研活动特别是社会科学研究主要是一种智力投入的脑力活动，无法量化，所以需要提供稳定性经费。而科研成果不可描述性或不可验证性则需要引入同行评议。同行评议的引入也就理所当然的需要竞争性经费的支持。

2. 竞争性经费与稳定性经费之间矛盾的表现

首先，相对稳定性经费，竞争性经费的比重过大。根据学者们的归纳，我国科研领域中的稳定性经费主要包括基本科研业务费、[②]科研事业费[③]和

---

① 张昕竹、赵京兴、张晓：《科研资助的激励机制：理论与实践》，中国社会科学出版社2012年版，第5页。

② 参见蔡爱惠：《试论竞争性与非竞争性二元结构的高校科研资助体系》，载《中国行政管理》2012年第5期。

③ 参见康小明：《中国政府对大学科研的资助体系研究》，载北京大学中国教育财政科学研究所网：http://ciefr.pku.edu.cn/xmykt/gdjy/gdjy-8337.shtml，最后访问日期：2016年4月20日。

"985"和"211"高校享有的专项科研经费[①]。从稳定性经费的种类可以看出其规模较竞争性经费小,这不符合科研活动注重积累的规律。同时,"'211 工程'和'985 工程'专项资金的年平均财政拨款额占普通高等教育财政拨款和总经费的比例分别达到18%和10%左右",[②]这使本身比重偏低的稳定性经费出现严重的分配不公的问题。

其次,竞争性经费和稳定性经费转化困难。两者之间的转化主要发生在当竞争性项目完成后尚有经费结余的情况,而我国目前的规定主要是收回结余经费,这使竞争性经费无法转为稳定性经费。

3. 衡平竞争性经费与稳定性经费之间矛盾的思路

首先,提高稳定性经费并实现其公平分配。基于科研活动产出的不确定性以及脑力劳动的特点,要想"不让科研工作者天天跑项目"就需要提高稳定性经费的比重。[③] 同时,对稳定性经费分配应该打破现有的以高校级别为依据的分配体制,转而实行以科研人员为单位的分配模式,因为"无论在程序层面抑或实体层面都无法为'211''985'高校独享工程专项资金找到正当的依据"。[④]

其次,将竞争性经费转化为稳定性经费。当出现课题结项后尚有经费结余的情况,应当允许结余的经费转为稳定性经费用于课题组开展后续研究。这主要是由科研活动成果的首创性与产出的不确定性之间的矛盾决定的,同时,将竞争性经费转化为稳定性经费也符合科研注重积累的基本规律从而有利于课题组进行新的研究。

最后,适当加强后期资助项目。后期资助项目应当是一个衡平竞争性经费与稳定性经费之间矛盾的制度创新,其目的正如《国家社会科学基金后期资助项目管理办法》第 1 条所言,"鼓励广大社科研究者潜心治学,

---

① 参见田华、肖瑜:《竞争性资助与非竞争性资助关系研究》,载《科技进步与对策》2014 年第 15 期。

② 阎元:《我国高等教育财政投入与拨款模式研究——困境与改革》,东南大学经济管理学院 2006 年硕士学位论文,第 38 页。

③ 《科技部副部长:不让科研工作者天天跑项目》,载腾讯新闻网:http://news.qq.com/a/20150307/037907.htm,最后访问日期:2016 年 4 月 20 日。

④ 苗露强:《从公共财产法视角看高校"211""985"头衔之存废》,载刘剑文主编:《财税法论丛》(第 16 卷),法律出版社 2015 年版,第 190 页。

扶持基础研究的优秀成果”。

三、“权利义务对等”的法律理念和原则

权利和义务是法律关系的内容,“法是以权利和义务为机制调整人的行为和社会关系的,权利和义务贯穿于法律现象逻辑联系的各个环节、法的一切部门和法律运作的全部过程”。[①] 我国法学研究的范式曾经长期以来受以“义务本位”的阶级斗争范式的统治。在改革开放后,学界开始对阶级斗争研究范式进行了反思,并最终提出了“权利本位”的研究方式。[②]“权利本位”研究范式的支持者认为:法学关系的内容应当是权利和义务;而权利和义务之间的关系应当是权利为目的、义务是手段,即权利是第一性的、义务是第二性的。[③] 近年来,有学者基于“权利与义务在概念架构上的共性”“权利与义务在互相关系上的并重”“权利与义务在制度建构上的兼顾”“权利与义务在法律精神上的同扬”而提出了我国法学研究的范式应当从现在的“权利本位论”转向新型的“权利义务平衡论”。[④] 笔者认为,法学研究的范式由其所在的时代决定:在前资本主义时代,国家主义盛行以及公民权利意识的淡薄,所以奉行“义务本位”的研究范式;在资本主义以及建设社会主义法治社会的时期,“权利本位”逐渐取代“义务本位”而成为法学研究的主流范式;在现代或者后现代社会,个人不仅仅作为个体独立的存在,社会人的角色开始凸显,同时各种社会化问题的出现都呼吁“权利义务平衡”的研究范式。综上所述,现代法治研究的范式应当是一种“权利义务平衡”的范式,“权利义务对等”原则是“权利义务平衡”范式的应然之义,理所当然科研经费管理也必须体现“权利义务对等”。

---

① 张文显:《法理学》(第3版),法律出版社2007年版,第159页。

② 当然也有学者对此提出质疑,认为法律应当是“义务先定、权利后生”的。参见张恒山:《义务先定论》,山东人民出版社1999年版,第1~31页。

③ 参见张文显、于宁:《当代中国法哲学研究范式的转换——从阶级斗争范式到权利本位范式》,载《中国法学》2001年第1期。

④ 参见贺电、马楠:《当代中国法哲学研究范式的新发展——从权利本位到平衡范式》,载《社会科学战线》2014年第1期。

(一)科研经费管理的本质

1. 科研经费管理基本流程

如图5－1所示,我国高校科研项目管理分为三方主体:[①]科研项目的设立机构、负责具体监督及管理的高校(主要是科研处与财务处)、课题组。首先,由科研项目设立机构向社会发布课题指南,在很多情况下是正式下达到各个高校科研处(箭头1);之后科研处会组织、鼓励学校科研人员围绕课题指南进行申报(箭头2);科研人员确定具体选题之后,根据项目指南和高校具体的科研经费管理办法编制经费预算,当包含经费预算的项目申请书完成后需要分别报科研部门审核备案(箭头3)和财务部门立账(箭头4);当项目申请书和预算经过科研部门和财务部门审核后,由学校科研部门统一向科研项目设立机构申请(箭头5);[②]当科研项目获得立项后,科研项目设立机构根据经费管理办法会将课题的前期经费转入学校财务账户上(箭头6);此后课题组可以根据课题研究的需要向学校财务处申报各类开支(箭头7);当课题完成之后课题组成员需要编写结题报告由学校科研管理部门进行审核(箭头8),根据实际情况编报项目决算书由学校财务处审核(箭头9);审核通过之后,向科研项目设立机构申请结题(箭头10);如果尚有结余资金,则需要追回(箭头11)。[③] 当然这只是科研经费管理的大致流程,很多科研项目经费分为前期资金、中期资金和后期资金,这使经费拨付的流程更为复杂,但是其并未突破图5－1的流程,本质上只是增加其中某几个步骤的次数而已。

---

① 我国科研项目研究的主力分为:高等院校和科研院所,介于两者在管理流程上同质性远远大于异质性,所以本文以高校科研项目管理流程为例进行分析。

② 目前也有部分课题在申请阶段不需要学校的审核(不需要加盖学校科研处的公章),可以由申请者自行寄送相关材料,而在申请通过后再行办理相关手续。如2016年中国法学会部级课题申请就属于此类。

③ 现在大多数科研项目对结余资金都需要追回,但是也有部分科研项目允许结余资金转为课题组成员后期从事其他研究的经费。

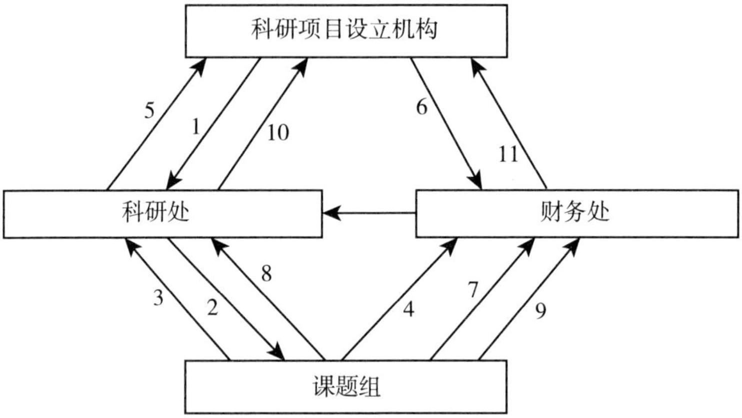

图 5-1 高校科研项目管理流程

2."项目制"运作基本流程

近年来,随着对中国政治运作探讨的深入,"项目制"开始为学界关注并日益成为学术热门话题之一。顾名思义,"项目制"关注的重点在于某一特定时期或阶段的工作。目前,学界对于"项目制"的认识有两种模式。其一,从财政专项资金的角度来认识"项目制"的,认为"财政资金的专项化正是实行分税制以后中国各级政府之间财政关系变化的一个重要现象……政府间的分配至今越来越一看'专项'或'项目'的方式进行……以期严格体现资金拨付部门的意志",①"项目制"资金"大多由'条线'部门采取专项支付或者项目资金的形式自上而下的转移和流动,而地方政府或基层需要通过申请项目的方式来获得"。② 其二,"项目制"不仅是一种财政运作模式,而是"日益渗透到我国的经济社会和政治生活中",③"是一种思维模式,决定着国家、社会集团乃至具体的个人如何建构决策和行动的战略和决策"。④

其实对于"项目制"的两种认识在本质上是一致的,"项目制"从根本

① 周飞舟:《财政资金的专项化及其问题——兼论"项目治国"》,载《社会》2012 年第 1 期。

② 折晓叶、陈婴婴:《项目制的分级运作机制和治理逻辑——对"项目进村"案例的社会学分析》,载《中国社会科学》2011 年第 4 期。

③ 郭琳琳、段钢:《项目制:一种新的公共治理逻辑》,载《学海》2014 年第 5 期。

④ 渠敬东:《项目制:一种新的国家治理体制》,载《中国社会科学》2012 年第 5 期。

讲是一种治理模式和思维方式,而最突出的表现就是财政项目资金。项目资金的具体运作机制存在发包、打包和抓包三个环节:[1]发包,是指国家和地方等掌握财政资金的部门通过项目指南等形式进行招标;打包,是指拿到项目的地方政府根据地方实际情况,按照一定的意图和目的对数个项目进行捆绑以形成一个综合性工程的行为;抓包,是指基层主动争取项目的行为。

3. 小结:科研经费的项目资金本质

从本质上来讲,科研经费属于"项目制"资金。而科研活动本身属于"项目制"的一种。首先,科研经费的来源属于项目设立机构的专项预算资金,[2]预算系统内部的专项资金属"项目制"资金的三大来源之一。[3] 其次,科研经费的运作流程和"项目制"资金的运作流程完全一致:科研项目的设立机构就是项目的发包机构;高等院校的就是打包机构,目前,高等院校对于科研项目申报管理中最明显的打包就是服务某些学科、基地的建设;课题组无疑就是发包方。最后,科研项目申请无疑已经成了一种学术研究的固定模式和思维,国家往往通过科研项目来引导学术走向,这也符合"项目制"的治理模式和思维方式定位。

(二)科研项目设立机构的权利义务对等

科研项目设立机构作为项目的发包方,是项目启动的关键。同时,作为项目发包方,其可以决定科研项目的目的(科研经费使用的目的)、经费分配和使用原则、经费编制、经费监督等方面的具体要求。

1. 确定经费使用目的的权利与保障学术自由的义务

和所有项目发包方一样,科研项目设立机构在发布项目申请指南之时甚至在决定设立科研项目之时就会明确该项目的目的。如国家自然科学基金的"促进基础研究,培养科学技术人才,增强自主创新能力";教育部人文社会科学研究项目的"推进高等学校人文社会科学事业的发展";

---

① 参见折晓叶、陈婴婴:《项目制的分级运作机制和治理逻辑——对"项目进村"案例的社会学分析》,载《中国社会科学》2011 年第 4 期。

② 参见贾康等:《建设创新型国家的财税政策与体制变革》,中国社会科学出版社 2011 年版,第 322 ~ 324 页。

③ 参见周飞舟:《财政资金的专项化及其问题——兼论"项目治国"》,载《社会》2012 年第 1 期。

司法部“法治建设与法治理论研究”部级科研项目的“为国家法治建设中的重大决策提供智力支持”；法学会部级课题的“着力研究党和国家工作大局中迫切需要解决的重大法学理论问题和法治实践问题，以及立法、行政执法、司法实践中的热点难点问题”。由此可见，虽然各科研项目对立其项目设置和经费使用的目的表述较抽象和宏观，但是不同的科研项目已经确立了明确且具有自己特色的目的。科研项目设置和经费使用的目的是作为发包方的重要权利，这些权利的行使需要承担保障学术自由的义务。即科研项目设置和经费使用的目的，是结合社会实际和发包方具体情况下作出的，其在于引导课题组开展相关研究，但是不得为课题组设置旨在限制正常学术研究的目的。

2. 确立经费分配、使用原则的权利与保障课题成员合法经济利益的义务

目前，几乎所有的科研项目管理办法或者科研项目经费管理办法都会以专章或者专节的方式具体规定科研经费分配和使用的原则。这些规定以类型化的方式规定了科研经费开支的范围，并对各种类型开支的比例及具体情况都作出了比较详细的规定。[①] 在确立科研经费分配和使用原则的同时不应当仅根据发包方的意愿，或者仅出于节约使用经费的考虑，而是应当充分考量参与科研项目的课题组成员的合法经济权益。即科研项目设立机构作为发包方有保障课题组成员的合法经济利益的义务。

3. 经费监管的权责统一

从某种角度上来讲，科研项目设立机构对项目经费使用情况的监督和管理的权力类似于行政机关所享有的行政权力，因为虽然目前科研项目资金来源多元化，但是大多数科研经费仍然来自国家财政资金。正因如此，有学者将科研合同定性为的行政合同。[②] 因此，与行政权力既是权利（力）也是职责的权责一致原则相同，科研项目设立机构对经费监管不

---

① 目前，科研经费开支的类型主要由设备及耗材费、资料费、会议费、差旅费、劳务费、管理费及其他组成。

② 参见江娟：《科研合同的定性——兼谈行政合同的界定》，载《宿州学院学报》2006 年第 6 期。

仅是其作为发包方的权利(力),同时也是其必须履行的义务。

4. 项目成果审核的权利与保障程序正义的义务

科研项目无论是采取专著、论文集、调研报告还是对策建议的方式结项,都需要相应的项目成果。而科研项目设立机构对科研质量把关的主要依据也在于对科研成果进行结项,对科研成果的质量进行审核是作为发包方的应然权利。而对审核不通过的科研项目将不再拨付后期资金甚至会追回已经拨付的所有资金。科研成果审核以及款项追回制度是保障科研成果质量、进行制度激励的有效举措,但是也应当看到这会严重影响科研人员的利益,这不仅仅是物质利益,更重要的是学术声誉。有学者已经提出要在科研项目管理中融入程序正义的理念。[①] 所以在科研成果审核的过程中应当最大限度地保障程序正义。

(三)科研项目监督机构的权利义务对等

高校的打包方性质决定了它作为课题组和科研项目设立机构的中间组织地位,学校科研部门和财务部门在实践中,一方面,其作为科研项目经费管理的直接和主要监督机构;另一方面,其本身在打包的过程中也带有自己的思量。这两方面的角色定位使其享有的权利和承担的义务较其他两个主体更为复杂。

1. 组织申报的权利与保障学术自由的义务

从图5-1可以看出,当科研项目设立机构发布申请指南之后(甚至很多时候这些项目的申请书并不对社会公开而仅仅是直接下达到科研机构和高等院校)。学校的科研部门会组织学校科研人员进行申报,同时,对于科研人员提交的项目申请书作初步审查,甚至在某些学校科研申请需要先经过科研部门举行的校内评审和答辩,而科研经费预算编制也需要获得学校财务部门的同意。财务部门对科研经费预算进行适当的审核可以看作通过强化预算编制来加强科研经费管理的一个举措,但是科研部门举行的内部评审以及不合理的预算编制审核都会损害科研人员学术自由的权利,同时也为权力不当干预学术活动提供了制度上的可能。因此,高校作为打包方享有组织科研项目申报的权利,同时,也必须肩负起

---

① 参见王芳:《程序正义视角下科研项目审批权的法律规制》,载《青岛大学学报》(社会科学版)2015年第3期。

保障学术自由的义务。

2. 对项目打包的权利与保障项目目的实现的义务

前文提到高校作为打包方并未单纯起到沟通科研项目设立机构和课题组的作用,而是在组织课题申报以及提供配套服务方面都有自己的考量。大多数学校对不同级别的课题提供不同的配套资金,这不仅是学校鼓励科研的举措,而是根据不同的配套资金来引导科研人员的课题申报选择。学校最明显的打包在于为了配合学校的发展以及学科建设的需要,如重点学科和重点基地的申报、加强某一学科的建设等,学校会在一定时间内鼓励、引导甚至摊派相关领域课题申请的任务。同时,学校也会利用现有的课题经过整合来实现学校规划和学科建设的需要。如一个学校确立最近几年的发展重点在市场经济法治方面,那么就会整合经济法有关市场秩序法的课题、民商法中有关公司治理方面的课题等来实现这一目的。目前,我国科研课题的设置机构众多,不同机构的科研项目的关注领域并不完全相同,各个高校根据自身发展需要对课题进行整合是一种最大限度利用现有资源实现扬长避短的做法。但是前文提到,各个机构在设立科研项目之时,就已经明确了相关项目的目的,而高校的整合容易与科研项目本身的目的形成冲突。所以高校在享有对项目打包的权利的同时也需要履行保障项目目的实现的义务。

3. 经费管理的权利与协助编制预算的义务

目前,我国科研经费管理在预算编制方面存在的最大问题就是预算编制的失真,这可能是因为课题组成员作为科研人员对于财政预算相关知识并不是十分了解,所以预算编制就不可能完全真实。而学校财务部门在进行科研经费管理中,除依据科研项目设立机构和高校本身的规定外,最大的依据便是经费预算。所以为了保证在科研经费管理中实现全额预算的目标,就需要在赋予财务部门管理经费权利的同时施加协助课题组编制预算的义务。

4. 经费使用监督的权利与保障课题组成员合法经济权益的义务

在科研经费使用的过程中,高校的财务部门享有全过程监督的权利,这是保障经费合理使用的必要措施。但是现行不合理的财务监督体制导致“为了报销科研经费,科研人员要精打细算,三天两头看财务报表,快变成会计了”，[①]同时，高校财务人员态度恶劣已经成为高校科研人员之间的共识。之所以出现这种局面，主要是因为科研经费管理制度在赋予财务部门监督科研经费使用权利的同时，并没有设置相应的义务——保障课题组成员合法经济权益的义务。建立经费使用监督的权利与保障课题组成员合法经济权益的义务之间的对等关系，关键在于“不能用管理行政人员办法管理教学科研人员。要通过体制机制改革来激发科技创新活力”。[②]

（四）课题组的权利义务对等

在科研项目的运行过程中，课题组是具体承担科研活动的主体。如果从“人本主义”的理念出发，那么课题组是科研经费管理的目的性主体，前文论述过在科研经费管理过程中课题组应当是目的而非手段。可以说，课题组享受的权利和承担的义务直接关系科研成果的质量。

1. 获得报酬的权利与取得学术成果的义务

科研项目之所以发布课题申请指南，其目的是获得相应的学术成果。而科研活动本身需要消耗课题组成员的物质财富以及付出艰苦的脑力劳动，对此需要给予经济上的弥补；同时，前文论述过科研活动具有准公共产品的性质，这决定了科研活动带有强烈的正外部性，为了保证和加强科研活动正外部性效应就需要通过建立一定的激励机制，而经济激励是激励机制的重要组成部分。因此，无论是出于弥补还是因为激励，课题组的科研人员都享有获得报酬的权利。但是这些报酬是建立在对科研活动的支持和鼓励之上的，所以课题组的科研人员也负有取得合格科研成果的义务。

2. 科研经费使用的权利与接受科研经费监管的义务

既然科研经费是用于对科研活动中课题组科研人员的弥补和激励，那么课题组特别是课题主持人理应享有科研经费使用的自主权。但是科

---

① 谷玥：《科研人员忙于填表没空搞科研　为报销经费当成会计》，载新华网：http://news.xinhuanet.com/politics/2015-12/27/c_128570346.htm，最后访问日期：2016年4月25日。

② 《李克强：不能用管理行政人员办法管理科研人员》，载上海市人民政府网：http://www.shanghai.gov.cn/nw2/nw2314/nw2315/nw39329/userobject82aw19017.html，最后访问日期：2016年4月25日。

研经费的使用必须符合科研项目设立机构所规定的经费管理办法以及所在高校关于科研经费管理的具体措施，这就意味着课题组的科研人员在享有科研经费使用自主权的同时，还需要接受来自高校财务部门的监督与管理。

3. 接受同行评议的义务与程序正义保障的权利

现在科研项目的申请和结项大多采取同行评议的方式进行，同行评议是考察课题组研究能力和研究成果质量的重要措施，但是同行评议的结果可能会对课题组的经济利益以及声誉带来不利的影响，所以课题组应当享有包括合理救济制度在内的程序正义的保障。课题组“接受同行评议的义务与程序正义保障的权利”与科研项目设立机构的“项目成果审核的权利与保障程序正义的义务”属于一个问题的两个方面。

四、“成本效益”的法律理念和原则

法律制度的最终目的是实现公平正义，但是公平正义却是需要成本的。所以一项制度能否取得预期的效果不仅仅取决于制度设计的理念是否先进、制度本身是否符合公平正义等，还在于制度是否经受得住成本效益原则的考量——制度的成本能否为社会接受。科研经费管理领域也同样会存在“成效益”的问题。如国务院于 2006 年 2 月 7 日印发的《〈国家中长期科学和技术发展规划纲要（2006～2020 年）〉若干配套政策的通知》就明确提出要“建立财政科技经费的绩效评价体系”；《国家高新技术研究发展计划（“863 计划”）专项经费管理办法》《国家重点基础研究发展计划（“973 计划”）专项经费管理办法》《国家自然科学基金条例》《国家社会科学基金项目经费管理办法》等都将“提高资金的使用效率”作为立法目的之一。

（一）“成本收益”概述

“成本效益”原本是经济学的概念和分析模式，传统观点认为，法律和制度的目的在于追求公平正义而不需要考虑成本效益。但是任何法律制度无论是在立法、执法、司法还是守法中无疑都是需要成本的，追求公平正义并非没有成本，而且往往由于其成本的高昂，到最后理论上完美的制度有可能沦为一纸具文。于是原本属于经济学的“成本效益”原则开始为法学所借鉴和接受，并逐渐形成了以“成本效益”分析见长的法律经济分析学派。一般而言，成本效益是指“通过权衡收益与成本来评价公共项目的可取性的一种系统经济分析方法”。[①]

在“成本效益”视角下，法律制度的目的应当是减少社会交易的成本。符合“成本效益”原则的法律思想被称为效益法律观，“通过法律对权利、义务、责任的确认、分配、救济，促进实现社会资源的最佳配置，满足法律主体最大需求和利益，并促使社会公共生活更富效率”。[②] 法律制度对于“成本效益”的追求并非因为法律制度迫于现实而向经济学的投降，也不是法律制度对公平正义原则的背弃。而是因为法律制度本身需要衡平公平效率两大价值；“人本主义”理念下的法律应当是以公民个体作为主体和目的的制度安排，那么对于公民来说，不符合“成本效益”原则的公平正义会严重损害到其合法利益。

综上所述，一个符合“成本效益”的法律制度应当尽可能减少立法成本、守法成本、司法成本、行政执法成本，以创造更多的经济效益和社会效益。而“成本效益”在科研经费管理方面的运用主要表现在减少制度成本、减少守法成本和提高经费使用效益这三个方面。

（二）减少制度成本

法律经济学和制度经济学研究表明每一项制度改革和实施都需要经济成本，目的和动机很好的改革措施在实践中很有可能因为制度成本的问题而使实效大打折扣。而制度成本包括实施成本和摩擦成本两个方面，实施成本，是指“改革开始之后一切由体制决定的‘信息不完全’、‘知识不完全’、制度预期不稳定所造成的效率损失（以理想的‘最优状态’为参照系）”；摩擦成本，是指“由改革的社会阻力所造成的时间和物质甚至生命的耗费”。[③] 科研经费管理的摩擦成本问题将在第三章第一节具体论述，本部分主要探讨科研经费管理制度实施成本相关问题。

1. 科研经费管理中制度成本的表现

首先，权力主导式的科研体制导致科研腐败高发。前文曾提到，我国

① 冯玉军：《法经济学》，中国人民大学出版社2013年版，第111页。

② 同上书，第123页。

③ 樊纲：《两种改革成本与两种改革方式》，载《经济研究》1993年第1期。

尚未完全建成“人本主义”的科研制度。现行的科研体制乃至于教育制度从整体而言都属于权力主导型。权力主导的科研体制一方面导致对科研经费使用的监督制度受制于行政权力的影响而无法发挥其应有的作用,[①]另一方面导致无论是在科研经费的分配还是使用方面都缺少必要的公开透明机制。[②] 权力主导所带来的这两个方面的影响都会使科研经费领域腐败高发,并最终增加科研经费制度的成本。

其次,科研项目设置缺乏整体规划导致重复研究从而影响科研经费使用效率。科研经费来源的多元化是社会发展的必然,也是学术繁荣的标志之一,但是由于缺乏整体性的规划导致“科研项目的重复设置……多头申请,同一个人、同一个研究内容可以从不同渠道获得经费支持,而同一科研成果也可以向各方面交账……浪费了宝贵的科研时间和精力”。[③]如在社会科学领域至少存在以下几类课题:国家社会科学基金、教育人文社会科学基金、教育部“新世纪优秀人才支持计划”资助项目、省级社会科学基金等,虽然这些项目设置的目的和选题方向的侧重点有所不同,但是依然存在很大范围的重叠部分。

最后,我国科研管理模式导致制度成本居高不下。目前,我国高校对科研采取的是科研项目由科研部门管理,而科研经费由财务部门管理的模式。科研经费,是支持科研项目研究的经费,无论是从事科研活动所必须的开支还是属于激励功能的资金都与科研项目密不可分,应当将其两者纳入统一机构进行监督和管理。因此,这种分离的模式不但不符合科研经费设置的目的和科研活动的特点,而且还容易出现部门职责不清、职责交叉和管理脱节等问题,[④]从而导致科研经费管理的制度成本增加。

---

① 参见万红波、秦兴丽、康明玉:《国内外高校科研经费监管比较研究》,载《甘肃科技》2012年第24期。

② 参见梁发芾:《权力主导的科研经费分配必然腐败》,载《中国经营报》2013年10月21日,第D07版。

③ 贾康等:《建设创新型国家的财税政策与体制变革》,中国社会科学出版社2011年版,第334页。

④ 参见寇进忠、鹿卫晨、毕思畅:《从制度建设入手强化科研经费管理》,载《军事经济研究》2007年第9期。

2. 减少科研经费管理中制度成本的思路

首先,将“人本主义”作为科研经费管理的基本理念,树立科研工作人员在科研经费管理制度中的主体地位。其次,在整体规划下对科研项目设置分层目标。多层级项目设置和多元化的项目资金来源对于科研活动利大于弊,但是需要从整体出发明确不同层级科研项目的目标——基础研究还是应用研究、全局性问题还是地方性问题等。最后,改革我国现有的科研经费管理模式,实行项目管理和经费管理的统一。

(三)提高科研经费使用效益

在科研经费使用过程中影响使用效益的制度因素主要有三个方面:预算编制、成本核算和监督机制。所以要想提高科研经费的使用效益就必须从这三个方面入手。

1. 实现科研经费管理的全额预算编制

所有的科研项目都要求编制相应的预算,但是在实践中经费预算的编制并不符合经费管理的需要,从而影响科研经费的使用效益。第一,由于间接费用和协作研究费用不能完全纳入预算导致科研预算不全;第二,科研经费的实际开销与科研预算的不一致导致预算失真;①第三,劳务费没有在预算中得到全面体现。为了解决我国科研经费管理中预算编制存在的问题以提高科研经费使用效益,就必须按照全额预算的方式编制项目预算,课题组特别是主持人根据预算享有经费使用自主权的同时需要承担相应的责任。

2. 实现科研经费管理中的全成本核算机制

要想对科研经费的使用情况进行准确的“成本效益”分析,并最终提高其使用效益就应当对科研活动中所发生的开支进行全成本核算。但是,由于以下三个方面原因的存在,导致科研经费无法实现全成分核算:间接费用和固定资产折旧的存在;②现实生活中广泛存在一个课题主持人

① 常笑霓、王心雁:《高校科研经费管理监督中的问题及对策研究》,载《北京航空航天大学学报》(社会科学版)2006年第3期。

② 赵莉莱、申炳旭:《科研事业单位科研经费管理探讨》,载《会计师》2010年第10期。

同时在研多个项目，这就产生了公共费用的分摊问题。[①] 完善科研经费管理中的全成本核算机制可以参考英国于2005年建立起了全成本核算制度(Full Economic Costing，FEC)，将科研成本分为：直接发生成本、直接分配成本、间接成本、其他成本。从而将科研管理经费、人员经费、业务费、固定资产折旧费用全部纳入成本进行核算。

3. 建立科研经费管理中的全过程监督机制

一方面，我国没有科研经费审计方面的专门立法；另一方面，学校科研部门“重项目，轻监管”，财务部门“热规定、冷监控”。这些都导致了由于缺乏有效的监管制度而使科研经费被挪用和使用效益不高。为了提高科研经费使用的效益，应当建立内部监督与外部监督相结合的全过程监督机制。

(四)减少守法成本

经济学认为，人在从事具体活动中是具有理性的，这种理性被称为“经济人”。同样在是否应当遵守法律规定方面，人也会作出理性选择——如果一项法律制度的守法成本过高，那么当事人就可能宁愿选择规避法律甚至直接违反法律规定。在科研经费管理领域，应当从思想认识、报账制度和违法成本三个方面来减少守法成本。

1. 转变项目主持人的思想认识

导致科研经费制度守法成本较高的原因之一，在于课题组特别是项目主持人对于科研经费认识的错位。部分科研人员认为，“科研项目是自己申请和争取的，所以科研经费就应当是自己的钱，自己有权决定如何使用”。[②] 这种观点与项目主持人对科研经费享有自主权具有本质的不同：自主权是指项目主持人有权在项目申请之时依据相关规定编制的预算进行开支，其中的经费预算符合项目设立机构和所在高校的相关规定并接受全过程监督；而认为“科研经费是自己的钱”的观点，本质上是忽视了科研经费设置的目的，而试图不接受监督。所以为了减少守法成本，应当转

① 程忆军：《课题制管理条件下的高校科研经费管理难题及对策》，载《江苏经贸职业技术学院学报》2005年第4期。

② 钟灿涛：《高校科研经费管理问题的深层原因与对策分析》，载《研究与发展管理》2011年第6期。

变项目主持人的思想，提高其对科研经费监督重要性的认识，同时加强其相关财务知识。

2. 改革现行报账制度

目前，科研人员在进行项目制课题研究的过程中有一个基本的共识：报账比做课题难。这是因为现行权力主导下以“物本主义”为原则的报账制度使科研人员疲于应付，由此带来守法成本的高涨，最终影响了科研经费的使用效率。所以，应当在“人本主义”理念指导下改革现行的报账制度，让科研人员可以没有报账之痛地全身心投入科研活动中。

3. 增加违法成本

违法成本和守法成本是相对的一组概念。如果从绝对数量上考虑，那么增加违法成本并不能减少守法成本。但是由于“经济人”的利益衡量，增加违法成本就相对增加了守法的可能，在相对数量上增加了守法成本。目前，我国对科研经费责任方面的规定尚不全面和具体，对于发生的未按预算使用经费的情况也极少有追究其责任的情况，这种低廉的违法成本间接增加了守法成本。因此，应当明确规定科研经费使用过程中的责任制度，从而间接减少守法成本。

第六章　科研经费管理法律规则位阶探索

建立健全科研经费管理的法律规则，应当成为建设科研强国的重要任务。当前我国科研经费管理的法律规则存在数量庞杂、政出多门、层次较低的问题，亟须进行法律规则的体系化提升及完善。笔者认为，在创设同取舍法律规则的探索过程中应当充分尊重科研规律，契合科研机构去行政化趋势，满足不同类型科研项目的研究特点，实现科研经费管理法律规则法制化的跃迁。

一、现行科研经费管理的法律规则存在的问题及原因

（一）法律法规缺位致使政策实际主导科研经费管理

首先，我国当前科技基本法中关于科研经费管理的规定处于事实上缺位状态。在科学技术研究领域具有基本法地位的《科学技术进步法》中，直接规定科研经费投入的仅有第 59 条，即“国家逐步提高科学技术经费投入的总体水平；国家财政用于科学技术经费的增长幅度，应当高于国家财政经常性收入的增长幅度。全社会科学技术研究开发经费应当占国内生产总值适当的比例，并逐步提高”。

但是深究第59条的规范细节,法律规则中的“增长”和“提高”幅度几何;假若经费投入的幅度没有增长和提高时有否法律责任;如何确定这些很可能存在的法律责任;以及各个地方或者科研机构是否需要跟进等,该条文就上述问题均无明确的规定。由于该规则并不满足法律规则通常必备的“假定条件”“行为模式”“法律后果”诸逻辑要件,规则条文本身缺乏可操作性而降为宣言式的“粗线条”原则规定。关于科研经费使用的禁止性规定有第61条“审计机关、财政部门应当依法对财政性科学技术资金的管理和使用情况进行监督检查。任何组织或者个人不得虚报、冒领、贪污、挪用、截留财政性科学技术资金”。该条文也没有直接规定法律后果。法律责任的确定需要同时借助第67条对财政性科技资金违法使用行为的强制性法律责任,即“违反本法规定,虚报、冒领、贪污、挪用、截留用于科学技术进步的财政性资金,依照有关财政违法行为处罚处分的规定责令改正,追回有关财政性资金和违法所得,依法给予行政处罚;对直接负责的主管人员和其他直接责任人员依法给予处分”。但该法既未明确规定管理部门和科研单位对科研经费的监管责任,同时并未就可能的刑事责任作出承接性规定。

其次,行政法规对于科研经费的管理也存在法律规则的创设空白,转而由政策事实上替代大部分行政法规的功能。当前国务院出台的关于科研经费管理的有效文件均属于政策,比如,国务院《关于全面加强基础科学研究的若干意见》(国发〔2018〕4号),国务院《关于落实〈政府工作报告〉重点工作部门分工的意见》(国发〔2017〕22号),国务院《关于印发国家教育事业发展“十三五”规划的通知》(国发〔2017〕4号),中共中央办公厅、国务院办公厅印发《进一步完善意见》(中办发〔2016〕50号),中共中央、国务院《关于深化科技体制改革加快国家创新体系建设的意见》(中发〔2012〕6号),中共中央、国务院《关于印发〈国家中长期人才发展规划纲要(2010~2020年)〉的通知》(中发〔2010〕6号)以及《国务院办公厅转发财政部、科技部〈关于改进和加强中央财政科技经费管理若干意见〉的通知》(国办发〔2006〕56号)等。这些政策性文件并非以“国务院令”形式正式发布的条例、规定和办法,故上述列举的文件在法律形式上并非行政法规,而在内容上也以科研经费管理的整体要求等方向性非强制规则为主,同样存在未很好地承接并解释法律的原则性规定的问题。

然后,相关部委也普遍存在以出台政策代替制定部门规章的情形。科研项目及经费的直接主管部门是教育部、财政部和科技部,上述部门出台了如下指导性文件:财政部、科技部、教育部、发展改革委《关于进一步做好中央财政科研项目资金管理等政策贯彻落实工作的通知》(财科教〔2017〕6号),教育部《关于进一步加强高校科研项目管理的意见》(教技〔2012〕14号),教育部、财政部《关于加强中央部门所属高校科研经费管理的意见》(教财〔2012〕7号),财政部、科技部《关于调整国家科技计划和公益性行业科研专项经费管理办法若干规定的通知》(财教〔2011〕434号)和教育部、财政部《关于进一步加强高校科研经费管理的若干意见》(教财〔2005〕11号)等,上述文件从发文名称、发布形式、审批程序、行文规范到强制力上,均只能将其定位为科研经费管理的相关政策,而非国务院部委为解决科研经费管理事宜而专门制定的部门规章。

此外,我国的检察机关也出台了最高人民检察院《关于印发〈关于充分发挥检察职能依法保障和促进科技创新的意见〉的通知》(高检发〔2016〕9号)等文件,其明确提出在涉及科研经费犯罪时,“检察机关应区分政策法律的界限,尽最大可能保护科研人才、保护改革创新精神”等,但该文件的内容更多是检察实务中需要把握的内部原则,而不能够将该文件视为确定科研经费管理刑事责任的司法解释,因而该文件没有可操作性,故仍属于司法政策的范畴。

就以管理政策替代法律规则的普遍存在而言,我们认为原因主要有:首先,当前的管理模式在现实中发生异化,以行政权力为本位的行政化的管理模式造成了管理意识大于法律意识。其次,在操作层面上,政策与法律法规相比制定程序更加灵活,出台相应政策不需要进行广泛地征求意见,在操作上更加简便、灵活、迅速,政策在亟待调整的领域的调控效果也更加“立竿见影”。

(二)科研经费管理法律规则的层次较低且来源庞杂

承前所述,当前我国科研经费管理的实定法律规则主要集中在行政规章层级,主要以部门规章及地方规章的形式详细规定了科研经费的申请、使用和审查诸流程等管理规范,但这些规则的来源非常庞杂以至于不得不使用法律检索的方式，以表6－1进行不完全的列举。通过对下列行政规章进行梳理，可以看出我国经费管理部门规章的创设模式。

表6－1　我国财政资金来源的科研经费管理办法（部分）

发布单位	文件名称	性质	发布年份
财政部、全国哲学社会科学规划领导小组	国家社会科学基金项目经费管理办法	部门规章	2016
财政部、国家自然科学基金委员会	国家自然科学基金资助项目资金管理办法	部门规章	2015
财政部、科技部	国家重点基础研究发展计划专项经费管理办法	部门规章	2006
财政部、科技部、总装备部	国家高技术研究发展计划（863计划）专项经费管理办法	部门规章	2006
财政部、科技部	国家重点基础研究发展计划（973计划）专项经费管理办法	部门规章	2006
财政部、科技部	国家科技支撑计划专项经费管理办法	部门规章	2006
财政部、国家自然科学基金委员会	国家杰出青年科学基金项目资助经费管理办法	部门规章	2002
教育部	教育部人文社会科学研究项目管理办法＊	部门规章	2006
教育部	教育部哲学社会科学研究重大课题攻关项目管理办法（试行）＊	部门规章	2003
司法部	法治建设与法学理论研究部级科研项目管理办法（试行）＊	部门规章	2001
中国法学会	中国法学会部级法学研究课题管理办法＊	类部门规章	2016
中国教育学会	中国教育学会教育科研课题管理办法＊	类部门规章	2016

表6－1列示的规定构成了我国科研经费管理的法律规则核心，即关于科研经费的事前获取、事中管理和事后审查的完整有操作性的有约束

力的文本,通过对表6-1的分析,就项目管理办法和经费管理办法间的相互关系来说,可以将科研经费管理规章分为“区分式”和“结合式”的两种立法路径。

首先,国家层面的科研基金和科研计划,如国家社会科学基金、国家自然科学基金、“863计划”、“973计划”、科技支撑计划、重点基础研究发展计划、杰出青年科学基金项目等几乎都单独设置了各项目的专门经费管理办法,而且除国家社会科学和自然科学基金的经费管理办法外,上述项目的经费管理办法自2011年以来并没有进行修订。①

其次,中央各部委如教育部、司法部、财政部和科技部连同表6-1未提及,但本研究搜集到的交通部、水利部等发布的科研项目管理办法,由于已经包含对科研经费管理的规定(以“*”标注),故而未再单独制定专门的科研经费管理办法。其中需要指出的是,由于教育部牵头或承担了较多的科研资助项目,故教育部还按照科研项目的种类,特别制定了若干个包含经费管理规定的项目管理办法,该种资助项目包括教育部的人文社会科学项目、后期资助项目、重大课题攻关项目等。

最后,某些学术团体如中国法学会、中国教育学会、中国高等教育学会则选择制定了包含管理科研经费内容的科研课题管理办法,上述学术团体关于科研经费管理的制度规定,从性质上应当属于“类部门规章”。

而由于各省、自治区和直辖市出台的自然科学基金管理办法和社会科学基金管理办法多是由省政府下属的部门制定并发布的,相较仍处在中央层面的部门规章抑或类部门规章,地方的科研经费法律规则处于立法层级中更低的尴尬境地。下面以重庆市为例,重庆市科学技术委员会发布了本直辖市的自然科学基金计划项目管理办法等,重庆市教委发布了市教委的人文社会科学研究项目管理办法和科学技术研究项目管理办法。(如表6-2所示)上述文件在法律渊源的层级中甚至不能被称为地方政府规章,只能归入地方政府部门制定的“有法律约束力的规范性文件”范畴,此种规则并不产生普遍明确的法律约束力。

---

① 其中“863计划”、“973计划”和重点基础研究发展计划的管理办法最近一次修改在2006年,杰出青年科学基金最近一次修改在2009年,科技支撑计划则是在2011年。

表 6－2　重庆市财政资金来源的科研经费管理办法（部分）

发布单位	文件名称	性质	发布年份
重庆市社会科学规划办公室	重庆市社会科学规划项目管理办法	其他规范性文件	2017
重庆市科学技术委员会	重庆市科研项目管理办法（试行）	其他规范性文件	2015
重庆市科学技术委员会	重庆市科技计划项目管理办法	其他规范性文件	2015
重庆市科学技术委员会	重庆市自然科学基金计划项目管理办法	其他规范性文件	2008
重庆市教委	重庆市教育委员会人文社会科学研究项目管理办法	其他规范性文件	2014
重庆市教委	重庆市教育委员会科学技术研究项目管理办法	其他规范性文件	2010

具体到高校、企业及研究院所等科研机构，出于更好保障政策落实的目的，通常国家与地方的科研项目管理办法要求，承担科研任务的机构需根据上级办法制定本单位的具体办法，其中便会涉及为数不少的科研经费管理规则。所以每个科研机构将会制定数量更多的并且对科研人员事实上具有约束力的项目管理办法，或者直接制定适用于本科研机构所有科研活动的经费使用办法。这便形成了“国家级科研经费管理使用办法—地方科研经费管理使用办法—科研机构经费管理使用办法”三阶层的“金字塔型”规则体系。

正是由于当前法律行政法规以及中央部门规章的规则设定的缺位，导致科研经费管理具体操作规则的立法权被不合理地下解到地方政府的部门及科研机构行政部门。尽管这些规则的立法层级不高、法律效力层层递减，但对科研人员的实际约束却是“逐层加码”的。

（三）没有根据实际情况进行科研经费管理的区别化立法

当前科研经费管理立法不仅呈现“九龙治水”的情形，并且没有根据研究对象和研究内容不同而进行区别化的法律规则设置。通过对当前科研经费管理规定的审阅可以得出，尽管面对的研究领域和研究方向大相径庭，比如，不同领域的自然科学与社会科学，或者自然科学研究领域的

“863 计划”和“973 计划”等国家资助项目，但各个研究项目的经费管理规定却高度雷同。尤其是对其他研究项目有指导意义的国家自然科学基金和国家社会科学基金的经费管理规则，其中列示的费用项目虽略有不同，但对劳务费、咨询费、管理费几个重要费用项目的设置和限制却基本相同，完全忽略了自然科学和社会科学在研究内容上的根本性差异。此外，科研经费管理的法律规则并没有根据承担科研任务机构的不同而给予适当的区别对待，比如，国家课题的承担单位有高校、企业和科研院所，其研究的取向、方法、目标以及可以调动的资源往往有所不同，在制定项目课题实施细则的过程中并没有充分考虑科研主体的具体情况，而采用简单粗暴的方式创设无差别式的科研经费法律规则。

二、科研经费管理的法律规则制度优化研究

(一)科研经费管理应契合科研机构去行政化趋势

尽管有诸多标准用于区分科研活动受国家资助程度，以及科研机构自身的科研能力，但行政隶属和行政级别始终是我国科研机构的最显著特征。该种行政管理模式主要通过给予高校研究所等科研机构以及所属学者行政级别和行政待遇，彰显该科研机构或学者在科研体制内的重要地位。将科研机构和学者纳入结构严密的科层制序列中，在以往由行政力量主导资源配置的计划经济时期，是国家给予科研机构以及学者最直接的肯定和支持。该种管理模式对树立尊重知识、褒扬科研人才的社会风气有着正面意义和价值。国家通过该种行政管理模式，在中华人民共和国成立初期百废待兴的环境下有效地整合了科研力量，为改革开放至今我国科研领域逐渐赶超世界先进水平国家打下了坚实基础。当下我国的科研人员、科研项目、学术发表及专利申请规模早已跻身世界前列，可以认为在建设世界级科研大国的过程中，行政管理模式对科研领域的整体发展提供了不容忽视的正面效应。

但“向来如此”并不代表“以后皆是”，当前我国亟须从建成世界级的“科研大国”转向建设高质量的“科研强国”。无论自然科学、社会科学抑或人文科学，尽管科研成果数量的持续积累是质量提升的重要前提，但由于科学研究的最重要特点是结果的难以预测，数量规模实则并非提升科

研成果质量的必然保证,行业规模较我国来说极小的国家仍然取得了众多高质量的成果。以行政化模式管理科研机构及学者宏观上能对行业规模数量的扩大产生积极作用,但将此种模式应用到某个具体的科研机构或项目时往往难以奏效。而以行政手段直接干涉科研的具体进程的极端化行政管理模式,在历史上甚至对获得高质量科研成果起到反作用。毕竟颠覆性的科学研究成果从来都不是管理出来的,意图从严谨刻板的行政流程中孕育理论观念的创新亦有强人所难之嫌。

以行政管理组织科研机构及学者的方式本身并无对错。诸多探究科研体制机制改革的研究或明或暗地污名化“行政管理”,实际上自马克斯·韦伯开始的作为公共管理研究范畴的“行政管理”意味着对整体效率的追求,以及自20世纪60年代以来的对公平管理结果的探索。但科层制的管理结构在我国现实环境下产生了异化,“行政化”的管理导致了诸多不能通过改进手段解决的问题,譬如由于科研机构行政化导致行政管理人员与科研教学人员之间产生龃龉,行政管理机构整体办事效率的低下,行政化管理过程中的形式主义及官僚主义作风等。同时,由于行政化的管理模式过分追求管理的效率和绩效,忽视了科研活动的深层次规律以及当前社会发展阶段必然产生的公平诉求,因而科研机构的行政化管理模式在科研机构的现实需要面前变得“不合时宜”。正因如此,科研机构的去行政化便成了我国打造科研强国的必然选择。学界不仅早已从理论层面论证行政化管理对科研活动的实际阻碍,现实中也有南方科技大学和西湖大学等积极地去行政化探索。该种改革行政化管理模式的诉求反映到顶层设计中,就有了党的十八届三中全会的决议明确提出的“逐步取消学校、科研院所、医院等单位的行政级别”的目标,以及十九大报告提出“建立以企业为主体、市场为导向、产学研深度融合的技术创新体系”的顶层设计。

既然去行政化将成为我国科研体制机制改革的必然方向,那么去行政化的路径如何反映到科研经费管理的“松绑”过程中,便成为所有科研工作者必须面对和思考的重要问题。就科研经费管理的去行政化问题我们认为有两个方面需要深入研究,首先,是去行政化后的科研经费管理模式问题,其次,是去行政化后科研经费的来源问题。解决前者的主要途径是经由科研经费管理法律规则的法制化形成法律治理模式,以逐步替代异化了的行政管理模式;后者主要通过设定法律规则在制度上为科研机构"解绑",使其在参与市场竞争的前提下充分发挥主观能动性,在国家与市场的动态博弈关系中取得平衡,从而争取到更多的科研资源。

必须指出,我们所倡导的"去行政化"绝对不是"去管理化"。科研经费管理必须首先解决"谁说了算"的问题,科研机构没有行政级别后其科研经费由何主体管理,如何进行管理将是亟待解决的根本性问题。以往的行政管理模式之所以能够奏效,除行政级别和行政待遇为机构和学者直接带来经济效益和社会地位外,另外的重要原因在于,行政化下科研经费管理的科研人员和行政人员、科研机构和行政机关之间的激励机制受到了扭曲。简单而言,行政人员在"官本位"的取向下可以较容易地利用各种渠道给予科研人员经费支持,而反之科研人员以经费支持行政人员的情况几乎不存在;同时,在申请科研资助项目时,拥有行政级别的"双肩挑"的科研人员,往往也会有更多的信息和机会渠道。这就几乎必然地导致了诸多科研人员去追求各种行政级别,有了行政权力就有了大量集聚学术资源的可能,从而获取更多的科研经费抑或其他形式的利益。假若去行政化后由科研机构和科研人员"说了就算",从而能够真正地主导科研经费的管理,那么当前已严重倒置的激励机制的前提将不复存在。

在前文对域外经验的借鉴部分中我们可知,国外的科研机构及学者在学界的地位普遍并非来自其本身享有的行政级别或者担任的行政职务,实际上主要来自其获得科研项目的能力以及发表论文的水平两个方面,两者中科研机构和学者获取科研项目(实质就是争取项目经费)的能力更具有决定性。尽管学术界普遍反对以获得的科研项目经费额度评价学者的水平,但此种情况在特别是以美德两国为代表的域外科研机构实际上更突出,而我国的评价标准恰恰相反。重要原因在于,域外诸多科研机构行政管理人员的工资通常全部来自配套的"行政管理"资金。例如,某教授申请到美国会计学会的税务项目课题,学会将按照确定的比例另行配套专项的行政费用补充到教授所在的科研机构,由该笔行政费用支付教授雇佣的行政人员的薪金。从这个角度来看,国外科研机构的行政人员依附于学者们争取到的科研项目。当前我国的众多科研项目尽管也明确了配套管理费用的比例,但通常是所在科研机构或具体的科研小组的水、电、房等日常基本消耗,没有任何用于支付行政人员工资的费用,那么哪部分人在科研机构内部具有更大话语权便不难想象了。

另外,“去行政化”并不等同于部分学者要求的“教授治校”。“教授治学”古今中外都没有疑义,但“教授治校”并非绝对正确。作为社会基本关系范畴的行政管理关系事实上也有其内在规律,此种规律通常与科研教学工作并不相干。学问做得好并不代表肯定是好的管理者,有余力有成就的学者也未必愿意承担行政职务,显然“去行政化”的未来发展方向与“教授治校”不能等同。就科研经费管理领域而言,倘若能够回复科研人员在科研经费管理工作中的主体地位,由科研机构和科研人员而非行政机关和行政人员真正主导科研经费的管理,去行政化纠正科研资源错配的目标才能够真正地得到实现,科研机构的去行政化才能够得以真正落实。

去行政化后科研机构的发展问题本质上就是要解决“谁给钱”,即由何主体提供科研经费的问题。去行政化的根本目的应当是释放科研机构自身的主观能动性,从而促进我国科研质量的整体提升,绝不能因去行政化而导致科研单位的发展受限。域外科研机构的经费来源主要是四大类:首先,是来自国家层级和地方政府的拨款,由于该部分科研经费直接源于纳税人,故而该部分科研经费应当用于具有公共性质的科学研究活动,以及用于向社会提供学历教育服务;其次,是来自各类社会捐款,最常见的情况是源于各类基金会、各类学会以及本院校的校友,该部分科研经费主要是进行有倾向的研究,即类似我国的横向课题;再次,是科研人员自主筹措的科研经费,即由科研人员牵头申请的各类研究经费,学者主要依靠这些经费进行感兴趣领域的研究,同时为学校创造可观的管理经费;最后,是来自科研机构通过招收研究生而获得的学费收入。笔者认为,未来在国家资助和机构自筹相平衡的前提下,科研经费的来源应尽可能地向市场倾斜,故而去行政化后的科研经费可以参考域外科研机构的资金来源多渠道筹集资金,完善政府、社会、科研机构相协调的经费获取机制,形成科研经费的多元化投入、多主体合力的广泛合作格局,从而妥善解决科研经费的来源问题,助推科研机构的发展。

(二)科研经费管理法律规则法制化的若干优势

行政化模式下的科研经费管理法律规则不仅以行政权力为中心,不予承认科学研究的独特规律,同时,在规则的创设过程中不进行有区分的精细化、系统化的以科研人员为本的立法。行政人员在科研经费的预算申请、日常管理和事后审计中的决定权限过大,其主观好恶导致科研经费管理整体上的粗放性和任意性,这往往会导致科研机构和科研人员感到无所适从,进而导致科研经费配置的不平衡和不充分。而通过对既有的科研经费管理法律规则的整理,以及根据科研活动的实际需要创设新的法律规则,进行科研经费管理法律规制的法制化跃迁,能够更大限度地维持科研经费管理过程的理性和透明。制度化的法律规则管理科研经费,相较行政化的科研经费管理模式而言具有显著的目的性、高度的形式化、内容的明确性、规范的普遍性、更好的稳定性以及更明确的强制性等优势,从而为在科研经费管理领域以法律治理取代行政管理打下坚实的制度基础。

1. 以制度化的法律规则管理科研经费有显著的目的性

正如德国法理学家耶林在其著作《法律目的论》的序言中指出的"目的是全部法律的创造者"那样,法律并非社会全然无意识的静默产物,法律规则是人类有意识地为达到某个社会目的而制定出来的。尤其是经过制度化的力量重构后的法律规则,整个规则的体系及条文本身将与制定法律的目的相连接。科研经费管理法律规则的法制化跃迁当然是包含社会目的的。笔者认为,事无巨细地迎合"为管而管"的科研经费管理制度在显著增加科研经费的遵守成本同时,提升了科研经费的无序程度。通过科研经费管理的相关法律理念和原则的阐述,指出科研经费管理法律规则法制化的直接目的,便是在于寻求取代以行政权力为中心的"行政化"管理模式的更确定、有效和公平的科研经费配置模式;进行科研经费管理法律规则的法制化跃迁的深层目的,则是在充分契合科研规律的前提下有效地组织科研活动,在配置科研经费的过程中,落实法律的人本主义、矛盾衡平、权利义务对等的理念和原则,在降低法律规则创设成本的同时提升法律规则的管控效益。经过制度化扬弃的科研经费管理规则能够有意识地遵守和体现上述诸原则和理念,为逡巡不前的科研经费管理制度带进清新空气。

2. 科研经费管理法律规则制度化将有高度形式化的体系

法律具有的形式化特征在科研经费法律管理规则的制度化跃迁中，集中体现为改造和创设现有法律规则时，应当赋予法律文本实质上的表达刚性。经过形式化改造后的科研经费管理规则将明确依照“假定条件—行为模式—法律后果”的法律实施要件，这能够大量简化法律适用的推理判断过程；同时，相关法律条文的重新整合将能够带来法律规则体系上的形式协调，从而增加了法律规则表述的外延及内涵的确定性。这个意义体现在科研经费管理的操作中，即科研人员只需考虑法律规则的严格文字意义，而不需要额外地对文字规定进行价值判断。该种高度形式化的法律规则，有助于限制行政人员在科研经费管理中过大的裁量权力，而能够以“明规则”取代“潜规则”，从而实现立法和科研共同追求的“化繁为简”的功能目标及审美情趣。

3. 制度化的法律规则管理科研经费在内容上更具有明确性

假若法律规则的内容规定得过于宽泛，法律的实效未必会比行政化管理模式更优越。正如富勒所言，“清晰性要求是合法性的一项最基本的要求”，“含糊性和语无伦次的法律会使合法成为任何人都无法企及的目标”。法律规则的内容绝非立法理念和立法原则的堆砌和重复，否则法律规则将再次沦为宣示性的口号，法律规则的制定必须是明确且精细的，此种法律规则方可带来对规则本身的明确信心。科研经费管理法律规则的制度化跃迁，对法律规则的实质内容影响最大的即是通过精细化、差别化的方式，通过有权必有责的原则，克服相关部门以往“各自为政”、权责不分的缺陷。法律规则内容的明确化，在显著区分了“法”和“非法”的界限后，同时能够为科研机构预留主观能动性的发挥空间。

4. 管理科研经费法律规则法制化后具有更高层次的普遍性

法律并不针对某个具体的现象或行为立法，而是通过归纳某种典型行为模式，并给予其相应法律后果从而规范人们的现实行为。正如卢梭所言，“所有有关个别对象的职能都丝毫不属于立法权力”。这样做的原因正是由于法律规则和具体的法律行为之间是普遍和特殊的关系，由于法律具有抽象性和概括性，法律规则才能够普遍适用。从前文梳理的科研经费管理相关的规范性文件来看,当前我国科研经费管理领域仍然缺乏能够普遍适用的高层次法律。仅有的科学领域基本法的表述主要为宣示性规定,缺少能够真正统摄科研经费管理的法律责任规则;而其余的科研经费管理文件除缺少法律责任的规则外,在内容上也远没有达到可以在全国范围内普遍适用的层级。

5. 制度化的法律规则管理科研经费具有更好的稳定性

尽管频繁地修改或者变动法律或许更能体现法律与时俱进的品格,但法律规则的稳定性才是法律"之所以为法律"的本质属性。唯有稳定的法律才能够确定无疑地在人们心目中形成稳定的预期。反复无常的法律规则实际上等同于不存在的法律规则,其会大大削减法律规则的权威和公信力,使立法者精心创设的法律规则最终形同虚设。就科研经费管理法律规则中可能频繁变动的部分而言,可以"宜粗不宜细"的方式进行原则性的规定,而由政策乃至行政命令的方式加以调整,但法律规则必须作为整个科研经费管理体系的"稳定器"而存在,以增强广大科研工作者对整个体系的内心确信,进而引导他们达成共识、汇聚合力,共同为科研经费法律规则的制度化,以及后续的法律治理过程进言献策。

6. 以制度化的法律规则管理科研经费具有更明确的强制性

耶林认为,没有强制力的法律规则是"不燃之火,不亮之光"。具有强制性的法律规范根植于人们趋利避害的心理,通过强大的威慑力而令人们因为畏惧惩罚而服从法律规范的引导。在具体的法律规则选择中,禁止性和义务性规范直接体现了对特定类型行为的直接强制,而授权性规范尽管似乎没有对权利享有者提出强制要求,实则为义务承担者框定了义务履行范围。而具有强制力的法律规则,其实质是保护性而并非惩罚性的,其目的是保护科研人才。唯有以强制性的法律规则使部分科研人员不心存侥幸心理,令其合法合规地使用科研经费,才能最大限度杜绝科研经费犯罪,进而保护对国家和社会发展有益的科研人才。

三、科研合同的法律属性和经济实质探讨

基于我国以科研合同管理科研项目的现实情况,除以法律条文的形式明确规定外,科研合同也是科研经费管理法律规则的具体实现形式。

科研合同是科研项目中有关的行为双方为实现特定的科学技术研发目的,借以明确相互间权利和责任关系的协议或契约。通常按照科研合同所隶属的计划形式、合同形式和委托方式等特点,为方便研究可以将科研合同分为纵向科研合同及横向合同。其中,纵向科研合同,是由国家以及有关主管部门拨款资助的科研项目,体现了国家自上而下的对科研活动的支持;横向科研合同,即科研单位或个人与其他科研单位或个人进行联合研究的科研项目,体现了社会由外到内的对科研活动的支持。

科研合同的法律属性是十分重要的根本性问题,它既关系科研经费管理的立法领域属于公法领域抑或私法领域,还直接关系各方权利义务配置乃至影响研发目标的实现过程。同时,科研合同的法律属性也是科研经费管理的法制化跃迁进程中难以回避的前置性问题,事关以“命令—服从”的构造抑或“权利—义务”的路径锻造科研合同的法律属性。笔者认为,纵向科研合同的法律属性应当由“行政合同”的传统定性转变到“民事合同”的全新定性。同时,基于对科研合同的经济实质的探究,笔者认为,科研合同是基于非对称信息基础上的不完全契约。将上述观点与民法的承揽合同进行比较,笔者认定纵向的科研合同并不能全然承揽合同的规定,国家行政主管部门与科研机构签订的纵向经费资助科研合同,应当属于经济法上规定的公共部门与私人部门间的合作合同,后续法律构造也应当围绕这个定性展开。

(一)科研合同的法律属性应当为民事合同

按照资助经费的来源渠道不同,科研项目可大致划分为横向项目和纵向项目。横向项目,是指未列入各级政府部门的科研规划,经费由社会资金支持的科研项目;纵向项目,是指列入中央或地方科技计划,经费由中央或地方财政资金支持的科研项目。就横向项目签订的科研合同,其应当无疑问地可以认定为民事合同,相关方的权利义务适用《合同法》的普遍规定以及承揽合同的具体规定。① 而关于纵向科研项目合同的性质,则存在“民事合同说”与“行政合同说”两种对立的观点,“民事合同说”中

---

① 支持横向科研合同为承揽合同的观点,参见孙宪忠:《让科研人员获得与贡献相匹配的尊严》,载《北京日报》2016 年 4 月 25 日,第 18 版;孙宪忠:《科研经费的管理应该遵从科研劳动的特征》,载《科学与社会》2014 年第 3 期。

也存在“承揽合同说”及“其他合同说”的观点。

长期以来,由于计划经济思维业已形成路径依赖,纵向科研合同形式上的甲方当事人为国家行政机关,法学研究中曾普遍认为纵向科研合同的法律定性应当是行政合同。但2010年以来许多学者逐渐转向采用实质性的判断标准,将大部分的纵向科研合同的性质定义为民事合同,不再坚持以往以合同形式为依据的行政合同定性。产生这个观念转变的主要理由在于:(1)从合同签订程序来看,科研项目合同可归入民事合同。纵向科研项目合同的签订流程与民事合同的“要约邀请—要约—承诺—合同签订”的形成程序能够对应,乙方即科研机构有权自主选择是否接受要约及作出承诺,并非必须完全遵照甲方提出的所有要求,显然行政机关与科研机构间存在宽裕的商量余地。(2)从合同的签订目的来看,该合同是否构成行政合同需综合考虑以下两个因素,即该合同是否属于“直接执行公务”和“设立、变更、终止公法上的法律关系”,若科研合同是行政主体直接执行公务以完成行政管理目标或者国家下达的具有强制性的指令性计划为目的,对科研合同的执行实行从外到内、自上而下的行政管理,以实现行政法上规定的公法权力及义务的,则该种纵向项目科研合同就是行政合同。目前签订合同的纵向科研项目中,除军事口有行政主体和部分科研机构签订合同是为了完成军事国防的指令性科研计划之外,大部分民间的纵向科研项目都不是以追求某种行政目标为合同的签订目的,而是以实现特定的科研目的或者完成相应的科研任务作为合同签订的目的。科研合同仅仅是法律就上述合同目的和执行方案达成合意的固定,故而普遍意义上的纵向科研合同应不属于行政合同。(3)项目合同中不具有作出行政行为或其他职务行为的内容。行政权力主体在项目合同中主要承担“中性”的金钱给付义务,其享有的对投入资金的“监督”“检查”等权利,也并没有改变合同双方当事人的平等地位。(4)合同的具体内容不涉及公法上的权力与职责。根据众多纵向项目合同的内容,项目的资助方主要的义务是提供研究经费,项目承担方则应当按照约定开展研究工作,以保证实现合同的缔结目的。该种合意的约束力来源是合同本身,而通常并不涉及公法上的权力与职责,这也就使纵向科研合同不具备行政合同的实质内容。

而将大部分纵向项目科研合同的性质明确为民事合同,从促进激励科技创新的需要来看具有极其重大的现实意义,这种正面意义主要体现在:第一,有利于扭转项目合同双方当事人之间权利义务不对等的局面。“行政合同说”统摄下的纵向科研合同,由于以往双方当事人之间客观上存在身份差异以及能力的不对等,很难在“权力—职责”的架构中寻找令双方满意的界限,毕竟通常行政权力倾向于“多管”“全管”;而科研机构倾向于“少管”乃至“不管”,双方间的激烈博弈甚至会对科研项目本身的实现造成影响。而将纵向科研项目明确定性为民事合同,平等关系下双方能根据民事合同的私法属性,约定科研机构应受管理的权限和范围,从而保障在这个过程中科研机构不至于丧失主动性和话语权,同时将行政权力直接干涉科研项目的可能性降低。第二,给予纵向科研项目民事合同定性,有利于督促项目承担者全面履行合同义务。全面履行合同义务是实现合同约定目标的重要前提条件。以往科研机构作为行政化管理体制的组成部分,在不与全局性整体目标相冲突的前提下,实际上并不需要为科研项目的产出结果负责。这就导致了以人文社会科学类科研项目为典型的“弱化”“虚化”等形式主义问题的出现。而赋予纵向科研项目民事合同定性后,其在为科研机构带来自主决定的权利同时,由于科研项目产出直接牵涉科研机构自身利益,故也为科研机构带来了全面履行合同的义务。第三,纵向科研项目的民事合同定性有助于保证合同履行的结果评价标准和方式的客观化与科学化。以往行政合同模式下评价合同的履行效果的权力集中于行政机关,但由于专司评价的行政人员通常并不是专门的科研人员,故科研合同履行的效果评价机制往往会出现误差;而科研机构方面拥有评价能力却无评价权力,这就导致项目合同履行结果的评价标准以及评价方式的不科学和不客观。这种评价的权力和评价的能力不相匹配的制度缺陷,是无论如何修改评审流程或者引入专家评审等“制度补丁”也解决不了的。假若纵向科研项目合同坚持民事合同定性,那么完全可以在合同中约定由其他具有评价能力的第三方,如由国外的其他科研机构进行客观中立的同行审查(peer-review)后,以提供评议意见的方式评价项目合同的产出。第四,纵向科研合同的民事合同定性有利于规范项目合同的经费预算,提高政府财政资金的使用效益。以往我国预算的管理水平不高,存在管理粗放及“重资金管理,轻使用效益”等科研项目资金管理弊病。在签订民事合同后,纵向科研合同双方作为平等主体可以“锱铢必较”,在预算管理、内部控制、财政监管等方面的效率和规范上都将有可预见的提升空间。

(二)纵向合同的经济实质是基于非对称信息基础的不完全契约

当我们以经济实质的视角观察分析纵向科研项目合同时,会发现在普通合同所具有的通常规律上,纵向科研合同的特殊经济实质即基于非对称信息基础上的不完全契约。

这个结论的分析起点在于科研合同应当反映科研活动具有的五大本质特征。第一,是科研活动是为全人类贡献知识增量的过程,因此合格的科研成果必须具有首创性,不具有首创性的科研成果没有或很少有科研价值。第二,由于知识和技术作为准公共产品具有很强的正外部性,其社会价值和社会影响很难被准确估量,这就令科研成果有显著的非排他性,很难直接通过市场机制进行配置,必须由市场和政府共同分担。第三,科研成果取决于个人的研发能力、投入的资本乃至运气等多种因素,科研成果的最终产出并不取决于科研行业的规模,以及本项目的先期投入,这就导致科研成果的产出具有不确定性。第四,科研成果的效果难以验证,尤其是纯粹的基础理论研究,通常在现有的技术标准下很难验证,更难以评价成果的价值。第五,是科研活动的主观属性,由于科研活动投入的资源主要是智力资源,这个过程非常依赖科研人员的个人素质和学术积淀,但我们无法从客观上观测科研活动,故而科研活动具有较强的主观个体属性。

基于科研活动的上述特征,当分析纵向科研项目的“委托—代理”架构时,在经济上其存在两种信息不对称。首先,是委托人存在逆向选择的风险,科学研究行政主管部门作为委托人,需要甄别出高科研能力者和低科研能力者,并把项目授予高科研能力者,而非“反其道而行之”将项目授予低科研能力者。但由于研究者的科研能力很难做到评价的客观公允,且研究者往往不会向外界如实披露自身的科研能力,故委托人可能存在逆向选择的风险。其次,是道德风险问题,科研活动是具有独创性的智力活动,如前所述,与能够进行核算的物质成本相比,科研人员为完成科研项目，投入的知识及脑力成本难以观察。显然自然科学的基础研究和人文社会科学研究不可能遵循企业管理的模式，按照“小时”或“件”来计量劳动报酬。而从反面阐述上述特征，科研项目选择的研究者是否足够勤勉，投入了足够的脑力精力，几乎完全取决于研究者的道德水准，这就为科研项目的完成带来了显著的道德风险。如果代理人开发研究的成果是可以验证的，如许多工程技术创新成果具有成熟的评价体系和市场化的评价指标，科研成果的质量和价值可以由公认的权威机构加以验证，则委托人（科研主管部门）和代理人（科研机构）之间签订的合同就是完全的契约合同。但是现实中大部分的基础性科学研究成果经研发后，是无法当即验证其质量和价值的，故其无法作为完全的契约变量纳入契约，因此也无法作为法院等权威机构作出裁定的依据，因此，纵向科研合同只能是不完全的契约。譬如，在纵向合同中写入这样的条款：“如果代理人研究的成果具有‘国际领先水平’，则委托人支付 10 万元；如果具有‘国内领先水平’，则委托人支付 1 万元。”则这样的契约由于其最终鉴定结论只可能是主观的结果，基于合同文字解释的开放性，该契约并不能做到体系的自洽封闭，故而是不完全的契约。正是由于科研活动的特殊性所造成的信息不对称，以及相关合同的契约不完全，使完全按照民事合同的规则去管理纵向科研合同，不能达到代理人激励的相容约束，进而不能实现整个制度的帕累托改进。

在现有的关于科研成果的研究开发论文中，泰勒（1995 年）提出用委托人的激励机制——研究开发竞赛来解决成果不可验证性所带来的契约的不完全性，并进而提出了完整的分析框架。富勒顿和麦考菲（1999 年）沿着该思路建立了更具有普适性的分析框架，这个框架结合了拍卖竞标机制和锦标赛机制，形成了委托人激励机制下的科研经费管理模式。张昕竹、赵京兴、张晓（2012 年）对该模型优化改进后，结合我国实际提出了通称锦标赛机制的科研经费管理模型，如图 6－1 所示。

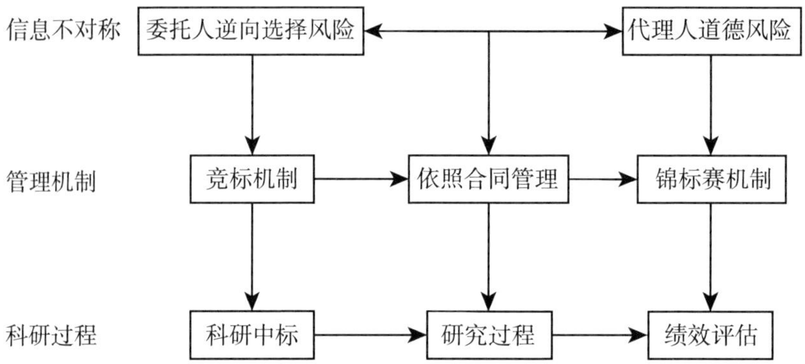

图6-1 锦标赛机制下的科研经费管理模型

该模型的时序步骤如下:

(1)委托人宣布某个研究开发项目,以项目书形式对规定科研项目的目的、期限,最终的资金支付结算以及研究开发锦标赛的其他基本规则进行规定;

(2)科研锦标赛各参与人事前自主检视项目要求及自身科研能力的匹配程度;

(3)参与人形成以科研计划和预算为核心的投标书,利用信号机制向委托人传达自身的科研能力后参与竞争投标,进入参与人名单;

(4)委托人选拔若干个参与人进入竞赛,并给予约定的相应少量启动资金;

(5)多个研发主体独立进行项目研究,自主决定其研发活动的费用开支;

(6)若干个研发成果出现后,委托人通过多种渠道进行成果质量的评估,确定最终获胜方并给予相应的资金追加支付。

该种锦标赛机制充分考虑科研活动的特征,并设置了相应的科研经费配置程序。科研本质上是以个人的智力禀赋、知识结构和研究兴趣等为依托的,差异性很大的智力活动,基于信息的不对称性和契约的不完全性,作为委托人的国家财政应当从以往的"项目与经费导向"的管理导向转向奖励"创新性科研及成果质量"的导向,从科研活动的经济实质出发进而为其寻求适合的法律表达,在简化内容的基础上进行科研经费管理法律规则的法制化提升。以期在制度上改变当前注重相对平衡的“撒药面”式的科研经费投放格局，制定并细化以评级结论为依据的、对创新性科研成果和优秀研究成果的后续财政鼓励规则，运用财税法的优惠规定等引导和实现科研资源的优化配置。

（三）纵向科研合同的合作合同性质界说

1. 纵向科研合同并非简单参照承揽合同

通过以上对科研合同的法律形式及其经济实质的论证过程可以肯定，尽管科研合同应当具有民事合同的定位，其中横向科研合同可以具体定性为承揽合同。但根据现行的法律规定以及民法理论剖析纵向科研合同，笔者认为其具体定性或许并非全然能适用承揽合同的规范，其应当是由主管部门和科研机构共同参与的合作合同。

承揽合同并不能很好地解释纵向科研合同的特点，尤其是当该定性套用到涉及基础理论研究的纵向合同时。首先，承揽合同看重结果而科研活动看重研究过程。通常而言，承揽合同更关注承揽人完成某种工作并按时交付工作成果，相对并不特别关注劳务的提供主体，提供劳务的过程也被视作取得成果的必要过程。但基础理论型的科研活动并非以结果为导向的，科研人员付出脑力资源过程本身可能就是该项科研活动的最大价值所在。同时，我们在创设科研经费管理法律规则的过程中强调，应当贯彻以科研人员为中心的“人本主义”理念，这同当前承揽合同体现的以结果为取向的“物本主义”理念有较大出入。笔者以更微观的视角讨论合同操作层面，基于科研成果的独创性和不明确性，双方不可能在合同中明确对科研成果的数量、质量乃至完成程度进行详细的规定。换言之，科研项目输出的成果无从也不应作为有效的合同要件，双方最终仍仅能以合同文本的形式就特定的科研目的或科研过程本身加以规定。

其次，科研活动的取向可能受承揽合同的激励机制影响。在通常情况下，承揽合同的承揽人需要有工作成果才有权向委托人要求支付报酬，仅有提供劳务的事实并不能断定承揽人就具有报酬请求权。这就意味着某些基础理论科研项目，由于不能提供民法所认同的可以明确、具体的结论，即便这些结论在该科研领域是有意义的，受托人在法律上也难以向委托人请求报酬。在科研领域引入市场化竞争机制后，科研机构必须考虑自身的发展及长远利益,其可能会对科研任务进行选择性的接受,倾向于能够获取经济利益的纵向项目,长此以往并不利于基础科学研究的纵深拓展。

在科研活动的损害赔偿方面,承揽合同的规则可能会产生不公。进行科研活动是收益和风险并存的,研究过程及结论可能会对他人造成民事损害。假若按照承揽合同的规定,承揽人不受定作人指挥独立提供劳务,那么定作人也不需要因该事项承担民事赔偿责任。但纵向科研项目的成果是具有准公共性的社会产品,同横向科研协议有特定的受益主体不同,整个社会以及政府均会因科研活动受益。此时根据通常的"谁受益,谁负责"的归责原则,原则上政府和社会均需要对被侵权人承担赔偿(或合理补偿)责任,故而此时直接套用承揽合同的规定显然会不合理地减损科研机构的利益。

2. 纵向科研合同的合作合同属性

由于纵向科研合同作为民事合同具有显著的外部性以及不完全契约的性质,在合同法领域为其寻求适当的定性比较困难,这有待未来民商法学理论研究的深化。我们借鉴经济法上的PPP(Public-Private Partnership,政府和社会资本合作)融资模式,提出纵向科研合同应当是政府部门与科研机构,科研机构包括科研项目负责人间的合作合同。合作合同模式在解决公共和准公共产品短缺以及提升上述产品的质量上有显著的优势。

首先,合作合同能够贴合科研活动经济实质,其与锦标赛机制能联动自洽。经济法所研究的"合作合同"并非由法律明确规定的特定类型的合同,而是受到《合同法》总则约束的非典型的合同,其通常被认为是传统"政府采购"的市场化延伸发展。当前尚未出现学界与业界公认的合作合同定义,但合作合同的外延仍是清晰的。政府行政部门通过公平竞争的方式选择合适的科研机构及项目负责人;然后政府行政部门与科研机构或项目负责人间,就科研项目的目的和过程达成合意,并在此基础上展开合作;双方对科研项目共担风险、共享收益。在合作合同所建立的模式下,政府行政部门主要通过制定和执行法律规则、采购相关的科研成果以及通过经费管理手段监督整个过程,其将由过去在科研关系中的主导角色改变为出资、监督、指导的"合作者"角色。

其次，合作合同模式充分衡平了政府部门和科研机构的利益关系。譬如，英国的合作合同实践中双方间权利义务具体设置如下：公共部门与私人部门签订时限为15～30年乃至更长时间的合作合同，以保障合作关系的长期稳定；合作合同涉及的主要是需要大量资金或复杂技术的领域；公共部门提出并确定所需要的公共产品或准公共产品的标准，根据该标准筛选私人部门的合作伙伴；私人部门将以合同为依据，代替公共部门提供相应的公共产品和准公共产品；之后，由公共部门会同私人部门评估合同义务的履行情况，然后由公共部门向私人部门支付相应费用。那么将上述模式运用到科研活动中，作为私人部门的科研机构，其提供的具有准公共性的科研成果的成本，以及合理额外收益诉求将能够通过科研主管部门支付的费用得到满足。双方间还可以就项目资产，即科研成果的所有权进行约定，即继续由私人部门保留抑或移交至公共部门。

最后，提供公共产品或准公共产品的风险将在双方间进行合理分配。合作合同的本质是公共部门以财政资金为杠杆，撬动私人部门提供更优质的资金、技术和管理，同时借助市场竞争的作用保障纳税人以及公众的利益。在科研过程中出现的风险需要完备的合同体系和良好的争议解决协调机制，方能够保障风险的合理分担。通常而言，科研项目的技术风险的专业风险将由科研机构承担，而政策、法律和最低需求等风险将由科研行政主管部门承担。

四、完善科研经费管理办法的法制化提升路径

经过上述分析可知，科研经费管理过程中三个利益相关方即主管部门、科研机构和项目负责人的权利和义务的界定就比较容易了。我们总结并归纳为表6-3所示，项目主管部门主要权利为项目发布、组织立项、绩效评估及对预算执行情况的检查，主要义务是公平合理配置科研资源；科研机构的权利为按照制度规定审核经费报销的真实性，主要义务是为科研活动提供服务支撑和财务核算，项目负责人是科研活动主体，主要权利是自主安排科研活动和经费使用，主要义务为按照合同约定到期提交高质量的科研成果。

表6-3 科研经费管理中相关利益方的主要权利义务

主体	主要权利	主要义务
项目主管部门	项目发布、组织立项、绩效评估、检查预算执行	公平合理配置资源
科研机构	费用报销的真实性审核	为科研活动提供服务支撑和财务核算
项目负责人	自主进行科研安排和经费	按照合同约定提交高质量的科研成果

在明确了各方权责后,对科研经费管理办法的法律规则的法制化主要可以分两步走。首先是“直接松绑”,即尽量简化当前法律规则的内容。无论科研合同属于何种民事合同,其都应当遵循通常的民事合同的法律规则。委托人仅需要在合同中与代理人约定,只需要通过中期报告检查预算的执行情况,以及最后验收评估科研项目的成果即可,不对科研经费进行全程“盯梢式”的监督管理。假若代理人存在违约就需要承担相应的民事法律责任。当前科研经费的费用报销规定由此便可大大简化,科研单位只需要重点审查经费支出的真实性,取消劳务费、咨询费等费用的不合理的比例限定。相对地,财政主管部门可以在中期检查时予以警告或者不予通过结项来控制过高的劳务费及咨询费。这样能够充分尊重项目负责人的合法权益,激发科研人员的积极性和创造性。

其次是“制度松绑”,即通过扬弃和创设法律规则的方式,将当前科研经费管理的若干政策转化为法律,在有效维护法律制度的统一完整的基础上,为科研经费管理法律的制度化跃迁提供契机。针对当前我国科研经费的管理和使用中乱象频发,科研资金的投入回报率过低的问题,笔者建议提升科研经费管理规则的立法层次,从当前的部门规章上升为法律或行政法规。达到该目的主要的措施是制定专门的科学技术经费管理法;同时,将国家自然科学基金和国家社会科学基金的经费规则上升为专门的行政法规,即自然科学研究经费规定以及人文社会科学研究经费规定。

如前所述,由于我国的《科学技术进步法》着重体现宣示性、鼓励性和倡导性规则，这些法律规则的强制性和可操作性不足，缺乏具体的对应精细化立法，其中除原则性表达的第 59 条外，其他条文对科研经费的管理使用的规定也不多，这就导致了立法权力被迫向部门规章乃至政策下解。因此，建议设立科学技术经费管理法，以此规范科学技术研究的资金获取、使用和管理；之后再根据自然科学和人文社会科学的特点有针对性地制定相应的行政法规。在制定部门规章时，自然科学大致按照基础研究、应用研究和实验三部分发展制定各自的经费管理办法，人文社会科学研究按照基础研究、应用研究两部分制定经费管理办法。然后各地方根据本地区的情况制定有关科研经费管理的地方法规或地方政府规章，如图 6－2 所示。

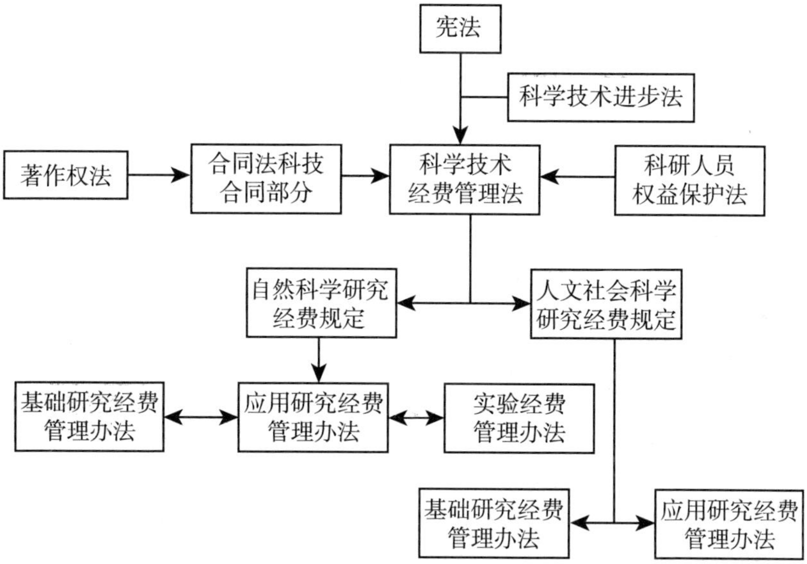

图 6－2　科研经费管理法制规划

经过制度化的立法调整后，我国的科技法律规则体系将包括以下几个内容。

首先，是《宪法》中有关科学技术的具有最高效力的规范，如《宪法》第 20 条、第 47 条中关于科学技术的规定。其次，是科学技术基本法即《科学技术进步法》，其是科学技术领域的“母法”，其效力等级仅次于《宪法》。再次，是科学技术不同领域的专门法律，这些法律可以划分为开展科研活动应当遵守的法律和管理科研活动需要遵守的法律，除科学技术投入法外，未来笔者认为还需要设立科研人员权益保护法等法律。最后，是国务院制定发布的科研行政法规，主要指的即是自然科学研究投入规定和社会科学研究投入规定。位于立法层级稍后的是地方各级人大制定的地方性科技法规以及各部委制定的规章。在立法层级最下方的是各级地方政府制定颁布的规章以及各部委下属部门受权颁布的部门技术标准。

五、科研经费管理办法法制提升的具体措施

（一）提升立法过程中的民主参与度

民主立法，主要指法律本身以及立法过程的民主性。法律本身的民主性，是指法律本身是人民根本利益和共同意见的集中体现，其中当然包含了意见差异的团体乃至意见相左的团体的利益，从这个意义上来说，法律是社会利益的“最大公约数”。而立法过程的民主性，是指立法者在立法过程，尤其是相应的决策过程中需要摒弃独断专行、恣意妄为的作风，做到立法能“充分反映民意、广泛集中民智”。

以往我国科技法律的制定缺乏群众参与、专家研讨和舆论宣传，致使立法显著落后于科研活动的实际需要，逐渐成为曲高和寡的“阳春白雪”，故而提出了民主化立法的要求。在科研经费管理法律规则的制度化提升过程中，立法者应当主动地提升立法过程的民主参与度。特别是在审议及创设科研经费管理法律规则的过程中，立法机关应当充分听取直接的利益相关群体，尤其是活跃在科研战线的项目负责人和基层科研人员，以及存在利害关系的科研机构管理部门和科研机构财务部门的建议意见。同时，可以通过立法座谈会、听证会、论证会、辩论会、书面征求意见等形式吸纳社会各界广泛参与科研经费立法，从而提升科研经费管理立法的民主性和科学性。应当建立常态化的立法反馈机制，广泛发动群众监督科研经费管理法律规则的落实，并为后续的立法完善提供意见。

（二）可以借鉴其他国家和地区经验

先进的管理制度是人类社会的共同财富，可以勇于向走在前面的国家学习科研经费管理的制度经验。域外的科研经费管理规则，如美国的《国家科学基金会法》《国家科技政策、组织和重点法》，法国的《科研规划

与导向法》《基金管理法》，奥地利的《科研组织法》，英国的《应用研究合同条例》，德国的《科研自由法》，日本的《推进创造性科技制度》等，都是在充分结合制定国本国的实际情况的同时，充分调动了科研机构的积极性。我们可以学习、借鉴国外成熟经验，同时结合中国的经济社会实际情况，制定既要符合实际又有超前引导性的科研经费管理法律规则体系。

（三）注意与其他相关法律之间的衔接

未来的科学技术经费管理法特别需要和财政预算法、劳动社会法、税法和知识产权法，以及相关人事制度中的工薪制度、职称晋升制度、人才流动制度进行有机衔接。特别注意寻找科研活动、科研财政资金、科研经费管理中的普遍性和特殊性，科研活动既是普遍劳动又是特殊劳动；科研经费既有财政资金的属性，在成本核算上又有特殊性；科研合同既是民事合同，又具有不完全契约合同的特征；科研经费管理既具有管理活动的通常特征，又有其特殊的要求。因此，科学技术经费管理法不能违背预算法等的基本原则，同时在立法上要突出其特殊性。

第七章　科研经费分类分层分项规范管理法律制度创设

为了更好地发挥科技创新“引领发展的第一动力”的作用，推动科研体制机制创新，将创新型国家建设全面纳入法治化轨道，建立健全科技立法体系，完善提升科研经费管理的法律规范，应成为当前法制建设的一项重要任务。当前，我国科研经费管理规制体系在法的形式上存在数量庞杂、政出多门、层次较低等问题，从内在制度设计上，无论自然科学还是社会科学，无论基础研究还是应用研究，忽视了不同研究的特性，均用一套“尺子”来度量，违背了科研活动规律，亟须法制提升和完善。

我国目前的国家级科研项目分为自然科学项目和人文社会科学项目，自然科学项目又包括“973计划”、“863计划”、国家科技支撑计划、国家自然科学基金、基础研究重大前期研究专项、国家重点新产品计划、农业科技成果转化基金、国际科技合作计划、国家软科学研究计划、国家高技术产业化计划等，社会科学研究包括国家社会科学基金、全国教育科学规划课题、全国艺术科学规划课题等（如图7－1所示）。

- 国家级科研项目
  - 自然科学
    - “973计划”
    - “863计划”
    - 国家科技支撑计划
    - 国家自然科学基金
    - 基础研究重大前期研究专项
    - 国家重点新产品计划
    - 农业科技成果转化基金
    - 国际科技合作计划
    - 国家软科学研究计划
    - 国家高技术产业化计划
  - 社会科学
    - 国家社会科学基金
    - 全国教育科学规划课题
    - 全国艺术科学规划课题

图 7－1　现行国家级科研项目主题分类体系

目前的科研经费管理大致按照科研计划项目设置了多个项目管理办法，数量过多、机构庞杂、内容雷同，改革的方向是制定《科学技术投入法》，并在其之下按照分类分级分项进行制度设计（如图 7－2 所示），分类是先将科学研究活动分为自然科学研究和人文社会科学研究两个领域，并将自然科学研究分为基础研究、应用研究和试验发展研究三类，将人文社会科学研究分为基础研究和应用研究；分级是将科研经费管理的行政级别分为中央和地方两级管理办法；分项是按照科研活动资金来源将科研项目分为纵向项目和横向项目。

- 科研经费分类分级分项管理体系
  - 分类管理
    - 自然科学
      - 基础研究
      - 应用研究
      - 试验发展研究
    - 人文社会科学
      - 基础研究
      - 应用研究
  - 分级管理
    - 中央科研经费管理
    - 地方科研经费管理
  - 分项管理
    - 横向项目经费管理
    - 纵向项目经费管理

图 7－2　科研经费分类分级分项管理体系

一、以不同类型和层级的需求规划预算和使用

(一)自然科学与社会科学研究经费管理的差异

自然科学研究与人文社会科学研究经费使用的差别主要体现在四个方面(如表7-1所示):第一,直接费用[①]中发生的非人工成本不同。自然科学研究的直接费用主要为试验费、材料费、加工费、设备购置费,人文社会科学研究的直接费用主要为会议费、差旅费、资料费。第二,人工成本的投入形式和可核算性不同,自然科学研究人工成本的投入形式主要为思考和试验,成本可以通过工作量(小时/天)来核算,社会科学研究人工成本的投入形式主要是思考和交流,成本难以核算。第三,间接费用[②]占总费用支出的比重不同。自然科学研究需要科研单位提供大型实验室,因此,涉及的设备、房屋、水电气、物料消耗、清洁打扫等费用支出较高,所以间接费用占比较高。社会科学因为外出调研的时间和频次较多,发生的交通费、差旅费较多,使用科研单位资源较少,因此,间接费用占比较低。第四,成果评估与市场转化不同。自然科学成果(基础研究除外)有成熟的技术标准来评估其价值,新技术、新产品易产业化和市场化推广,社会科学研究成果缺乏技术性标准,一般为同行专家评议定级,其社会价值也很难在短期内"立竿见影",即便对科研人员进行物质奖励,其社会价值也大于经济价值。这种经费使用的差异自然导致经费管理模式的不同:自然科学的科研经费可以实现全成本核算和成本效益分析,自然科学经费的管理应以全成本核算和市场化的成果价值评估作为经费划拨和使用依据;而社会科学研究经费难以进行全成本核算和成本效益分析,社会科学经费的管理应以专家的成果质量评价结论作为经费划拨和使用依据。

---

① 直接费用,是指在课题研究开发过程中发生的与之直接相关的费用。

② 间接费用,是指承担课题任务的单位在组织实施课题过程中发生的无法在直接费用中列支的相关费用。主要包括承担课题任务的单位为课题研究提供的现有仪器设备及房屋,水、电、气、暖消耗,有关管理费用的补助支出以及绩效支出等。

表7-1 自然科学研究与人文社会科学研究经费使用的差异

经费管理特性	自然科学研究	人文社会科学研究
主要非人工成本	试验费、材料费、加工费、设备购置费	会议费、差旅费、资料费
人工成本投入形式	思考、试验	思考、交流
人工成本的可核算性	按工作量(小时/天)	难以核算
间接费用占比	高	低
科研全成本核算	可以实现(基础研究除外)	难以实现
成果评估	有成熟的技术标准(基础研究除外)	同行评议
市场转化	容易产业化及市场化(基础研究除外)	扩大全人类知识领域
价值回收	知识产权归研究人员	正外部效应突出(社会价值大于经济价值)
资金成本效益分析	可以分析	难以分析

(二)自然科学研究经费的预算构成及费用报销

1. 自然科学研究中基础研究的经费管理——国家自然科学基金资助项目经费管理的改进

国家自然科学基金,主要用于资助科学技术人员开展基础研究和科学前沿探索,支持人才和团队建设的专项资金。2002年财政部及国家自然科学基金委员会联合发文《国家自然科学基金项目资助经费管理办法》(财教〔2002〕65号)(以下简称老办法)。2002年的科学基金预算只有19.7亿元,2014年增长到194亿元,年均增长率达到21%。资金大幅度增长,为基础研究的发展提供了有力保障,客观上也要求进一步改进和加强资金管理。2015年财政部、国家自然科学基金委员会对老办法进行了修订,重新印发了《国家自然科学基金资助项目资金管理办法》(财教〔2015〕15号)(以下简称新办法)。

对比新老办法可以得知,改进主要体现在以下六个方面(如表7-2所示):(1)更加尊重自然科学基金管理的特点。从科学规律来看,自然科学研究的主要方法是科学实验，老办法在直接费用下设置了“科研业务费”二级科目，该科目过于笼统，内容较多，新办法取消“科研业务费”，将测试化验加工费、燃料动力费、差旅费、会议费、出版/文献/信息传播/知识产权事务费从三级科目提升为二级科目，并明确了支出内容。(2)完善了劳务费用。老办法的劳务费只能支付给在校研究生和博士后，并且有15%或10%的比例限制，新办法在原来的范围基础上增加了支付给临时聘用人员的劳务费和社会保险补助费。老办法没有专家咨询费，新办法增加了专家咨询费。(3)建立了项目间接成本补偿机制。引入间接成本补偿机制，将项目资金按照直接费用、间接费用进行合理划分。这一做法符合国际惯例和科研活动规律，体现了科学管理的要求。对间接费的核定管理，新办法明确要与依托单位的信用等级挂钩。(4)体现了放管结合。老办法中的预算调整审批权在国家自然科学基金委，新办法根据基础研究的探索性和不确定性，进一步下放了部分预算调整权限，简化了审批环节，为科研人员提供了方便。新办法下放了预算调整审批权，在项目预算总额不变的情况下，直接费用中材料费、测试化验加工费等科研活动中重要的支出预算如需调整，由项目负责人根据实际需要提出申请，报依托单位审批。同时规定，会议费、差旅费、国际合作与交流费在不突破三项支出预算总额的前提下可调剂使用，实际使用中这三项经费经常难以分开。多位依托单位的科研人员都表示，打通使用让他们少了很多不必要的纠结。但严格控制设备费、专家咨询费、劳务费支出，这三项预算一般不予调增，但可以调减，用于其他必要的直接支出。(5)完善结余资金使用。项目通过结题验收且依托单位信用评价好的，项目结余资金在两年内由依托单位统筹安排，专门用于基础研究的直接支出。若两年后结余资金仍有剩余的，应按原渠道退回。项目负责人在项目结题验收后如需继续使用结余资金，可以向依托单位提出申请。(6)进一步加强了经费监管。比如，新办法规定了资金使用的五大禁区：项目负责人不得擅自调整外拨资金；不得利用虚假票据套取资金；不得虚报冒领劳务费和专家咨询费；不得违规开支测试化验加工费；严禁使用项目资金支付各种罚款、捐款、赞助、投资等。提出加强资金监管，实行“公务卡”结算，减少现金支出，实现“痕迹”管理。

表7-2　国家自然科学基金资助项目资金管理办法新旧对比及改进建议

费用名称		2002年旧办法	2015年新办法	新旧变化	改进建议
直接费用	设备费	专用仪器设备购置、运输、安装费和修理费，自制专用仪器设备的材料、配件购置费和加工费	购置或试制专用仪器设备、租赁外单位仪器设备而发生的费用	增加租赁设备发生的费用	
	材料费	消耗的各种原材料，辅助材料，低值易耗品等的采购及运输、装卸、整理等费用	原材料、试剂、药品等消耗品购置费，实验动物、植物的购置、种植、养殖费，标本、样品的采集加工费和包装运输费	细化了材料的品种	
	测试化验加工费	属于科研业务费，未单独明确	支付给外单位(包括依托单位内部独立经济核算单位)的检验、测试、化验及加工等费用	三级科目变为二级科目	还应包括支付给个人或个体工商户的加工费
	燃料动力费	属于科研业务费，未单独明确	大型仪器设备、专用科学装置等运行发生的可以单独计量的水、电、气、燃料消耗费用等	三级科目变为二级科目	
	差旅费	属于科研业务费，未单独明确	开展科学实验(试验)、科学考察、业务调研、学术交流等所发生的外埠差旅费、市内交通费用等	三级科目变为二级科目	还应包括伙食补助费
	会议费	属于科研业务费，未单独明确	为了组织开展学术研讨、咨询以及协调项目研究工作等活动而发生的会议费用	三级科目变为二级科目	
	国际合作与交流费	面上项目部超过总额15%，重大项目不超过总额的10%	无比例限制，严格执行国家外事资金管理的有关规定	取消比例限制	

续表

费用名称		2002 年旧办法	2015 年新办法	新旧变化	改进建议
	出版/文献/信息传播/知识产权事务费	属于科研业务费,未单独明确	支付的出版费、资料费、专用软件购买费、文献检索费、专业通信费、专利申请及其他知识产权事务等费用	三级科目变为二级科目	
	劳务费	用于直接参加项目研究的研究生、博士后人员的劳务费用。 面上项目不得超过总额的 15%,重大项目不得超过 10%	支付给项目组成员中没有工资性收入的在校研究生、博士后和临时聘用人员的劳务费用,以及临时聘用人员的社会保险补助费用	取消比例限制,增加了临时聘用人员的劳务费用,以及临时聘用人员的社会保险补助费用	应当结合当地实际以及参与项目的全时工作时间等因素,合理确定课题组成员的劳务费
	专家咨询费	无	支付给临时聘请的咨询专家的费用	从无到有	
	其他支出				
间接费用	房屋折旧费	原名称统一为“管理费用”,不得超过自然科学基金资助经费的 5%	按照不超过项目直接费用扣除设备购置费后的金额,按超额累减比例 20%、13%、10%计算定。间接费用核定应当与依托单位信用等级挂钩	提高了间接费用的比例,明确依托单位提取绩效支出	
	设备磨损费				
	水电气费				
	管理费				
	绩效支出		不超过直接费用扣除设备购置费后的 5%		

新办法尽管在预算构成上有了很大的改进,然而尚需改进的空间仍然很大,最大的问题是对人力成本费用的改革不彻底,甚至可以说新办法在补偿劳动成本,激发创新活力上仅能被算作“半成品”。新办法规定:劳务费支出 = 在校研究生劳务费支出 + 在校博士后劳务费支出 + 临时聘用人员劳务费支出 + 临时聘用人员的社会保险补助支出,这就意味着在劳务费的开支范围内,仍然不包括有工资的课题组人员,这种规定的不合理性体现在:第一,是违反《劳动法》的科技劳动者“有取得劳动报酬的权利”

的规定的。[①] 第二,目前高校的工资制度,高校教师的工资收入构成为"基本工资+津贴补贴",反映的是教学工作的劳动报酬,高校教师投入大量人力成本的科研活动既没有在工资里体现,按现行规定也无法在科研活动中得到成本补偿。第三,这种规定所体现的管理思维是"工具化"利用科研人员,而不是把科研人员当作"资源""资本"来保护和投资。第四,体现了"重物不重人"的行政管理惰性。由于仪器设备看得见、摸得着,方便管理,对仪器设备的购置不设置过多规定,对劳务费由于信息不对称、不便于管理而不允许课题组人员从课题资助经费中支出劳务费,仍然是计划经济下的管理思维。第五,从国际横向对比来看,我国科研的人力支出也远远低于其他国家。中国科研人员人均每年劳务成本仅有日本的1/12,韩国的1/6。最终导致科研人员的积极性受挫,科研成果不尽如人意,社会创新活力被抑制,国家财政资助资金被浪费。

课题组建议:(1)项目申请者只编制直接费用预算,间接费用预算由国家自然科学基金委员会按照依托单位信用等级另外支付,适当提高间接费用比例,以合理补偿间接费用成本为目的。(2)允许课题组成员合理取得人力成本补偿。应当结合当地实际经济水平,按照参与项目人员的全时工作时间(按照小时或天等计量标准)等因素,合理确定课题组成员的劳务费。(3)不设置劳务费提取比例上限。法律规则的制定有其严肃性,没有合理合法的依据不能无缘无故地给予比例的限制。(4)完善国家自然科学基金委员会的预算资金管理系统和依托单位的科研项目财务管理系统,每年的预算编制、预算执行和项目结算数据均在电脑中,依托单位的财务部门在每年年度终了对项目进行阶段性决算,数据通过网络传递到国家基金委员会,随时可以统计出各费用的平均值和平均占比,国家自然科学基金委员会可根据预警数字进行监督和检查。(5)建立项目资金管理承诺机制和信用管理机制。项目负责人应当承诺提供真实的项目信息,并认真遵守项目资金管理的有关规定。对信息虚假导致的后果承担责任。自然科学基金委员会对项目负责人的信誉度进行评价和记录,作为对项目负责人绩效考评以及连续资助的依据。

---

① 罗马尼亚的《劳动法典》中专门有"科学劳动"一章。

2. 自然科学研究中应用研究和试验发展的经费管理——以国家科技支撑计划专项经费管理为例

财政资金支持的自然科学应用研究和试验发展研究主要包含于国家科技计划中,主要包括:国家科技重大专项;“863 计划”;国家科技支撑计划;“973 计划”;国家重大科学研究计划;科技基础条件平台建设;政策引导类科技计划及专项:星火计划、火炬计划、国家重点新产品计划、国家软科学研究计划;其他,如国际科技合作计划、农业科技成果转化资金、科技基础性工作专项等。其中,国家科技支撑计划是为贯彻落实《国家中长期科学和技术发展规划纲要(2006—2020)》重点领域及优先主题的任务部署,以重大工艺技术及产业共性技术研究开发与产业化应用示范为重点,主要解决综合性、跨行业、跨地区的重大科技问题,突破技术制约,提升产业竞争力,设立国家科技支撑计划(以下简称支撑计划)。

2006 年 9 月财政部、科技部印发了《国家科技支撑计划专项经费管理办法》(财教〔2006〕160 号),其规定支撑计划资金预算支出项目包括 12 项:(1)设备费;(2)材料费;(3)测试化验加工费;(4)燃料动力费;(5)差旅费;(6)会议费;(7)国际合作与交流费;(8)出版/文献/信息传播/知识产权事务费;(9)劳务费;(10)专家咨询费;(11)管理费;(12)其他费用等。

其中,劳务费是指在课题研究开发过程中支付给课题组成员中没有工资性收入的相关人员(如在校研究生)和课题组临时聘用人员等的劳务性费用。专家咨询费是指在课题研究开发过程中支付给临时聘请的咨询专家的费用。专家咨询费不得支付给参与支撑计划及其项目、课题管理相关的工作人员。管理费按照课题专项经费预算分段超额累退比例法核定,核定比例如下:课题经费预算在 100 万元及以下的部分按照 8% 的比例核定;超过 100 万元至 500 万元的部分按照 5% 的比例核定;超过 500 万元至 1000 万元的部分按照 2% 的比例核定;超过 1000 万元的部分按照 1% 的比例核定。管理费实行总额控制,由课题承担单位管理和使用。

在预算调整权上,课题支出预算科目中的劳务费、专家咨询费和管理费预算一般不予调整。其他支出科目,在不超过该科目核定预算 10%,或超过 10% 但科目调整金额不超过 5 万元的,由课题承担单位根据研究需要调整执行;其他支出科目预算执行超过核定预算 10% 且金额在 5 万元以上的,由课题负责人协助课题承担单位提出调整意见,经项目组织单位审核同意后报科技部批准。

将《国家科技支撑计划专项经费管理办法》与 2015 年印发的《国家自然科学基金资助项目资金管理办法》对比,可以看到:(1)预算项目基本相同;(2)劳务费、专家咨询费管理得更为严格,管理费提取的比例较低;(3)预算审批权尚未下放。

那么,根据国务院《关于改进加强中央财政科研项目和资金管理的若干意见》(以下简称国发〔2014〕11 号文),除《国家自然科学基金资助项目资金管理办法》和《国家社会科学基金管理办法》已经修订后出台外,大量的科技计划类项目资金管理办法尚未出台,如果国家科技计划都比照《国家自然科学基金资助项目资金管理办法》来修订,显然是无视应用型研究与基础型研究的不同特点、不同研究主体,设计相同或类似的管理模式和经费管理制度去管理国家自然科学和国家科技计划项目显然欠妥。

我国的应用和开发型研究,应分为两种情况:一种是大型科技工程项目,通常是与国家国防和公共利益相关的军事项目,如卫星发射、航天飞机等科研项目,通常由国家下达行政性指令给军事科研机构或大型科学实验室,项目合同属于行政合同,预算费用的编制详细而没有费用比例的限制,设备购置费高,管理费用高,报销制度行政化程序化。另一种为商业性技术开发项目,它的管理有三个特点:一是项目负责人可能是高校、政府科研机构之外的企业、私人团体和组织;二是市场化的管理,重视成本效益的核算分析;三是重视项目各阶段的评估,特别是项目成果市场价值的评估。因此,笔者建议:一是市场化的应用开发研究在预算支出科目的设置上,最好比照企业财务成本核算科目来设置,比如,与会计科目商品服务支出下的办公费、印刷费、咨询费、邮电费、会议费、培训费、劳务费等及其他资本性支出下的办公设备购置、专用设备购置支出口径接近一致,则项目预算与会计科目核算实现无缝衔接,便于成本核算和绩效分析。二是国家在产业、税收、金融、政府采购等政策上,鼓励、引导社会资金投入,激励高校学生的创新创业,使其在技术转让、技术咨询和技术服务享有增值税、所得税方面更优惠的待遇。

(三)人文社会科学研究经费的预算构成及费用报销

一个没有发达的自然科学的国家不可能走在世界前列，一个没有繁荣的哲学社会科学的国家也不可能走在世界前列。在2016年5月17日哲学社会科学工作座谈会上，习近平同志鞭辟入里地指出："观察当代中国哲学社会科学，需要有一个宽广的视角，需要放到世界和我国发展大历史中去看。人类社会每一次重大跃进，人类文明每一次重大发展，都离不开哲学社会科学的知识变革和思想先导。"这一论断指明了哲学社会科学在国家发展中不可替代的地位，对构建中国特色哲学社会科学提出了新要求。综观世界历史尤其是欧洲各国史就会发现：思想文化与知识体系的建设和发展，与一个民族和国家的兴衰存亡之间有着直接的逻辑关联。风雷磅礴的英国工业革命和法国大革命曾激荡欧洲各国上层社会和知识界。英国的霍布斯、洛克、大卫·李嘉图、亚当·斯密等和法国的伏尔泰、孟德斯鸠、卢梭、狄德罗、爱尔维修、维克多·雨果、巴尔扎克、莫泊桑等思想家、文学家，不仅为表达和反映新兴资产阶级的政治诉求和经济愿景贡献了思想和观点，而且创造了内涵丰富的英国文化和法国文化。德国的崛起之路及其文化发力，既颇具特色又引人深思。在欧洲大陆，德国是后发国家。国家的受欺被辱使德国的一批社会精英开始了民族觉醒，他们立誓要与英法比肩争雄。考察德国近代史可知，自1750年前后至1850年前后的百余年时间内，德国涌现出了一大批享誉世界、雄踞古今的大思想家、文学家、哲学家、军事家、音乐家，如马克思、恩格斯、莱辛、席勒、歌德、康德、海涅、黑格尔、叔本华、费希特、谢林、费尔巴哈、克劳塞维茨、贝多芬等。这些贯穿历史、名震宇内的天才群体，几乎照亮了那个时代人类文明的大半天空。歌德写出的《浮士德》，被称为"德国人现世的圣经"，使德国文学成为世界意义的文学。黑格尔更是使德国无可争辩地站在了理论思维和哲学世界的高峰，使德国完成了精神革命。至此，德国已经不容置疑地树立了理论自信和文化自信，为其国家崛起奠定了基础。

当下中国正在经历着历史上最为广泛而深刻的社会变革，也正在进行着人类历史上最为宏大而独特的实践创新，必将给理论创造、学术繁荣和文化发展提供强大动力和广阔空间。正如习近平同志指出的："这是一个需要理论而且一定能够产生理论的时代，这是一个需要思想而且一定能够产生思想的时代。”在我国哲学社会科学地位更加重要、任务更加繁重的新形势下，我国的人文社会科学研究上还存在一些亟待解决的问题，如学术原创能力不强，人才队伍素质不高，研究成果数量丰而质量低、专家多而大师缺等，作为科学研究的经济基础——财政资金支持和科研经费管理上也存在较多问题，如投入不足，绩效评价体系不够科学，成果转化亟待加强等。

1. 人文社会科学研究经费管理存在的问题

（1）人文社会科学研究重视和投入不足

改革开放以来，市场经济意识深入人心，对成果效益的注重和提高我国自主创新能力的考量，使整个社会存在重理轻文的思想，认为自然科学的研究价值和应用价值要高于人文社会科学，自然科学方面的人才才是社会真正的人才，使国家财政资金投入更多地配置在自然科学领域，如国家自然科学基金和国家多个科技计划（如国家科技重大专项；“863 计划”；支撑计划；“973 计划”；国家重大科学研究计划等），而对人文社会科学的财政资金投入不足。将国家自然科学基金和国家人文社会科学基金进行对比，可以看到国家自然科学重大规划项目定额资助最高为 80 万元，而国家社会科学规划项目定额资助仅为 20 万元，前者为后者的 4 倍。这固然是由于在自然科学的试验研究方法下，购置仪器设备、建立实验室的费用较高，然而自然科学研究目前仪器设备重复购买、实验室和图书馆不对社会共享的弊病已经引起社会不满。相反，社会科学诸多领域研究，尤其是偏僻冷门的学科却很少获得国家财政资金的资助，需要加大国家财政资金的投入，支持社会科学研究的发展。

（2）财政激励机制不够

一是为人文社会科学的奖励制度供给不足。从国家奖励政策来看，自然科学有一套完善的奖励制度，而人文社会科学一直都没有设置国家级的科研成果奖，两院院士制度也为自然科学发展创新提供了人才的制度保障，而人文社会科学尚未建立这种特殊的学术荣誉和头衔。各级政府在人文社会科学上设置的奖励制度也比较单一。二是人文社会科学研究课题在经费管理上存在更严重的对人力资本补偿不足问题。

虽说目前我国科研活动中人力资本补偿不足是一个共性问题，但是人文社会科学研究的特点使这个问题更加严重和突出。许多人文社会科学研究领域需要研究者“甘坐十年冷板凳”,除简单的办公耗材和大量参考文献外,几乎不需要买多少设备,也不需要整天穿梭于各种学术论坛和年会,人文社会科学研究投入最多的是人力资本投入,按照舒尔茨的观点,人力资本是劳动者的知识、智力、技能、健康等的综合,是一种具体的资本形态。学术人力资本与其他人力资本相比具有独有特征:高投入与高机会成本性、产出不确定性和自主性、难以衡量性。[①] 在现行经费管理办法中,高校科研人员主要包括有工资收入的高校教师、无工资收入的在校研究生、临时聘用人员,各级科研项目经费管理办法中对以上三类人员的费用采取不同方式,其中,无工资收入的研究生和临时性工作人员可以列支劳务费,但是基本被限制在很低的范围之内(见表7-3),但有工资收入的高校教师不得从科研项目经费中列支相应的劳务费。高校教师按照项目申报的预期承诺完成学术研究,但是无法取得相应的报酬,过于严苛的人员经费支出限制使正常的学术人力资本投入难以得到补偿,致使部分项目承担者“逆向选择”,从非实际支出的范围内报销发票来使用科研经费,“文科买车票、理科买设备”就成了科研经费支出的真实写照。

表7-3 人文社会科学类科研项目经费的劳务支出规定

项目类别	2014年资助额度	劳务费上限	劳务费支出范围	在职高校教师劳务费	学术人力资本补偿形式
国家社会科学基金(重大项目)	50万~80万元	5%	支付给直接参与项目研究的在校研究生和其他课题组临时聘用人员等的劳务性费用	无	直接补偿
国家社会科学基金(其他项目)	20万元	10%		无	直接补偿
全国教育科学规划课题	国家级别15万~30万元,教育部级别2万~3万元	重大课题不得超过5%,其他课题不得超过10%		无	直接补偿

① 参见任强、胡水星:《高校人文社科学术人力资本补偿分析——基于科研经费管理的视角》,载《教育财会研究》2015年第2期。

续表

项目类别	2014年资助额度	劳务费上限	劳务费支出范围	在职高校教师劳务费	学术人力资本补偿形式
全国艺术科学规划课题	国家一般项目20万元，文化部级别4万~6万元	无劳务费支出项	无	无	无
教育部人文社会科学研究一般项目	规划基金10元，青年基金8万元	未明确规定上限	直接参与项目研究的研究生助研津贴，以及非课题组成员、科研辅助人员的劳务支出	无	直接补偿

(3)成果评价体系不科学

人文社会科学带有的主观性、经验性和价值判断等学科特点使人文社会科学成果评价变得极为复杂，且随着研究趋势的变化，人文社会科学各学科之间及其与自然科学的交叉融合、跨学科发展以及评价标准的多元化，使评价的难度不断增加。例如，目前广泛使用的同行评议专家一般为某一研究领域专家，对其他领域、边缘学科并不一定熟悉，视野易受局限，甚至以本学科传统眼光排斥新兴学科、跨学科研究。由于我国学术评价为行政主导评价，行政权力的影子时不时在评价中显现，使评价呈现较大的随意性。我国在人文社会科学成果评价方面的不足，表现为：行政主导民众参与度低，同行评议与文献计量相结合的评价模式尚未成熟，重视量化考核而忽视成果质量，注重引文数量而忽视经济效益，重人情而欠科学公正，抄袭剽窃风气未衰。

(4)成果转化渠道不通畅

首先，人文社会科学成果存在与市场的现实需要脱节的问题。不少高校教师长期囿于教学科研，与社会联系不够紧密，对社会、市场的需求和变化不甚了解，消息闭塞，难以有重点、有选择地开展针对性、前瞻性科研。只习惯埋头于资料堆中搞科研，不愿深入社会进行调研获得第一手资料，使科研脱离现实，科研成果虽有一定的学术价值，但没有客观需求，也只能束之高阁。

其次,人文社会科学成果的转化具有需要“二次”转化的特点。人文社会科学类科研成果是精神类产品,其中一部分决策咨询、评估类的科研成果可以直接为政府、企业的决策提供参考而实施转化,而大部分的成果是通过传播而作用于人们的头脑以实现转化的。对于人文社会科学科研成果的转化需要经过“二次转化”,首次转化需要通过科研人员将自身的科研成果在学术期刊发表或出版,但首次转化范围有限。再次转化需要将科研成果产业化,科研成果通过电视、网络等新媒体予以展示,或者以学术会议、学术论坛的形式予以表现,这对智库学者、学术大腕相对容易,而对大多数年轻的人文社会科学研究者实施难度比较大。

最后,由于受市场经济的影响,媒体的经营者更注重经济效益,而忽视社会效益,在节目组织和专栏策划方面对优秀人文社会科学类成果的传播推广重视不够,缺乏有效的组织。这些影响因素在很大程度上制约了人文社会科学科研成果的转化,人文社会科学科研成果的再次转化资源不足,渠道不畅。

2. 人文社会科学研究经费管理的理论探讨

如果说科研活动普遍具有信息不对称和契约的不完全性,那么人文社会科学研究由于研究周期长、投入产出不稳定、科研成果价值的商业化程度低等特点,所表现出来的信息不对称和契约的不完全性更加明显,从而使人文社会科学研究领域比自然科学研究领域出现科研资源配置的“逆向选择”和科研人员预算执行中的“道德风险”问题更为严重。

(1)科研资源配置的“逆向选择”问题及对策

早在 1945 年哈耶克就指出,任何资源配置问题都是特定决策的结果,而任何决策都基于给定的信息。科研管理机构在进行项目审批过程中,要判断申请者的科研水平和能力,而这个信息属于私人信息,在科研管理机构与项目申请人之间具有信息的不对称性。通过申请计划书或者发表论文的数量和质量(表现为期刊载体)来判读申请者的科研能力水平,很容易将那些不谙计划书写作技巧、创新思维强的年轻申请者拒之门外。在现实中,出现由信息不对称造成的课题竞争机制的失效,大量的科研经费流向低水平的科研人员手中或业绩不明显的地方,高水平的具有创新力的科研人员不能争取到科研经费,从而导致科研资源配置的“逆向选择”。

根治“逆向选择”的对策。克伦(Kren)提出契约结构既能通过减少信息不对称控制机会主义成本,又能通过代理人的上级设计不同形式的激励,来安排其物质利益(激励契约)。富勒顿(Fullerton)和迈克菲(McAfee)建立了一个分析框架,结合了拍卖竞标机制和锦标赛机制,形成了委托人激励机制下的科研经费管理模式。其核心内容是改变当前“撒胡椒面”式的财政资金平均分配主义,国家财政从“项目和经费导向”转为“创新性科研及成果质量奖励导向”,制定并细化对创新性科研成果和优秀研究成果(以评级结论为据)的后续财税鼓励规则,尽量运用财税法的优惠规定引导和实现科研资源的优化配置。管理部门要对经费的使用留有适当的松弛和弹性空间,利用间接费用中的绩效支出和结余资金来改善研究人员的工作环境和研究条件。

(2)科研经费使用中的“道德风险”问题及其对策

科研人员与管理部门之间事后的信息不对称导致了预算过程和经费使用的道德风险。科研人员的努力程度、人力资本投入量是难以评估的,所以很难认定科研人员获得经费后是不是已经全身心地投入科研。那么,科研人员就有可能偏离科研经费使用的初衷而为自己的利益采取行动,科研人员将经费用于私人生活或超额支付给自己报酬,这些是道德风险产生的原因和表现。

对事后道德风险的治理要依赖三个相辅相成的机制的建立:一是科研成果评价机制;二是财税激励机制;三是科研诚信机制。只有建立了科学的科研成果评价机制,以评级结论为依据,财政资金对创新型成果和优秀研究成果才能进行财税方面的激励和奖励,从而调动科研人员的投身科研活动和国家人文社会科学事业的积极性,因此,科研成果评价机制是基础,财税激励机制是重点。科研诚信机制是保障,应建立与学术荣誉、职称评定、科研后续资助紧密相关的科研诚信机制,让具有道德动机的代理人会按照有效的自我控制方式行事。

3. 人文社会科学研究预算构成及经费报销制度设计

在国发〔2014〕11 号文件出台后,根据文件精神,财政部、教育部和国家自然科学基金委已经于 2015 年修订并印发了《国家自然科学基金资助项目资金管理办法》(财教〔2015〕15 号)。全国哲学社会科学规划办公室在2013年修订并印发了《国家社会科学基金管理办法(修订)》,但是该办法中几乎没有提及资金使用、预算构成和经费报销问题。目前的国家社会科学研究经费管理仍延续2007年的老办法,自然与国发〔2014〕11号文遵循科研活动规律、鼓励创新创造的精神相悖,需要尽快出台国家社会科学基金经费管理办法。

笔者认为,对人文社会科学研究经费的管理和使用应体现如下原则:一是预算构成上应遵循科研活动规律,提高对人力成本的补偿;二是管理理念上,应简政放权,宜粗不宜细;三是完善机制,以事后成果质量评价和财税激励机制来控制科研人员的道德风险;四是建立科研诚信机制,内化对科研人员道德约束。

具体而言:(1)在预算构成上可以分为直接费用和间接费用,项目申请者只核算直接费用包括劳务费、专家咨询费、会议费、差旅费、国际交流合作费、资料费、设备费等,间接费用包括管理费和绩效支出,由国家社会科学基金委根据依托单位信用等级另行支付。(2)劳务费包括支付给全部参与课题研究人员的经费,既包括在校的研究生、博士后的劳务费,又包括临时聘用人员的劳务费支出和社会保险补助支出,还包括有工资收入的课题组成员的劳务费支出,并且不设定比例限制。(3)会议费、差旅费、国际交流合作费允许在总额内使用。(4)在课题思路没有大的调整的情况下,预算调整审批权限尽量下放给依托单位,解决"买酱油的钱不能打醋"的老问题。(5)简化费用报销的审批手续,不应唯"票据论",只要发生的与课题研究直接相关的费用支出,有发票凭发票,或者无发票但能给予合理的解释,则应予报销。(6)完善科研成果的同行评议制度。(7)依托单位充分发挥绩效支出的激励作用,国家科研管理部门应设置等级更高、数量更多的关于人文社会科学领域的奖励机制。(8)建立科研诚信制度,强化对科研人员的内在约束机制。

二、依属性划分不同项目经费预算和使用

《宪法》和《地方各级人民代表大会和地方各级人民政府组织法》都赋予了各级政府科技管理的职能。国发〔2014〕11号文明确规定"各地区要参照本意见,制定加强本地财政科研项目和资金管理的办法"。由于依托

单位是国家财政科研资金管理主体,教育部的若干文件也明确规定各高校要制定本校具体的科研项目和经费使用实施细则。从法理上来看,地方科研项目资金源于地方财政资金,地方政府对地方财政资金的使用和支配具有自主管理权,可以在国家科研资金管理政策的指引下,制定符合本地区客观实际的管理办法。随着2016年国家领导人的讲话阐释和国发〔2014〕11号文的出台,国家自然科学基金和国家社会科学基金对经费管理思维发生转变——从监督检查向"抓放管"相结合,为地方各级政府和高校、科研机构科研项目和资金管理留下了更多的自主空间。如果地方各级政府领导和高校管理者改变思维,抓住机遇,实现本地区、本单位科研活力的迸发,科研水平的提升,科研成果的转化,实现科技是促进经济发展的第一动力指日可待。

根据课题组对全国省级国家社会科学基金管理办法的分析调查,发现在社会科学基金管理和科研经费使用上,各地区在政策上存在松紧不一的现象。政策宽松度受多方面因素的影响。总体来看,经济越发达的东部地区对社会科学基金管理和经费使用越宽松,越重视对科研人员的人力成本补偿。最宽松的制度政策是《浙江省哲学社会科学规划课题管理办法》,其明确规定"课题负责人在课题承担单位科研管理部门和财务管理部门的指导和监督下,按计划自主支配课题经费","劳务费指为开展课题研究用于咨询、研究人员写作补贴、辅助科研人员劳务补贴等的费用","课题结项后的余款,可用于成果的出版补助"。《广东省哲学社会科学规划项目管理办法》规定,"结项后所余经费,用于成果出版补贴和留作原课题组成员的科研经费"。《山东省社会科学基金项目经费管理办法》规定,"项目负责人有权自主使用资助经费。开支单据经项目负责人签字后,即可向代管项目经费的财务部门报销","劳务费指以上7项开支以外,资助经费如有结余,按稿酬的有关规定发给课题组成员的劳务费"。而《云南省社科重大项目管理办法》规定,"劳务费指在研究过程中支付给参与课题研究的在校研究生和其他临时聘请人员的费用,支出额度不得超过资助经费的5%","资助经费不得用于职工工资福利、基本建设和购置计算机,以及其他与完成本课题无直接关系的开支",明显比东部地区制度管理更严格。北京市、天津市的科研经费管理制度严格复制国家社会科学基金和自然科学基金管理办法，如《北京市哲学社科规划项目经费管理暂行办法》规定，“劳务费指在项目研究过程中发生的支付给直接参与项目研究的在校研究生和其他课题组临时聘用人员等的劳务性费用。一般项目不得超过项目资助总额的10%”，“项目研究完成后有经费结余的，净结余资金原渠道全额收回”。而海南省在《海南省哲学社会科学规划课题管理办法》中规定，“劳务费指在课题研究过程中发生的支付给研究人员写作补贴、辅助科研人员劳务补贴等的劳务性费用”，允许对全体研究人员进行写作补贴。此外，高校林立的陕西省社会科学基金管理办法也比较宽松，其规定“经费结余（包括预留经费）可用于项目研究成果的出版补助。其余部分由项目负责人继续用于开展其他社会科学研究工作”。

高校科研经费管理制度同样存在宽严不一的状况。经过分析调查发现，科研成果排名靠前的大学，都有较多的科研激励机制，主要表现在对绩效支出杠杆的运用和科研结余资金的安排上。北京大学的科研经费管理分为《北京大学人文社会科学研究项目经费管理办法》和《北京大学关于理科科研经费管理的规定》，前者对人文社会科学研究基本复制国家社会科学基金管理规定，没有太多激励制度。后者对自然科学研究的激励政策包括：国家科技计划课题的人员费包括直接参加项目研究的全体人员支出的劳务费用，项目剩余经费应在一年内由原账号转入科研负责人的发展基金账号使用。《中国人民大学科研项目经费管理办法》中规定：项目经费预算在10万元及以下的，绩效支出不超过预算总额的30%；超过10万元不多于50万元的，绩效支出不超过预算总额的25%，打破了国家规定的绩效支出不超过5%的比例限制，建立了绩效支出激励机制。《武汉大学加强科研经费管理的实施办法》规定：单位可按管理费的50%发放绩效奖励，科研经费结余资金可划入负责人的科研发展基金使用。相反地，科研成果不突出的高校一般科研经费管理办法都比较僵化，基本复制了国家社会科学基金和国家自然科学基金管理办法的规定，在实际操作上更趋于烦琐和严格。

关于科技与经济发展的关系，中央已经将其定位为科技是经济发展的第一动力，应将科技放在核心位置上对待。对科技和科研管理的领导者态度、认识的不同，导致不同的管理模式和制度设定，从而对科研的创新创造力带来不同的影响,最终影响经济社会的发展进步。经济发达地区的科研经费管理制度宽松,管理模式和理念先进,科技投入产出率高,科技对经济的促进作用大,科技与经济的良性循环机制已经显现;经济落后地区本需要通过科技创新推动经济加速度发展,才能缩小与东部地区的差距,然而现实中经济落后地区对科研经费的管理反而更加严格和僵化,科技创新力不足,经济发展后劲乏力,与东部地区的差距越拉越大。在我国科层化行政管理体制下,建议中央对地方官员的晋升考核中增加科技进步考核指标,从制度上增强地方官员大力发展科技的能动性。

三、横向协议依当事双方约定规划预算和使用

按照来源渠道不同,科研项目可划分为横向项目和纵向项目。横向项目,是指未列入各级政府部门科研规划,经费由社会资金支持的科研项目;纵向项目,是指列入中央或地方科技计划,经费由中央或地方财政资金支持的科研项目。

横向项目的科研经费管理,遵循契约精神,按照民事合同管理即可,按照契约双方的平等意愿,允许自由设定预算科目构成,在劳务费、咨询费方面,也可以自由设定支付对象和比例上限。按照合同规定,委托方和代理方履行各自的义务,一方给付金钱,另一方于科研期限内提交科研成果,在履约过程中若有经济纠纷,可以通过提交法律诉讼或仲裁机构解决。

纵向项目合同的性质,则存在“民事合同说”与“行政合同说”两种对立的观点。由于此类项目合同的法律性质未能明确,运用政府政财经费的项目承担人员所面临的法律风险正在不断加大。近年来,科技人员在承担科技项目后因未能按照合同约定使用经费而被追究刑事责任的案件时常见诸报端,引起了社会的广泛关注。这也导致一些科技人员为了避免刑事责任风险而放弃申报国家科技项目,从而给科研创新事业带来不利影响。纵向合同是否属于行政合同,应依据形式标准和实质标准两个方面来判定。从形式标准上来看,合同的一方若为国家机构或政府部门,符合行政合同的形式标准特点;从实质标准上来看,如果合同的执行目标任务是完成国家指令性计划,对科研合同实行从外到内、自上而下的管

理，实现行政法上的权利义务的，就是行政合同。我国目前的纵向科研项目，除军口上行政主体和部分科研机构签订的合同是为了完成军事国防指令性计划属于行政合同之外，大部分民口的纵向项目都不是以追求某种行政目标为目的的，而是依据科研人员的兴趣、爱好、能力来展开的科学自由探索，这类科研合同不应属于行政合同，应属于民事合同。

但是，这种基于科研纵向项目的民事合同，与普通生产活动不同，具有信息不对称性和契约的不完全性，因此与横向项目不同，国家管理部门对其要加强资金使用的管理，提高财政资金的使用效益，对纳税人负责。根据委托—代理理论、契约理论和锦标赛理论，对不完全契约容易产生的科研资源的“逆向选择”和科研人员的“道德风险”，需要通过委托人激励机制来治理。在我国制度环境中的委托人激励机制包括宏观环境和微观管理内容。

在宏观环境上，应加强相关人事、薪酬、知识产权、财税等方面制度建设，完善激发创新创造活力的相关分配制度和政策：(1)完善科研人员收入分配政策，健全与岗位职责、工作业绩、实际贡献紧密联系的分配激励机制。(2)健全科技人才流动机制，鼓励科研院所、高等学校与企业创新人才双向交流，完善兼职兼薪管理政策。(3)加快推进事业单位科技成果使用、处置和收益管理改革，完善和落实促进科研人员成果转化的收益分配政策。(4)加强知识产权运用和保护，落实激励科技创新的税收政策。(5)推进科技评价和奖励制度改革，制定导向明确、激励约束并重的评价标准，充分调动项目承担单位和科研人员的积极性创造性。

在科研项目管理和经费使用层面：(1)遵循科研活动规律和契约精神，提高项目负责人的经费使用的自主权。(2)科研项目预算构成应适当松绑，取消关于费用支出比例的限制，接近的费用项目允许拉通使用。(3)建立人力成本的合理补偿机制，允许课题组成员发生劳务费开支。(4)提高依托单位的管理费支出，合理弥补单位的间接费用。(5)提高依托单位的绩效支出，发挥对科研人员的激励作用。(6)结题后的结余资金允许转为课题负责人的科研发展基金，为后续科研活动服务。(7)简化经费报销程序，以相关性、真实性、合理性为费用报销原则进行费用报销。

第八章　相关配套措施及规则创设

一、科研经费报销管理纳入“简略化”规制

科研经费报销管理纳入“简略化”规制，应体现在理念、原则、程序三个方面。

（一）科研经费管理理念——从“以钱为本”向“以人为本”转化

原有的科研经费管理理念是加强管理监督检查，提高财政资金的使用效率，在这种理念下科研经费的管理“重物不重人”，设备购置支出因方便管理而容易报销，科研人员的人力成本投入却无法补偿，实质是将科研人员的人力成本“工具化”，而没有将其作为“资源”和“资本”进行爱护、保护、投入和实现增值。为了建设创新型国家，到 2020 年实现预期目标，最大地激发科研人员的积极性和创新力，就必须改变原有的从“以钱为本”的管理理念，实现向“以人为本”转化，以提高资金成本收益率为目标向遵循规律、鼓励创新、宽容失败转化。

（二）科研经费报销原则——“票据化”原则向真实性原则转化

科研经费管理较规范严格的国家，在经常性市场小额交易中，基本没有发票之说，仅有收银小票且不作为必要依据即可报账，而我国课题报账则要求“三票”齐全（收银小票、发票和购物明细），事实

上因财政支持项目经费面宽量大,一方面,设施设备、成本和软环境等诸多因素导致索票困难,从理论上讲,无视社会科学研究的特性一概要求索票报销经费,不免难为科研工作者“为发票而折腰”。一个典型案例是中国人民大学潘绥铭教授,他长期主持对中国性工作者的大型访谈,除个人的人力资本投入得不到补偿外,相关科研经费的支出涉及给性工作者访谈报酬,此笔报酬因无法开发票而使潘教授被认定为“科研经费使用不明”,被学校给予行政处分。而另一方面,发票需求量过大又诱发了非法印制发票产业的出现,尤如“禁酒令”的负外部性。而这种管理制度背后是我国长期行政管理思维模式的固化,管理者对发票的执念而无视支出发生的真实性,使管理者与科研人员之间形成自上而下的不对等、不信任氛围,打击科研人员创新积极性。笔者建议,科研经费报销原则从“票据化”,向真实性、相关性、合理性转变,能取得发票的按发票报销,不能取得发票的,只要是符合“三性”原则,均予以报销。

(三)科研经费报销程序——领导审批制向课题负责人制转化

科研经费报销程序,体现了相关各方在经费报销上的审批权限。以高校科研经费报销程序为例,原有的领导审批制流程为:费用报销人—课题负责人—院系领导—科研部门负责人(或预算管理人员)—财务部门负责人—校分管领导,[①]签字人员多达5~6人,步骤多,程序烦琐,若某个环节的负责人不在,报销周期会被人为拉长。等到所有签字程序走完,到财务室还要接受岗位会计人员的票据审核,由于科研报销经济内容涉及面广,票据种类多样、数量庞大(每项支出至少有3张票据发票、明细票、公务卡支出票作为支撑),通常会计需半日才能审核完一个科研人员的票据,全天也只能报销几个。这种报销程序使双方成本——管理成本和报销成本都增加。不如遵循契约精神,按照课题制管理的本意,还权给课题负责人,尊重课题负责人的资金使用自主权。在具体管理中,与课题成果质量评价和学术诚信等级的历史纪录相结合,只要在预算约束范围内,对于成果质量评价较高,学术诚信较好的课题负责人,只需要本人签字承诺费用支出是真实发生,单位均给予报销。对于成果质量评价不高、诚信度

① 金额较大的科研经费支出项目,需要报学校分管领导审批。

有瑕疵的课题负责人,报销程序就要相对复杂些,财务人员需要审核费用的真实性。权利另一面是责任,课题负责人对签字负有法律责任,一旦被发现有侵占、挪用财政资金行为,一方面,是学术荣誉扫地,学术诚信等级下降,今后再获得财政资助的可能性减少;另一方面,还要承担法律责任和行政处分。

二、成果质量评价机制为经费合理使用的必备依据

人性化的科研经费管理必须建立在三大机制至上:成果质量评价机制,委托人激励机制和学术诚信机制。其中成果质量评价机制是基础和前提,只有建立了科学合理的成果质量评价机制,才能为科研经费的合理使用提供必备依据。自然科学技术与社会科学相比,最大差别莫过于其技术可以市场转化,而社会科学则因自身特性,即便投入社会实践和应用,效果也非“立竿见影”。建立社会科学成果质量评价体系较之自然科学技术要难。

(一)其他国家的成果质量评价机制①

发达国家普遍把同行评议制度作为学术质量评价的主要手段,但是在各国运用模式及操作实务等方面存在差异,这些差异主要是基于本国学术界的政治体制、学术发展状况和特点、历史背景、学术制度等。现选取美国、欧洲(主要以英法为主)、日本为例进行比较研究,找出这些国家评价制度模式、实施情况及社会文化背景对学术评价的差异,通过比较研究为我国评价制度的完善和发展提供经验借鉴。

1. 美国人文社会科学成果评价制度

美国是最早开展科研绩效评价的国家。美国比较注重人文社会科学成果能否为社会带来福利。基础研究成果评价的基本方法是:同行评议和文献计量分析,评价的主要标准是科研成果的学术水平,一般操作上较多采用通信同行评议和会议同行评议两种方式,为弥补同行评议不足,引入文献计量分析作为补充和参照。应用与发展研究成果评价的基

---

① 参见何燕玲、蓝满榆:《国外人文社科研究趋势及成果评价制度比较——以美欧日为例》,载《华南理工大学学报》(社会科学版)2011 年第 6 期。

本方法是:政策效果评估、民间测验(社会评价)、社会实验,主要标准包括对政策的科学性、可行性及实施后的社会效益等进行综合评价。美国人文社会科学成果评价标准有真理性标准和价值标准,真理性标准包括科学性标准、延续性标准、创新性标准、完备性标准,价值标准主要包括经济价值标准、政治价值标准、理论价值标准、伦理道德标准、环境价值标准、审美价值标准。其中,经济价值标准成为衡量理论和政策有效性的首要标准。[①] 由于美国人文社会科学研究主要以问题驱动型,具有实证性、实用性、多样性和重视研究方法等特点,因而对政府决策及社会发展产生很大影响。大部分成果为社会公民所使用,并由公民评价,鼓励成果评价的社会化和社会影响。美国采取政府主导的科研管理倾向于考核资金投入和产出绩效的比率,并通过制定《政府绩效与结果法案》(The Government Performance and Result Act,GPRA)和科研投资标准(R&D Investment Criteria),使学者的研究成果和影响力的量化考核指标备受关注。

2. 英国人文社会科学成果评价制度

英国高校科研评估(Research Assessment Exer-cise,RAE)是整个欧洲发展最为成熟的大学科研评价体系,目的在于衡量高等教育机构的科研水平及其学术博士及学术型硕士学位教育质量。由受政府委托的独立中介机构———高等教育基金委员会(Higher Education Funding Council for England,HEFCE),表达政府要求,反映大学的愿望,接受政府、大学和社会的监督,避免一些人为因素的干扰,更加规范、透明、公正和有效。RAE 把评估结果与基金会拨款挂钩,为大学科研评价定级作为拨款的依据,根据其特点可称为“基于信息辅助的同行评议方法的事后评价”。[②] RAE 以同行评议为主要方法,评价在清晰、一致、持续、可靠、高效、公正、平等、透明的原则下进行,所有研究无论应用、基础或者战略,都给予相同的权重。

---

① 参见邱均平、吴建华:《人文社会科学研究评价之国际比较研究》(中),载《山东社会科学》2007 年第 11 期。

② 朱少强:《国外学术机构评价的研究进展》,载《重庆大学学报》(社会科学版)2008 年第 1 期。

3. 法国人文社会科学成果评价制度

法国人文社会科学成果评价主要集中在聘用决议，而对资助决议和同行评议程序上关注较少。法国的聘用资格通过学术评价核定，而其成果则通过面向社会问题和社会变迁的研究，不仅由学术界来评价，更由平民大众进行评价。在法国，公共评价和公共市场弥补了相对松散的学者组织机构和评价中标准化和合理性的不足，通过在出版社或各种媒体发表成果，其成果由学术市场和公众市场所认定，并不限于严格的同行评议制度。由于法国研究人员为终身制，免受美国那样“要么发文章要么就走人”的威胁。另外，与美国学术评价专业化不同，法国评价模式则是多元化。美国作为同行评议的发起者，而法国则作为引入者，在国内保守与前卫两派之间冲突与权衡中推进学术评价，其学术管理和评价模式向美国模式靠拢。法国是一个具有深厚历史传统和文化特色的国家，在执行同行评议制度时并不如美国坚定，在执行上呈现多元性与弹性。

4. 日本人文社会科学成果评价制度

在学术成果评价中，无论是人文社会科学还是自然科学，日本广泛采用的方法是专家评议，但是由于专家评议的标准尺度不易掌握，主观性较强，难以保证结果的客观性。而且由于一直以来发展中存在的学科细分化，导致了评价难以突破学科樊篱，特别是对跨学科研究成果，难以做到客观评价。与美国及欧洲相比，日本人文社会科学评价方面的成绩不太理想，外界评论，直到现在日本用于人文社会科学评价的基础数据仍不充分。

(二)我国人文社会科学成果的不足

1. 人文社会科学成果质量评价环境

表现为：(1)从学科建设上，在10年“文化大革命”期间出于中断、凋零阶段，改革开放之后才恢复和发展，缺乏方法上的科学性。(2)从社会环境上，我国公众参与人文社会科学研究不足，研究成果与社会需要脱节，成果难以市场化转化。(3)从学术环境上，我国个别科研人员受职称晋升的量化考评驱动，存在抄袭、剽窃等学术失范现象。

2. 人文社会科学成果质量评价制度

表现为：(1)在评价机构上，我国的评价机构行政性较强，独立性较弱,主要由人事部门、科研部门、学术委员会、政府部门、评奖机构等组成。(2)在评价主体上,我国评价主体主要是专家学者和行政部门,民众和社会力量参与度低。(3)在评价理论上,我国采用同行评议和文献计量。(4)在评价监督上,我国由设在教育部门、科研部门、高校的学术监督机构、司法机构进行监督。

3. 制度优势和劣势

我国科研成果评价制度的优势为:直接指标与间接指标结合;主观评价与客观评价结合;学术价值与社会效益结合;注重评价的科学性与操作的简易性。劣势为:重视量化考核而相对忽视成果质量;注重引文数量而少重视经济效益;重人情而公平公正公开不足;存在抄袭剽窃情况等。

(三)对我国人文社会科学成果评价的建议

1. 改进科研人员考核方式

近年来,在职务职称、人事聘用的评聘中存在"重科研,轻教学"的现象。如要求有一定级别、数量的核心论文、专著等;规定一定级别、数量的项目或成果奖励。职务职称评聘中的科研导向致使高校中存在人人搞科研的现象,在一定程度上盲目追求数量,牺牲了对成果质量的追求,更有个别科研人员,为达到指标而不择手段,出现抄袭剽窃等学术不端行为。因此,要改变这种现象就必须改变科研业绩决定职称的现状,拓展评价多元化。以日本为例,尽管其成果评价体系未健全,但日本的大学教师晋升职称以年资和教学成绩为主、研究成果为参考,这种评估和考核制度培养了日本大学教师举世公认的踏实敬业,不盲目追求科研成果数量的严谨学风,值得我们深思。

2. 完善学术成果评价体系

(1)由重视成果数量向重视成果质量方向转变

现时评价主要采取量化考核方式,有其合理性也有局限性,以成果数量、等级、排名等计算工作量或者鉴定结题,在获取计量准确,效率至上等评价优势的同时,也鼓励了回避重大问题的短期功利行为。这种重数量轻质量的功利行为已抑制了学术创新,导致成果创新水平不高,学术泡沫化问题严重,导致国家投入财政资金的巨大浪费。因此,建立以代表作为主的评价制度具有现实意义。通过把好成果质量关,不囿于刊物或出版社级别,不拘于职称职务,而在于成果的学术价值和社会影响,在于解决经济社会问题的价值和效用。论文代表作制度在国外已较成熟,我国北京大学中文系、南开大学及中国人民大学等已尝试在学术成果评定和职务晋升评审中引入代表作制度。对研究基础好,学术环境比较优越、学术氛围相对浓厚,具备比较成熟的实行条件的科研院所、高校,建议尝试推行代表作制度。

(2)由行政性评价向社会性评价转变

我国目前人文社会科学成果的评价由政府职能部门组织的居多。根据发达国家的经验,建议通过成立第三方评价机构对科研成果进行评价。第三方评价机构由政府引导,接受政府、大学和公众的监督,增强科研评价的科学性、公正性、透明性。如英国 RAE 科研评价则通过委托高等教育基金会进行,既保证了第三方的中立性,也接受政府、公民监督。另外,人文社会科学成果的评价,不但需要学术性评价,更需要社会性评价,特别是市场的认同度和公民的接受度成为成果的另一个重要评价,因为公民是相当部分人文社会科学成果的最终读者。

(3)合理评价学术期刊功能

当前,在职称评定、学位评审等方面,一般都会要求在核心期刊(如 CSSCI 等)上发表若干数量论文的要求。核心期刊的评价主要采用引文分析评价方式,涉及的定量指标包括引用率、载文率、影响因子以及检索摘录率等,通过建立评价指标体系或采用专家打分法等进行评价,筛选出核心期刊。若能在稿件录用中坚持质量至上和保证公平原则,那么核心期刊在一定程度上就是高水平论文的载体,但并不能说发表在核心期刊上的论文就一定比发表在非核心期刊上的论文水平高,因为“核心期刊”只是对期刊本身整体质量的评价,而不能保证每篇论文都有同等水平,而且论文的采录受期刊风格、编审的水平、偏好等影响。因此,对核心期刊应保持理性的认识,把其视为一种参考工作而不应过分夸大评价作用。因此,在学术评价中不可片面的以期刊级别作出评价,而应结合学术成果的学术价值、应用价值和影响力作出正确评价。

3. 建立健全小同行评议专家库

同行评议受到质疑的主要原因就是难以完全保证科学、客观、公正、合理,造成评价结果公信力不够。在一些成果鉴定或评奖中,大学科的评议普遍存在外行评内行,以行政主导评审等现象。因此,建立和完善评审专家系统,解决小同行评议专家的选用问题,是提高人文社会科学成果评价的关键。建议建立一个完善、科学、合理并持续更新的专家库,在同行评议时,不仅可选用国内专家,也可邀请国外著名同行专家参与,通过现代通信手段实现跨学校、跨部门和跨地区的小同行评审。通过随机指派,建立专家评价质量、信誉档案和利益回避等方案确定评价专家,另外,通过去行政化、教授治学等措施,最大限度地避免非学术因素的影响。

三、财税建制鼓励优化配置科研资源

目前,科研经费主要注重经费整体面的相对平衡,没有达到资源的优化配置,科研研究的过程以个体或团队的方向、智力、知识兴趣等为基础且成果存在差异性,衡量标准也具有主观性和不统一性,因而国家财政应当从"项目和经费导向"转为"创新性科研及成果质量奖励导向",制定并细化对创新性科研成果和优秀研究成果(以评级结论为据)的后续财税鼓励规则,尽量运用财税法的优惠规定引导和实现科研资源的优化配置,与此同时,在科研经费的使用与管理中也要发挥财税法监督机制的作用,使科研经费的投入与产出成正比,达到有限资源的优化使用和配置。

(一)科研经费税收主体资格认定问题

1. 税收优惠资格的认定问题

税收主体资格的定位直接涉及纳税税率的适用和应纳税的额度,所以给予科研机构和单位在税法主体上一个清晰的定位是关乎科研经费使用的一个重要问题。在实践中,科研主体有营利性和非营利性的之分,非营利性的科研单位或机构具有非营利性和公益性特征,这就意味着非营利科研机构的科研活动会对整个社会产生正外部性,其边际收益小于边际社会收益,这是非营利科研机构该得而没有得到的收益,边际外在收益的存在容易导致非营利科研机构的无效率。另外,非营利科研机构属于提供公共产品的非竞争性领域,不同于企业以追求利润为目的,因此这种特殊性使其没有营业利润可以作为后续运营的经费可以运用,如果再课以税收,无疑是"雪上加霜",因此,为了能使非营利科研机构正常有效的服务于社会公益科研事业，给予其税收的优惠，可以促进其良性发展。[①]税收优惠政策在科研经费的使用中起到重要平衡和补偿作用。相反，如果税收优惠政策给予不当，不但提升不了科研机构从事非营利科研工作的积极性，还会给科研机构千方百计假借优惠资格寻求偷漏税的机会。因此，在给予非营利科研机构税收优惠的同时也要对其税收优惠资格加以严格限定。我国国务院批准，财政部和国家税务总局印发了《关于非营利性科研机构税收政策的通知》（财税 2001 年 5 号文）界定非营利科研机构可以享受税收优惠待遇的资格，但“非营利性科研机构的认定标准，由科技部会同财政部、中编办、国家税务总局另行制定”。因没有更明晰和进一步的界分标准，所以在实际当中，其具体操作性还不强，在认定时需要书面向科技行政主管部门申明其性质，按规定进行设置审批和登记注册，并由接受其登记注册的科技行政部门核定，在执业登记中注明“非营利性科研机构”。因此，应出台相关法律、法规、政策对税收优惠主体标准作出进一步的细化和充实规定。

发达国家在科研机构税收优惠主体资格方面的一些规定可以加以借鉴，如在美国，要获得税收优惠的主体资格，都要向美国国家税务局提出申请。在取得该优惠资格要通过测试，即按照美国《国内税收法》的第 501 条的第 c 款的第 3 分款，对科研机构的工作目标进行逐一审查，确定是否符合免税税收优惠的标准。审查该机构是否完全为“科学目标”成立和运行的，需要满足公益性目标这一条件，即科研活动服务于公共利益而非私人利益。服务于公共利益是指研究成果（专利、版权、工艺、配方等）全部公开，无差别地提供给所有公众，或者研究活动是为联邦政府、其某个机构或直属机构服务，或者是为某个州政府服务，或者研究活动能给全体大众带来福利。同时明确规定，从事公共安全检测，为了公共安全而对产品进行测试的专门机构，属于非营利科研机构，因而符合公益性目标。对科研机构还会进行运行测试，是对科研机构的活动进行审查。如果发现科研机构有以公谋私的现象，或从事被禁止的政治性活动，就不能通过其税收优惠资格。德国也同样有类似严格的主体资格认定规定标准，如享受

① 参见郭军灵：《非营利科研机构的税收优惠政策探讨》，载《科研管理》2007 年第 6 期。

税收优惠的科研机构:第一,全部资产属于政府,不以营利为目的而以服务公共利益为宗旨;第二,专利成果的转让等所得收益应用于科学研究的再投入,利用自身条件获得的收入,应用于公共积累、购置科研设备、投入科研设施、改善工作条件等;第三,职工工资要接受政府财政、税务部门的监督,每月向政府监督机构报送收入表、工资表,如有人员工资不正常畸高,严重违规的,将终止科研机构的税收优惠待遇。

2. 小规模纳税人和一般纳税人的适用问题

根据《增值税一般纳税人的认定管理办法》的规定,一般纳税人是指年应征增值税销售额(包括一个公历年度内的全部应税销售额)超过财政部规定的小规模纳税人标准的企业和企业性单位。一般纳税人的特点是增值税进项税额可以抵扣销项税额。不予认定的一般纳税人有:个体工商户以外的其他个人;选择按照小规模纳税人纳税的非企业性单位;选择按照小规模纳税人纳税的不经常发生应税行为的企业;非企业性单位;销售免税货物的企业。高校属于非企业性单位,可以选择小规模纳税人纳税。事实上,目前大多数高校选择了小规模纳税人的纳税人主体资格,但有些地方税务机关则按照经营规模来认定,将部分年应税收入大于等于500万元的高校认定为一般纳税人,如苏州市国税局按此标准,将苏州大学认定为增值税一般纳税人。在“营改增”的背景下,被认定为小规模纳税人的高校,原来是按5%的税率征收营业税,现在改征增值税,税率为3%,从税率来看,税负下降幅度达到40%。高校科研经费的税负压力会明显降低,对高校科研事业的发展有明显的促进作用。被认定为一般纳税人的高校,由征收营业税改为增值税,税率由5%改为6%,单从税率上看,税负有所增加,但实际情况又有两种。一是部分高校税负能降低。因为一部分高校可以通过进项税额抵扣来降低实际税负,在“营改增”之前,高校交纳营业税,在采购阶段所包含的增值税进项税额不能抵扣,计入了成本;而在“营改增”之后,高校交纳增值税,采购材料、购进设备的进项税额,可以抵扣,实际交纳的税金会减少,因此税负会有所降低。二是部分高校税负略有增加。一些高校由于未取得增值税专用发票,进项税额不能抵扣。再加上高校的人工成本、交通费等不能抵扣的项目所占份额较高,所以税负会有所增加。因此,虽然“营改增”可以让小规模纳税人和一般纳税人的整体税负降低,但对小规模纳税人和一般纳税人的税负影响还是有差异,所以高校及科研机构还是有增值税纳税人主体资格的选择问题。具体分析,一般纳税人销项税率为6%,对购买货物支付的进项税可以抵扣。小规模纳税人使用3%的简易征收率,不能抵扣。目前,随着国家不断加大对科研的投入,高校科研经费不断增长,大部分的省属以上高校科研经费的总量都超过500万元,符合增值税一般纳税人的认定范围。但是,由于高校经费来源的多样性,很多大型设备的购置都是使用教育事业经费购买的,直接用科研经费购买的很少。根据税法规定,必须独立核算,才能抵扣相应税款,这样,认定为增值税一般纳税人的高校科研项目经费可供抵扣的进项税很少,与小规模纳税人相比税负增加了。这样因为纳税主体资格选择安排所得的税收优惠被稀释,因此,为合理减轻科研人员的税负,应该在法律、法规中允许高校自主选择按小规模纳税人纳税。

(二)科研经费涉及的税种及优惠

高校及科研机构的科研经费一般按其来源分为纵向科研项目和横向科研项目。横向科研项目多是由企事业单位、政府机构等单位提供科研经费,协议委托给高校或科研机构的科学研究、技术咨询、技术开发、技术服务等项目。纵向科研项目多是由国家、省、市、部、厅等政府部门和机构提供科研资金,下达项目立项书的项目。在这些项目中,涉及的税种主要有增值税、营业税、个人所得税等。科研项目中发放劳务、工资性质的科研经费涉及个人所得税税收,而对研发、技术咨询、技术开发、技术服务等项目在"营改增"的背景下则涉及增值税税种。

1.科研项目主持人、参加人、辅助人、志愿者的劳务所得税

科研项目经费一般包括资料费、设备购置及维护费、办公用品费、邮电费、差旅费、会议费、咨询费、评审费、出版资助费、劳务费等,其中劳务费用主要是研究过程中发生的支付给直接参与项目研究的在校研究生和其他临时聘用人员等的劳务性费用。这部分费用的发放要按国家规定代缴个人所得税。而对科研项目主持人和主要参加人的费用是不包含在科研项目经费里的。对专业的科研院所和机构的专职人员,由于其工作是专职从事科研工作,单位或机构发放的工资即是其科研劳务所得,没有异

议。但是对高校教师等非专职科研人员,则具有双重身份,他们既是老师,要承担教学工作,也是科研人员,要完成自己的科研项目,但作为劳务收入一般只在工资、薪金即教育事业经费中支出。与专职科研工作人员的工资、薪金所得相比是有差距的,在实质内容和收入总量上也是不配比的。因此,可以增加科研项目经费中主持人和主要参加者劳务费用等列支。并对社会科学项目、基础项目和长期项目给予劳务费税收免税的优惠,科研本身是贡献于国家和社会的非营利性的工作,但科研设备采购要在营利性的商业市场采购,科研成果要在营利性的出版业出版,科研劳务要有营利性的劳动力的参与,非营利之于营利,单薄的科研经费无形之中再次缩水,因此,科研项目中允许科研劳务的列支,对科研项目的其他参与人员的劳务费用予以个人所得税免税待遇,这对加强有限科研费用的实际使用力度是非常重要的。

此外,个人所得税在科研成果的转化中在某种程度成为一个制约因素。虽然我国《个人所得税法》和相关法规、政策规定,"对科研机构、高等学校转化职务科技成果以股份或出资比例等股权形式给予科技人员(在编正式职工)个人奖励,经主管税务机关审核后,暂不征收个人所得税。但对获奖人按股份、出资比例分红时,对其所得应按'股息、利息、红利所得'税目征税。获奖人转让股权、出资比例,对其所得按'财产转让所得'项目征税,财产原值为零"。但在实践中规定实施遇到的麻烦要大得多,以上海为例,"上海理工大学太赫兹技术团队实施成果转化后可获得72%的收益,由此产生的个人所得税高达400多万元。而要享受个人所得税税收优惠,需要向主管税务机关提供高新技术成果出资入股的相关认定资料。但在上海市科学技术委员会这一头,相关文件已经废止,此路走不通。为了打通中间梗阻,上海市税务局和上海市科学技术委员会积极沟通,达成操作口径:上海市科学技术委员会相关部门可以用高新技术成果转化项目证明材料替代已被废止的高新技术成果出资入股证明材料,为上海首例转化职务科技成果股权奖励享受个人所得税优惠扫除了障碍"。[①] 事实上,科研人员要享受科研成果及其转化收益并不容易,除所得

---

① 《新修订的促进科技成果转化法极大提高了高校教师科研积极性》,载《中国教育报》2015年11月21日,第1版。

税方面的约束还有审批、考核、费用等方面的制约，所以科研人员在科研项目工作中缺乏激励机制和成果分享机制，最终成了“自娱自乐”甚至倒贴性和入不敷出性的劳动。

2. 科研项目的成果及奖励的税收优惠问题

对科研工作予以适量经费的支持是必需也是必要的，同时，对科研项目形成的成果及其转化予以奖励和税收优惠，有利于提高科研人员投身科研工作的热情和积极性。尤其是对基础项目和社会科学项目，因其周期时间长，较难量化为经济效益，更应该给予奖励和税收优惠的支持。我国《个人所得税法》及其相关规定对获得省级人民政府、国务院部委和中国人民解放军军以上单位，以及外国组织颁发的科学、教育、技术、文化、卫生、体育、环境保护等方面的奖金的个人予以免税优惠。从规定来看，科研成果的后续奖励奖金获得税收优惠所要求的级别较高，只能是省、部、军或者国际性的奖项才可获得，而基础性和一般科研项目成果的奖励是难以达到的。即使是获得等级较高的奖项，其奖励和奖金对比科研者的时间、精力、物质的投入也在某种程度上是不协调的。影响法律界的《元照英美法词典》是由两代学人在没有经济资助和政府的支持下历经9年编纂完成的，参与的学者为翻译购书和审稿工作甚至负债累累。① 因此，为鼓励科研者的积极性，一方面，要给予大量经费的支持；另一方面，也应该在法律中规定对科研成果的奖励予以普遍性的免税优惠。

3. 对科研项目捐助的免税问题

科研项目除项目下达之初本身的经费，实际中，在科研项目运作中还会有科研项目主持人募集的经费或者其他途径对项目的捐助。我国《个人所得税法》及其实施条例规定：“个人将其所得通过中国境内的社会团体、国家机关向教育和其他社会公益事业以及遭受自然灾害地区、贫困地区捐赠，捐赠额未超过纳税义务人申报的应纳税所得额30%的部分，可以从其应纳税所得额中扣除。”该规定主要针对公益捐赠，且有层层的限定，捐助的渠道、捐助的对象、可减扣的额度都有限制，科研捐助的税收减免基本适用不了该规定。

---

① 参见万静波、吴晨光、谢春雷：《被遗忘30年的法律精英》，载《南方周末》2003年1月9日。

另外，我国《个人所得税法》和相关法规、政策规定："个人的所得（不含偶然所得和经国务院财政部门确定征税的其他所得）用于资助非关联的科研机构和高等学校研究开发新产品、新技术、新工艺所发生的研究开发经费，经主管税务机关确定，可以全额在下月（工资、薪金所得）或下次（按次计征的所得）或当年（按年计征的所得）计征个人所得税时，从应纳税所得额中扣除，不足抵扣的，不得结转抵扣。"该条属于个人所得税中对个人资助减扣，但该规定被资助的单位仅限于与资助者非关联的科研机构和高等学校而非个人，其资助的对象也仅限于新产品、新技术、新科技的研究开发。如此，不利于缺少科研经费项目经费的社会筹集，也不利于社会科学基础型或传统继承性项目的研究经费的募集。税法在设计防治借助资助高科技研发的逃避税规则的同时，也应使其他科研项目有获得资助的可能和税收优惠，因此，该条规定应被放宽至资助者个人，放宽被资助项目的范围。

（三）科研经费税收规定的配套协调

高校、科研院所和机构是从事科研的主要单位，其性质是作为全额拨款的事业单位，除要按税法规定依法纳税外，还要执行财经各项管理规章制度。但是，税法及条例规定与部分财经规章制度方面有不协调之处，如根据财政部财综〔2010〕111 号、财综〔2013〕57 号文件的规定，行政事业单位取得的国库集中支付的财政性资金，不开具资金往来结算票据，使用《财政直接支付入账通知书》或《财政授权支付额度到账通知书》及相关银行结算凭证入账，因此，科研项目中的所有纵向科研项目和横向科研项目中委托方为政府部门或全额拨款事业单位的可以不开具任何票据或可开具财政资金往来结算票据，取得的财政性资金源于非国库集中支付的，暂可向付款单位开具资金往来结算票据，即该部分经费应属于非税范畴。但在实践中，税务部门在税务稽查时不采纳以上财政制定的各项制度规定，依然认为该部分经费需要交税处理。所以税收规定和财经制度应该相配套，不致产生适用的混乱和无所适从。

科研工作有着重要的地位和作用，它是科学技术和生产发展的源泉，是社会和经济的后盾，是高新技术的先导，是国家科学技术水平的重要标志，也是提高高等教育水平的重要途径。高校和科研院所承担的科研任务多是基础理论研究，对比企业研发，基础科研工作周期长、直接经济效果不明显。经过周期较长的基础研究所取得科研成果，其水平通常高于工业实验室的研究。正如法国大学校长会议研究委员会主席让·皮埃尔·卡阿奈在谈到大学科研问题时指出的："往往最不能预见其用途的基础理论研究，常常显示出它的应用极其迅速。"[①]因此，对高校和科研院所科研经费的大量支持成为各国的通例，对科研工作实行财税方面法律和政策的支持也成为不可或缺的激励机制。

四、强化科研经费管理人员的服务意识

（一）坚持以科研人员为本的服务宗旨

科研活动的主体是科研人员，科研经费管理人员服务的对象无疑就是科研工作者。尽管这一点不言自明，但如何提升科研经费管理人员的服务，由此调动科研人员的积极性和创造性，实属目前我国科研管理上面临的重大问题。就此，2016 年 5 月 30 日在全国科技创新大会、两院院士大会、中国科协第九次全国代表大会上，国家主席习近平同志指出：不要以出成果的名义干涉科学家的研究，不要用死板的制度约束科学家的研究活动。很多科学研究要着眼长远，不能急功近利，欲速则不达。要让领衔科技专家有职有权，有更大的技术路线决策权、更大的经费支配权、更大的资源调动权，防止瞎指挥、乱指挥……政府科技管理部门要抓战略、抓规划、抓政策、抓服务，发挥国家战略科技力量建制化优势。[②] 在此次大会上，国务院总理李克强同志指出：不能用管理行政人员办法管理科研人员，政府对科研的管理有时候像"对小学生"一样，严重束缚了广大科研人员和科研机构的手脚，影响了创新创造的积极性，要给广大科研人员必要的自主空间和自主权，让他们独立自主决策，科学有效管理，尽量少干预或不干预；科研院所、高校也要向基层院系研发团队授权，赋予创新领军人才更大的人、财、物支配权和技术路

---

① 白帆：《从法、美、日三国高校科研工作的发展趋势看我国高校的基础研究工作》，载《新东方》1995 年第 6 期。

② 参见吴月辉等：《习近平总书记重要讲话在科技界引发强烈反响》，载《人民日报》2016 年 6 月 3 日，第 2 版。

线决定权……把科技人员从烦琐的表格中解放出来……让科研人员合理合法富起来。[①]

党和国家领导的上述讲话,充分体现了科研经费管理要以科研为上,要尊重科研人员。为落实上述讲话精神,中共中央办公厅、国务院办公厅印发了《进一步完善意见》。《进一步完善意见》要求科研项目资金管理要坚持以科研人员为本,以调动其积极性和创造性为出发点和落脚点,激发创新创造活力;要坚持遵循规律,改进管理方式,适应科研活动实际需要;要坚持"放管服"结合,优化服务,扩大相关部门管理权限,为科研人员潜心研究营造良好环境。[②] 就《进一步完善意见》,相关负责人指出,科研管理部门要改进服务,为科研人员减除烦苛、松绑减负,着力让经费为人的创造性活动服务;要在检查评审上"做减法",减轻单位和科研人员负担;要在服务方式上"做加法",为科研人员潜心从事科研营造良好环境;项目承担单位要建立健全科研财务助理制度,"让专业的人做专业的事";充分运用信息化手段,更加快捷方便地为科研人员做好服务;制定符合科研实际需要的内部报销规定,着力破解一些单位和科研人员反映的无法取得发票或财政性票据等报销问题。[③]

由此可见,科研经费管理要充分体现以科研人员为本的服务宗旨,已成为目前我国构建创新型社会的迫切要求和必然反映,也必将体现在科研经费管理的各个具体方面。详言之,即上述《进一步完善意见》在落地生根过程中,需要相关部门出台详细的操作细则,以及在将来工作中的监督指导;那么这一"落地生根"的过程就是科研经费管理以科研人员为本的服务宗旨的"落地生根"的过程。为此,笔者认为,我国当前科研经费管理应该做到以下几点。

第一,管理制度要尊重科研规律,尊重科研人员。在我国,科研经费的管理部门隶属于行政管理部门;其管理模式长期以来具有浓厚的行政

---

① 参见储思琮:《李克强:不能用管理行政人员办法管理科研人员》,载新京报网:http://www.bjnews.com.cn/news/2016/05/31/405182.html,最后访问日期:2016年6月7日。

② 中共中央办公厅、国务院办公厅印发《进一步完善意见》,载中央人民政府网:http://www.gov.cn/xinwen/2016-07/31/content_5096421.htm,最后访问日期:2016年8月1日。

③ 参见李丽辉:《财政部、科技部、教育部、发展改革委四部门负责人就〈意见〉答记者问——科研经费管理 少检查多服务》,载《人民日报》2016年8月1日,第9版。

色彩。但正如李克强总理指出的一样,“不能用管理行政人员办法管理科研人员”,因为科研活动极具专业性,科研成果依赖科研人员的“创造性”工作。首先,这体现在科研经费管理的相关制度制定上,应该充分听取各领域专家的意见,以激励科研人员从事科研活动为目标,就项目经费预算编制、经费执行、验收审计等各环节,制定实效性好、操作性强的规范,要尊重科研规律,避免行政强制命令,杜绝瞎指挥。例如,实践中项目预算编制的重点往往是项目经费预算支出的合理性,项目总预算与项目目标的匹配性;但科研项目本身具有探索性和不确定特点,科研人员在项目预算和支出方面很难做到面面俱到和精细化。因此,项目经费预算编制应该针对不同学科,不同类型项目进行制定,不能搞“一刀切”。如数学研究项目和一般的工程研究项目,在经费预算上无疑存在很大差异。其次,在科研经费的申请、下达执行等各环节,要减少审批的层次,简化各种经费使用程序和申请材料,让科研人员从烦琐的表格中解放出来。显然,科研人员在经费申请使用上花费过多精力,将极大挫伤其科研的积极性和创新的欲望;尤其在科研经费使用上,因设置不必要的烦琐流程,可能让科研人员感到经费“可望不可及”,最终失去对科研的热情。最后,日常经费管理工作应该符合科研活动要求。由于科研活动本身具有探索性和不确定的特点,其进展并不完全取决于科研人员的自我意愿,因此发生的实际科研经费也具有一定的不确定性;那么,作为科研经费管理者,就只能尊重实际科研活动,并以此为基础展开服务,不顾科研实践搞以自我为中心的管理,本质上是不尊重科研和科研人员。例如,对科研活动进行中的经费执行,管理人员通知科研人员在某截止日期前进行经费报账,否则不再受理。这一管理行为就忽视了科研活动的不确定性,在事实上对不能真实发生的科研经费提出了过分的要求,使科研人员要么不得不放弃相关科研经费的申请,要么通过非真实发生的科研发票来套取科研经费以保障后续科研活动的进行。

第二,日常管理中降低行政管理色彩,坚持以服务科研为宗旨。首先,在日常科研经费管理上,管理人员主要还是作为服务者,为科研人员提供经费管理服务,而不是指挥经费支出,由此干扰科研活动。经费管理人员和科研人员在行政上并无隶属,不存在所谓的上下级;但在实践中,个别管理人员可能因久居行政部门,在科研经费管理上享受审批、审核等权力,便认为科研人员有求于自己;若是科研人员不按照自己的意愿申请、使用经费,就直接或间接给科研活动制造种种障碍。经费管理人员一旦形成这种行政上的“长官优势”心理,自然会怠于为科研服务,对科研人员形成“门难进,脸难看”的局面。由此导致,科研人员对经费管理者产生不信任感和抵触情绪,继而对科研的热情将极大地降低。其次,在日常管理中,对科研经费管理中出现的问题,应该积极应对,多倾听科研人员的意见,尤其对科研人员提出的具有共性的问题,应该在调研的基础上重点加以解决,而不能采取“一向都是这么做”的敷衍态度,对问题视而不见。例如,年末科研经费报账往往具有集中性,这会导致经费管理财会人员工作量的显著增加。若经费管理者不相应地增加财会人员,这势必导致科研人员报账出现严重的排队现象。又如,在行政经费报账和科研经费报账在工作分配上可以混合进行(没有分开)的情况下,财会人员总是优先办理行政经费报账,甚至正在处理的科研经费报账也因行政经费报账而终止或延后。这似乎是将科研活动、科研人员放在了次要位置。最后,科研经费管理者平时要根据科研经费使用的情况,展开优化经费管理的工作,针对问题要有预案、有前期的化解工作,有实时的应对措施。例如,对年末集中报账现象,科研经费管理者应该引导科研工作者平时及时报账,有计划地对重大科研项目主动提供经费报账服务,对报账的高峰期,在增加财会人手的同时适当延后行政经费报账。

第三,日常工作中端正心态,提升服务质量。科研经费管理者要立足于服务科研活动,尊重科研人员。在日常工作中,应该把这一宗旨体现在具体的工作方式和工作细节上,增强科研人员的职业认同感。一方面,科研经费管理者应该平等、平和、友善地和科研人员交流,在不违反财会制度的前提下,尽可能站在科研人员的角度思考,帮其顺利申请、使用经费,而不能以行政管理员人的优势自居,有意无意地制造经费使用障碍。另一方面,经费管理人员应正视各自工作岗位的性质,既不因为自己工作的服务性而自觉低人一等,也不能因为自己从事管理工作而有高人一等的心理优势。正如李克强总理在上述会议上强调的一样,创新事关国家前途命运,科技创新在全面创新中起引领作用,“尊重劳动、尊重知识、尊重人才、尊重创造不能停留在口头上、文件中,更不能口惠而实不至! 讲了就必须要做到,而且一定要'面子'和'里子'一起做! 真正让有贡献的科技人员名利双收!""科研人员应该成为社会的中高收入群体,要让他们凭借自己的聪明才智和创新成果,合理合法地富起来!"[①]事实上,只有我们国家因为科技创新走向繁荣时,广大群众包括科研经费管理者的生活才会越来越好。提升服务质量,应体现在工作的每一细节上。例如,在科研经费报账中,财务办公室最好提供胶水、小刀、签字笔等文具,提供复印、装订等服务,提供一定场所供报账人员休息;在报账高峰期使用排队系统,避免科研经费报账等待时间过长;对发票等单据存在的问题,应该一次性地详细指出;有条件地设立熟悉报账要求和流程的科研经费助理岗位,协助科研人员进行科研经费报账。

(二)体现合理、透明、高效的服务原则

课题组认为,科研经费管理服务应该体现透明、合理、高效的原则。透明的经费管理服务能减少科研人员对制度的不了解而碰壁,减少其对服务的误解,消除因此引发的不满;合理的科研经费管理服务,能遵循科研活动的规律,减少因使用科研经费对科研人员精力的消耗;高效科研经费管理服务,能及时回应科研人员对经费使用的要求,减少因科研经费不到位而延缓科研活动的现象。

合理的科研经费管理服务,无疑会对科研活动提供极大的支持。课题组认为,这种合理性体现在:一方面,在制定各项科研经费管理制度时,一定体现出尊重科研规律尊重科研人员的宗旨,以科研专家们的意见作为制订制度的依据,不搞盲目的命令式制订制度。例如,在我国科研管理经费制度中,长期缺乏对科研人员劳动报酬的积极肯定,导致对部分学科(如文史类)的科研经费预算编制,不能充分体现出科研人员的劳动价值,从项目申报一开始就降低了科研人员的科研积极性。又如,在科研经费报账中,严格要求按照事先编制的预算细目,逐一审核相关发票才能得以进行。但如上述,由于科研活动本身具有探索性和不确定的特点,其进展并不完全取决于科研人员的自我意愿,所以发生的实际科研经费也具有

---

① 储思琮:《李克强:不能用管理行政人员办法管理科研人员》,载新京报网:http://www.bjnews.com.cn/news/2016/05/31/405182.html,最后访问日期:2016 年 6 月 7 日。

一定的不确定性。因此,科研经费预算在制度上应该为这种不确定性留有一定的灵活空间,例如,不妨划出科研经费的10%,只需提供科研中真实发生的发票即可报销,而无须有对应的预算细目。另一方面,在日常科研经费管理上,尽可能地考虑科研人员使用经费的方便快捷性,要精简程序、简化手续,减少科研人员在科研经费使用中的“等”“跑”现象。例如,在高校寒暑假期间,应该安排处理科研经费使用的财会人员值班,因为高校科研人员的科研活动并不因为学校的假期而停止;若是假期无相应财会人员提供服务,科研活动可能因为经费不到位而被迫停止。

就服务的透明性而言,一方面,透明的经费管理服务体现在经费管理的各项法律法规和制度的公开性上。由于我国科研经费的制度非常复杂,科研人员想完全彻底了解,并非易事;到底哪些制度涉及科研经费的管理,这需要管理人员的梳理,并且通过恰当的方式加以公开。在实践中,一般科研人员只专注科研活动,尤其是刚进入科研领域的工作者,由于对科研经费制度缺乏认识,在经费使用和报账上,碰到了不少“堵”。例如,哪些设备应该集中采购,单据上需要哪些人签字,发票抬头怎么填,需要在什么期限内报账等。因对财会制度的不熟悉,科研人员在经费使用上“受伤”不少。另一方面,透明的经费管理服务体现在对办理科研经费报账等的工作流程上。哪些工作日提供报账服务,单据上需要找谁签字,具体需要找哪些岗位的哪位工作人员,经费如何领取等都应一一公示。在公开方式上,课题组认为科研经费管理部门应该针对不同的科研项目来源(国家、省部级等),将制度和办事流程汇编成册,供科研人员翻阅,并将这样的汇集发送至每一个科研人员信箱,在自己网站显目的位置公开,并且对本单位新入职的科研人员提供专门的科研经费使用注意事项培训。若这两方面的工作做好了,将极大地减少不知如何进行科研经费报账,找不到地方、找不到人进行科研报账的现象,从源头消除科研人员对经费使用的担忧。

高效的科研经费管理服务,应该是指针对科研活动经费使用要求的及时回应和解决;高效的服务,对科研活动无疑具有推动作用,减少因科研经费不到位而延缓科研活动的现象。课题组认为,这种高效要体现在:

第一,科研经费的报账应该具有独立性和自身的重要性,不宜和一般的行政运行管理经费的报账混合,也不能因为行政经费的报账而导致科研经费的报账退居次席。第二,对每次的科研经费报账,都应该及时办理,及时将科研资金转入相应账户,不要拖延;对存在问题的票据等,应该及时向科研经费报账人员一次性详细说明。第三,对科研经费报账中存在的普遍性问题,要组织调研,及时给出解决的办法;如若反映报账排队消耗大量时间,科研经费管理部门可以采用排队系统,拿号后就可以在工作中等待报账通知。当然,为了提高经费报账的效率,也不可走向反面,主动催促甚至变相强迫科研人员提前报账;这往往导致科研人员因为担心经费被回收,而不得已使用不恰当的票据提前提取科研经费。例如,科研经费管理人员应该详细说明每类项目经费使用的期限,不能在期限前下发截止报账的通知,这只会引发科研人员在经费报账方面的不规范。

(三)创新服务模式

科研经费的使用,在传统上都是科研人员自己持相关单据在经费管理的财会部门,与财会人员面对面地进行沟通。在科研规模和经费有限的情况下,这种方式直接有效,也并无大的不妥。但今天我国科研机构的经费大幅度上升,所涉及的科研领域范围之广前所未有。[①] 因此,为了更好地适应科研经费的规模,加速科研经费使用的效率,减轻科研人员经费使用的压力,对传统的经费报账方式,也应该积极探索改进的模式。就此,在前述会议上李克强总理还指出,要建立科研经费助理制度,让科研人员有更多精力时间投入科研,要探索"互联网+科研服务"模式,让信息"多跑路",科研人员"少跑腿"。[②] 在此,课题组认为可以在以下几个方面探索科研服务的新模式。

首先,建立科研经费助理制度,设立科研报账辅助人员。当前,在实践中,正如媒体评论的一样,"为了报销科研经费,科研人员要精打细算,

---

① 在1986年成立之时国家自然科学基金仅有8000万元,2016年已达到240亿元,所支持的项目几乎覆盖了所有学科(参见陈海波:《科研经费管理要体现五大发展理念》,载《光明日报》2016年3月16日,第5版)。

② 参见储思琮:《李克强:不能用管理行政人员办法管理科研人员》,载新京报网:http://www.bjnews.com.cn/news/2016/05/31/405182.html,最后访问日期:2016年6月7日。

三天两头看财务报表,快变成专业会计了”。有科学家说,“除了申请时要开动脑筋填写经费预算,项目结题时还要提交财务报告。要算清项目几年的花费,需要把各个参与单位的票据和账务集中起来,分门别类地加以整理,汇总后请科技部认可的审计公司出具审计报告。整理准备各项财务支出清单大概需要3个月,因为根据规定,每一笔钱都要有相应票据说明用项——光整理各个参与单位的账目就要两周时间”。更让其困惑的是,对财务报表“不会填”和“不敢填”,比如,长时间分不清“差旅费”和“交通费”到底有何区别,曾因为填错账目类别,多次被财务处“打回来”返工。国内的科研人员采购实验用品,如果金额高,就须跟公司签合同,开出清单后,去财务拿支票;拿支票要写申请;借款要开发票,报销完了还要平账——每个环节都很烦琐。① 当然,烦琐的财务报账,其初衷是管理部门为了详细了解项目的进展,检查监督经费的使用情况,防止学术造假、杜绝贪污腐败的一种管理手段。在科研经费报账精简程序、简化手续的同时,为了减轻科研人员的报账压力,同时也便于管理部门的监管,完全可以将科研经费的报账活动交付给熟悉科研活动并有较好财会知识的专业人士,即管理部门可以通过建立经费助理制度,设立科研报账辅助人员,专门为较重大科研项目提供科研经费报账、审核等方面的服务。这样既可避免科研人员因为不熟悉会计规则,也能够使科研经费的使用满足财物会计的要求,由此平衡经费的使用和监管。在科研经费助理制度方面,还有学者提出,“为探索科研经费规范管理,财务人员有效服务的模式,可以通过‘向研究所委派专职财务顾问’和‘按照经费来源选派财务顾问’两种财务服务形式,让财务顾问专职参与项目实施和经费管理的全过程,以此加强科研经费管理服务与科研活动实施过程的有效融合”。②

其次,充分利用现代信息技术,采用网络报账系统。所谓网络报账系

---

① 以上媒体报道和科研人员的阐述,参见谷玥:《科研人员忙于填表没空搞科研 为报销经费当起会计》,载新华网:http://news.xinhuanet.com/politics/2015-12/27/c_128570346.htm,最后访问日期:2016年8月10日。

② 顾军等:《国库集中支付模式下科研经费财务管理与服务创新探索》,载《江苏农业学报》2014年第6期。

统，是指基于网络的在线报销流程。与传统报销流程不同，在该网络报账流程下，科研报账人员可以在任何时间、从任何地点提交项目经费的财务报销申请；管理部门的领导可通过这一软件进行业务审批，财务部门对原始凭证审核无误后，自动生成记账凭证，并可以通过网上银行进行支付。可见，网络报账系统，免除了报账中的排队叫号，节省了报账排队消耗的大量时间；同时，系统为科研报账人员提供了项目编码、报账指标编码，免除了查找的麻烦，也再不必为亲自找领导签字、补齐报销材料而来回奔跑。这正是李克强总理所言，采取“互联网＋科研服务”模式，让信息“多跑路”，科研人员“少跑腿”。目前，我国部分科研单位和高校开始采用网上报销（如用友网报系统）；管理部门应该对其运行系统的经验进行调研，在总结经验、取长补短的基础上加以大力推广。当然，这种网络报销系统，对部分计算机技能不强的科研人员提出了较高的要求；但是，正如上文所言，可以通过熟悉网络报销系统的科研报账辅助人员，解决这一实际问题。

最后，大力利用社交软件，助力科研报账工作。目前，社交软件在我国已经被广泛使用，如微信已经成为不少人的一种生活方式。在这种信息时代环境下，科研经费管理部门可以借助社交软件，申请公众号，组建科研人员报账组群。一方面，这样可以及时快捷地传播最新的科研经费使用制度，解释各种科研经费的使用规则；另一方面，也有利于科研经费使用人员互相交流经验，在具体问题上自我内部消化。通过社交软件，加强经费管理者和科研人员之间的交流，避免误会，同时，收集经费申请、使用、审核等各个环节在实践中遇到的问题，便于改进工作，提高科研资金使用的实效。例如，《进一步完善意见》提出，“劳务费预算不设比例限制，由项目承担单位和科研人员据实编制”；但针对具体学科领域的项目，劳务费预算的比例到底多少合理，项目承担单位可以采取社交软件进行调查。另外，社交软件作为一种新型媒体，科研管理者完全可以利用这一平台加强科研道德建设，防止科研资金被滥用；如在平台上用“老一辈科学家的求真和无私精神教育、鼓舞新时代的科研人”；“用科研工作中被曝光的‘不道德’现象警示和教育现在的科研人”。[①]

五、发票报销与管理规则的改善

科研经费用于科研,自不待言;这种用于科研的方式,在财会账本上大多体现为发票的报销。发票体现了科研者购买科研的设备和服务,这些设备和服务是否用于科研,以及若不通过发票的方式如何知道经费用于科研,这一直是科研管理部门规范科研经费管理,控制科研经费被挪用、滥用、侵吞的有效直接方式。在以往的科研经费管理实践中,经费的使用几乎无一例外地均采取发票报销的方式。这确实有利于科研经费的管理;但不可否认的是,这一管理模式日显僵化,并不能很好地适应科研活动的规律,也无助于调动科研人员的科研热情。例如,在科研活动中进行大规模访谈调研的情形下,这种科研人员组织调研的劳务成本以及给予受访者适当的经济补偿,科研人员本人是没有办法提供相应的发票的;那么在这种情形下,要么不展开此类访谈调研,要么用其他发票来套取必需的科研经费——前者妨碍科研活动,后者迫使科研人员做假账。

因此,科研经费使用中的发票报销、管理制度,应该在经费监管和尊重科研规律激发科研热情之间求得平衡;既不能为了监管而挤压科研活动浇灭科研热情,也不能无凭无据或随意借口而套取科研经费。为了确保科研经费真实有效地用于科研活动,利于出科研成果,利于出科研人才,课题组认为在经费发票报销管理制度方面达到这种平衡应该正视三个大问题:第一,哪些科研活动不需要提供发票,因而无须采取发票报销制而使用经费;第二,在需要采取发票报销制的情形下,如何尊重科研规律,合理设置报销管理制度;第三,在发票报销管理制度上,报销流程和时效该如何合理优化。简言之,哪些要发票,哪些不要发票,以及发票该如何高效报销。当然,正如上述,我国以往过分强调科研经费必须以发票的方式加以使用,在一定程度上促使个别科研人员用“假”的真发票变相提取科研经费。因此,当前科研发票报销管理制度上理应重点研究哪些科研活动不存在对应的发票,哪些科研活动存在对应的发票,同时,在尊重

---

① 夏友全:《优化科研经费管理　创新科技服务机制》,载《中国总会计师》2012 年第 6 期。

科研规律的基础上高效进行发票报销。

针对上述问题,《进一步完善意见》提出了指导性规定。《进一步完善意见》对科研经费在强调"强化法人责任,规范资金管理""加强统筹协调,精简检查评审""创新服务方式,让科研人员潜心从事科学研究"的同时,提出"简化预算编制,下放预算调剂权限""提高间接费用比重,加大绩效激励力度""明确劳务费开支范围,不设比例限制""改进结转结余资金留用处理方式""改进中央高校、科研院所教学科研人员差旅费管理""完善中央高校、科研院所会议管理"。以上内容,无不和科研经费的发票报销管理制度直接相关。例如,就劳务费开支范围而言,《进一步完善意见》首先正面承认了科研劳务费的存在,由于劳务费本身一般不存在对应的发票,即劳务费一般无须采取发票报销的方式申领科研经费;同时,《进一步完善意见》还强调劳务费在整个科研活动经费中,其比例不受限,"由项目承担单位和科研人员据实编制"——在尊重科研规律要求的前提下,以科研活动本身的需要为准。

在以《进一步完善意见》为指导的前提下,可以结合国外经验,从我国国情出发,改善我国科研经费的发票报销与管理制度。

(一)明确无须发票报销走账的科研经费范围和比例

在尊重科研规律和实际所需的基础上,明确科研活动中部分行为不存在对应的发票,意义既在于尊重科研活动事实本身,也利于科研人员潜心科研活动本身(不必找"假"的真发票变相提取科研经费)。因此,在制度上明确此类科研活动经费的范围和比例,从根本上有利于规范科研经费发票报销。至于科研活动中哪些行为不存在对应的发票,可以在调研科研各环节的具体经费支出的类型上,进行总结。

1. 间接费用

所谓间接费用,一般是指内部生产经营单位为组织和管理生产经营活动而发生的共同费用和不能直接计入产品成本的各项费用,包括生产单位管理人员的工资和福利费、办公费、水电费、机物料消耗、劳动保护费、机器设备的折旧费、修理费、低值易耗品摊销等;这些费用发生后应按一定标准分配计入生产经营成本。科研活动作为特殊的生产活动,当然涉及这里的办公费、水电费、机器设备的折旧费等费用,也即存在对应的间接费用。显然,科研人员在科研项目承接单位内展开科研时,这种间接费用,承接单位不可能提供相应的发票。换言之,在科研经费的发票报销管理制度中,在承认这种间接费用的同时,无须采取发票报销的方式,应直接提取合理比例的费用。

在我国,《民口科技重大专项资金管理暂行办法》(财教〔2009〕218号)首次明确了将科技重大专项经费分为直接费用和间接费用两部分;以间接费用的形式对承担科研项目单位的间接成本进行了一定的补偿。后《关于调整国家科技计划和公益性行业科研专项经费管理办法若干规定的通知》(财教〔2011〕434 号)、国发〔2014〕11 号文、《国家自然科学基金资助项目资金管理办法》(财教〔2015〕15 号)均明确将科研经费分为直接费用和间接费用,提出了对课题依托单位的科研间接成本补偿。对科研活动中的间接费用,上述《进一步完善意见》提出应“提高间接费用比重”,“中央财政科技计划(专项、基金等)中实行公开竞争方式的研发类项目,均要设立间接费用,核定比例可以提高到不超过直接费用扣除设备购置费的一定比例:500 万元以下的部分为 20%,500 万元至 1000 万元的部分为 15%,1000 万元以上的部分为 13%”。

一般认为,我国科技部资助的“863 项目”“973 项目”之科研经费管理办法对其他渠道的科研经费管理办法,有着示范和引领作用。可以说,将科研经费划分为直接经费和间接经费,将会被其他各类科研经费管理部门借鉴。国发〔2014〕11 号文第 17 条指出,“对实行间接费用管理的项目,间接费用的核定与项目承担单位信用等级挂钩,由项目主管部门直接拨付到项目承担单位”,“项目承担单位不得在核定的间接费用或管理费用以外再以任何名义在项目资金中重复提取、列支相关费用”。可见,就中央财政支持的科研项目,间接费用由项目主管部门直接拨付到项目承担单位,与科研人员本身的直接费用在申请使用上不发生联系,因而也不产生所谓的科研发票报销问题。但是,若其他财政支持的纵向科研项目,在科研经费不区分直接费用和间接费用时,项目承担单位也会按照一定比例,从总的科研经费中提取间接费用;同理,这笔费用科研人员无须采取发票报销方式走账,而由项目承担单位按照相关科研经费管理办法处理。另外,对市场委托方式取得的横向科研经费,项目承担单位在将其纳入单位财务统一管理之时，也会从项目经费中提取一定比例的管理费（间接费用）；这种管理费也无须科研人员采取发票的方式走账。显然，科研间接费用对项目承接单位的科研资源进行了有益的补偿。中央财政资助的研发类项目，项目经费中间接经费和直接经费分开拨付；这改变了以往间接费用从项目经费中直接扣除的做法，避免了科研人员的相对被剥夺感，保障科研人员的积极性。这种科研经费管理观念上的转变，需要项目承接单位科研管理理念和工作方法的改变。例如，高校须改变以往简单按比例提取科研管理费的做法，制定出科学、合理的科研间接成本分摊办法和实施方案，设计合理的科研间接成本会计核算体系。

2. 劳务费用

所谓劳务费，一般是指个人独立从事各种非雇用的各种劳务所取得的所得。它与工资薪金所得不同：工资薪金是按《劳动法》规定用人单位和劳动者签订劳动合同后支付的工资报酬；而劳务报酬一般是根据《合同法》的有关承揽合同、技术合同、居间合同等规定签订合同而取得的报酬。工资报酬的支付一般通过“应付职工薪酬”科目核算；劳务报酬一般通过“生产成本”“管理费用”“销售费用”等科目核算。国发〔2014〕11 号文指出：“劳务费预算应当结合当地实际以及相关人员参与项目的全时工作时间等因素合理编制”；“调整劳务费开支范围，将项目临时聘用人员的社会保险补助纳入劳务费科目中列支”。《国家自然科学基金资助项目资金管理办法》（2005 年）第 9 条第 9 项指出，劳务费是指，“在项目研究过程中支付给项目组成员中没有工资性收入的在校研究生、博士后和临时聘用人员的劳务费用，以及临时聘用人员的社会保险补助费用”；“劳务费应当结合当地实际以及相关人员参与项目的全时工作时间等因素，合理确定”。《进一步完善意见》指出“明确劳务费开支范围，不设比例限制”。“参与项目研究的研究生、博士后、访问学者以及项目聘用的研究人员、科研辅助人员等，均可开支劳务费。项目聘用人员的劳务费开支标准，参照当地科学研究和技术服务业从业人员平均工资水平，根据其在项目研究中承担的工作任务确定，其社会保险补助纳入劳务费科目列支。劳务费预算不设比例限制，由项目承担单位和科研人员据实编制。”

从《进一步完善意见》来看，除项目申请者（主持人和组员）外，只要是参与科研活动的人员，均可开支劳务费；这里的劳务费还包括聘用人员的社会保险补助。同时，上述文件也均强调，劳务费的标准应该参照当地科学研究和技术服务业从业人员平均工资水平，根据其承担的工作任务加以确定。特别值得注意的是，国发〔2014〕11 号文指出，“除以定额补助方式资助的项目外，应当依据科研任务实际需要和财力可能核定项目预算，不得在预算申请前先行设定预算控制额度”。《进一步完善意见》指出，“明确劳务费开支范围，不设比例限制”。那么在项目经费预算上，如实预算劳务费，不必担忧因为劳务费预算过高而通不过项目申请。以前，为了避免这种担忧，部分科研人员或将真实所需的劳务费，暗含在其他类型的经费预算中（如办公耗材中），通过相应类型预算，采取发表报销的方式，提取所需劳务费。那么当前，根据《进一步完善意见》修订的各项科研经费管理制度，对劳务费不设比例限制，无疑对避免发票报销中的“弄虚作假”，起到极大的消解作用。

3. 野外考察、心理测试等科研活动费

正如上述科研劳务一样，在科研活动中没法取得发票或者财政性票据的，应该还存在很多情形，也理应不得强求通过发票报销的方式提取相应经费。至于这里的“情形”，确须根据科研活动本身所需，加以个别化确定。《进一步完善意见》在创新服务方式方面提出，“制定符合科研实际需要的内部报销规定，切实解决野外考察、心理测试等科研活动中无法取得发票或财政性票据，以及邀请外国专家来华参加学术交流发生费用等的报销问题。”这里提出的野外考察、心理测试，就是典型的无法取得发票或财政性票据的科研活动。若项目研究需要此类科研活动，而又必须采取发票报销走账的方式提取所需经费的话，必然会促使科研人员在发票报销中的“弄虚作假”，变相套取经费。当然，此类无法取得发票或财政性票据的科研活动所需经费的预算和提取，应该在规范的制度之下，切实体现科研所需，以免科研经费的不当流失。正如有人指出，部分科研承接单位管理不到位，“在填报野外出差天数、报销标准以及取得凭证等方面，管理极其混乱”；“有的野外项目实际在外天数与报销住宿费天数明显不符；有的野外项目将应支付的临时用工劳务费以住宿费的形式报销；有的将不应该支付的费用如本单位内部人员参加评审的咨询费,也在差旅费中报销”。[①] 要避免这种混乱,先得有合理的内部报销规定,但如何制定这种内部报销规定,也非易事。例如,得考虑此类活动属于完整还是部分不能取得相应发票;若为部分不能取得时,哪些环节需要考虑发票报销方式走账。但是,在笔者看来,在遵守《中央国家机关和事业单位差旅费管理办法》制定此类报销规定之时,宜采取从宽处理,尽可能把经费的支配权放在科研人员手上,信赖科研人员。

(二)优化发票报销走账

当前,通过发票报销的方式提取科研经费时,发票的报销科目和额度必须和项目经费预算相符;否则,即使真实发生的已支付的科研活动费用,因为和立项时预算不符,往往也难以报销。如《国家自然科学基金资助项目资金管理办法》(2005 年)第 23 条规定,“项目负责人应当严格按照资金开支范围和标准办理支出,不得擅自调整外拨资金,不得利用虚假票据套取资金,不得通过编造虚假劳务合同、虚构人员名单等方式虚报冒领劳务费和专家咨询费,不得通过虚构测试化验内容、提高测试化验支出标准等方式违规开支测试化验加工费……”如此一来,难免会产生问题,如在实际科研活动中,当 A 科目经费有余而 B 科目不足时,不能用 B 科目发票提取 A 科目经费;当 A 科目对应的科研活动中存在真实的资金支出而无相应发票时,无法提取相应的科研经费;项目结项但项目经费有余时,也不能拿发票提取相应科目中的经费。另外,由于各科目中细目的预算标准过于标准化(如差旅费的标准),刚性的约束性太强,缺乏灵活性;同时,对未规定的部分,一味硬卡,不懂变通。例如,曾有银川课题组派学生参加厦门国际会议,考虑从银川到厦门火车往返将近一周时间,且火车票并不比打折机票便宜,于是让学生购买了折扣机票参会。这种既节省时间又节约经费的办法,却因为科研差旅费标准中“研究生没有资格坐飞机”,导致学生机票无法报账。[②]

---

① 陈昌新:《如何管好科研事业单位野外工作人员的差旅费》,载《中国会计报》2012 年 8 月 17 日,第 15 版。

② 参见李晨阳:《科研报账的纠结:从一次奇特的购票经历说起》,载《中国科学报》2016 年 3 月 10 日,第 4 版。

正如前述,由于科研活动本身具有探索性和不确定的特点,那么在制定科研经费报销规则时,是很难预测未来执行过程中可能出现的各种情况;同时,科研经费的使用也并不完全取决于科研人员的自我意愿,也具有一定的不确定性。在建立健全科研经费管理制度的同时,制度的制定和执行要有科学性和灵活性,既要通过严格的制度杜绝一切腐败,又能通过合理灵活的管理保证科研人员的正常科研活动,激发他们的科研原创力。《进一步完善意见》也提出,为了促进形成充满活力的科技管理和运行机制,以深化改革更好激发广大科研人员的积极性,必须"坚持以人为本""坚持遵循规律""坚持'放管服'结合""坚持政策落实落地"。鉴于此,笔者认为,当前我国科研活动中发票报销制度在以下几个方面亟待改进。

1. 增强预算的灵活性,解决发票报账的不确定性

如上所言,因为立项预算制约发票报账,让科研人员报账受阻的情形不少,不少科研人员对此感叹这种管理实在是太机械了。例如,有科研人员立项时以市场一般售价(约250元/只)申报了所需实验用老鼠的价格,后求购时被告之正好没有这种老鼠了。在他绝望时得知某公司可以约3000元/只出售该老鼠。但他却不能购买,因为真把老鼠买来,报账时肯定过不了关(超过预算)。他无奈只能改弦易辙,买只孕鼠(1200元/只),然后自己繁殖老鼠;但喂养和繁殖老鼠所需经费,因为不存在对应预算测算依据,自然无法报账。[①] 由此可见,因预算导致发票报销受阻的原因主要体现在两方面:一是获批准的经费预算科目及其测算依据成为发票报销的硬规则,不得逾越;二是获批准的经费预算包括并且明确了项目所有经费支出科目及其测算依据,无法应对科研中真实发生在细目内但又在测算依据之外的发票报销问题。

(1)预算调剂和发票报销

对于前一方面,事实上是在项目总预算不变的情况下,如何看待立项后经费预算调剂权限的问题。若是严格依照立项时的经费预算报销发票,那么就不存在预算调剂权;当然,这一做法如上述并不符合科研规律,

---

① 参见李晨阳:《科研报账的纠结:从一次奇特的购票经历说起》,载《中国科学报》2016年3月10日,第4版。

实践中导致经费报销屡屡碰壁。例如，有这样的报道描述："申报课题的时候，他们要充分发挥想象力，精确预算未来几年要花的每一项经费，如差旅费、交通费、会议费、仪器费、试剂费等，以免将来超支或者不够；项目结题时，要把项目执行期间花的每一笔经费，与申请课题时的经费预算一一'对表'，如果'对'不上，就要开动脑筋、想方设法'对齐'，否则就不能报销。"①那么在承认预算调剂权的情形下，这一调剂权该配置在哪里：项目资助方？项目依托单位？还是科研人员？笔者认为，若把预算调剂权配置在项目资助方（如自然科学基金委），尽管这有利于科研经费的监管，但却显得过于苛刻。因为在科研人员填写烦琐的申请材料之后，交由依托单位上交再静静地等待，这其中既有等待的耗时，也有因申请不成功的担忧。因此，科研人员可能宁愿采取变相套取科研经费的方式，而不愿走这条"艰难"之路。同时，作为科研依托单位，出于多一事不如少一事，减少审查不严之责的态度，也会消极对待这种申请。当然，将预算调剂权配置给科研人员自身，这显然不利于科研经费的监管，也不合理。在项目直接费用预算确需调整时，《国家自然科学基金资助项目资金管理办法》（2005年）第21条规定，可按以下规定予以调整："（一）项目预算总额不变的情况下，材料费、测试化验加工费、燃料动力费、出版/文献/信息传播/知识产权事务费、其他支出预算如需调整，由项目负责人根据科研活动的实际需要提出申请，报依托单位审批。（二）会议费、差旅费、国际合作与交流费在不突破三项支出预算总额的前提下可调剂使用。（三）设备费、专家咨询费、劳务费预算一般不予调增，如需调减的，由项目负责人提出申请，报依托单位审批后，用于项目其他方面支出。"对此，《进一步完善意见》要求下放预算调剂权限，"在项目总预算不变的情况下，将直接费用中的材料费、测试化验加工费、燃料动力费、出版/文献/信息传播/知识产权事务费及其他支出预算调剂权下放给项目承担单位"。上述办法和《进一步完善意见》中，预算调剂权在项目承担单位。笔者认为，这样科研人员可以和单位直接沟通，单位作为权限主体也不得消极对待。这种沟通可随科研实际需要随时直接展开，具有时效性；同时，承担单位熟悉科研

---

① 刘诗瑶：《科研人员诉苦：年度总结要花两个月，为报销经费几成专业会计》，载澎湃新闻网：http://www.thepaper.cn/newsDetail_forward_1413700，最后访问日期：2016年8月2日。

人员的研究现状,能就申请迅速咨询单位内相关专家,能很好就申请的合理性进行判断,具有实效性。同时,笔者还认为,只要是科研真实所需,项目承担单位原则上应该同意预算调剂;若是不同意,必须有明确的理由。否则,因为预算调剂能否实现具有很大的偶然性,必然使科研人员不愿调剂,甚至导致调剂权的滥用。在项目经费调剂之后,依照新的预算细目发生的经费发票自然依预算报销走账,但问题是,在预算调剂之前已经发生的科研发票,能否按照调剂之后的预算报销走账。这需要在落实《进一步完善意见》制定科研管理制度时加以明确。例如,当A科目经费有余而B科目不足时,甲发现B科目已发生待报销的发票已经超出B科目经费额度,于是申请将A科目经费调剂至B科目;申请成功后,A能拿申请之前B科目超额发票在申请成功之后的B科目报账吗?笔者认为,只要是真实发生的科研所需,原则上应该可以报销。毕竟科学研究成果的原创性只有第一没有第二,对科研人员而言尽早出成果意义非凡,即有效的科研时间最重要。如果因为等待预算细目之间的调剂,拖延科研活动的展开,这不利于出成果,进而丧失科研成果的原创性,得不偿失。当然,作为项目经费监管方,如何判断此类提前发生的发票的"真实性",需要制度上设计的合理性,以防止通过预算调剂的方式变相套取科研经费。例如,不妨制度上设立报告制:若是科研真实所需,科研人员应该在报告中描述事实,阐述理由;否则,管理方可否认其真实性。

(2)测算依据和发票报销

直接费用中的每项细目预算都有测算依据,这些测算依据是发票报账时衡量发票合理性的重要根据。若是发票本身和测算依据不符,往往也是妨碍发票报销的原因;尤其是没有测算依据的情形下,相应科研发票就成了科研人员的"烫手山芋"。如在上述个例中,科研人员为了节省经费,自我繁殖老鼠的成本,就缺乏测算依据,其因此产生的发票该如何处理?

科研活动的不确定性和商品价格的不确定,必然会导致经费支出在细节上的不确定性。因此,基于这一科研活动本身的规律性,在应然上不能强求发票报销必须和经费预算细目测算依据一一吻合。为此,如上对预算细目中的测算依据进行调整,具有一定的合理性。一旦遇上测算依据在发票报账方面存在问题,就提出调整申请,一方面,这使申请过于频繁,占用大量人力;另一方面,仍然无法应对科研中真实发生在细目内但又在测算依据之外的发票报销问题。对此,《进一步完善意见》提出,“简化预算编制科目,合并会议费、差旅费、国际合作与交流费科目,由科研人员结合科研活动实际需要编制预算并按规定统筹安排使用,其中不超过直接费用10%的,不需要提供预算测算依据”。笔者认为,依照《进一步完善意见》,科研人员在编制每个预算细目时,对其中不超过的10%直接费用,可以不填预算测算依据。由此,在一定程度上避免频繁修改测算依据的同时,完全解决了科研中真实发生在细目内但又在测算依据之外的发票报销问题。这赋予了科研人员在经费使用和发票报销方面一定的自由度,减少发票报销方面的担忧,利于为科研人员潜心研究营造良好环境。这有利于科研活动本身和发票报销的《进一步完善意见》,应该在我国后续出台的操作性实施细则上,得到充分体现。科研中因实际需要产生的差旅、会议、国际合作与交流的活动等相关费用,当属科研项目预算的一部分,应在节俭的原则之下,如实据票报销。根据《国家自然科学基金资助项目资金管理办法》(2005年),这里的差旅费是指在项目研究过程中开展科学实验(试验)、科学考察、业务调研、学术交流等所发生的外埠差旅费、市内交通费用等;会议费,是指在项目研究过程中为了组织开展学术研讨、咨询以及协调项目研究工作等活动而发生的会议费用;国际合作与交流费,是指在项目研究过程中项目研究人员出国及赴港澳台、外国专家来华及港澳台专家来内地工作的费用。这三种费用支出当然是必要的,但在发票报销方面,这三种经费也存在突出问题,如在未出差的情形下拿他人的票据报销套取经费,或者对会议发票采取多开票据金额来报销套取经费,或者将借调研、交流名义办理其他事情(如旅游)的票据用来报销套取经费。因此,对这三类经费的监管,务必从严,不能让科研费变相成了差旅费。①

但是,可能正是在这一从严监管的理念下,在科研经费的管理办法上,对这三类经费的监管规则过于刚性,对实践中出现的新问题灵活度不

---

① 参见肖明君:《科研费变差旅费,审计光忙着“对账”了?》,载《山东商报》2016年1月6日,第A02版。

够,常常成为科研人员报账的“绊脚石”。如前文所述,低于火车票价的飞机票,却因为科研差旅费标准中“研究生没有资格坐飞机”,导致无法报销的尴尬。又如,实践中若哪项实际开销和预算不符,超支的无法报销。这正如媒体报道,科研人员在申报项目时本已做好差旅费预算,但到出差的时候科研任务有变化,更改了行程,导致实际花销和预算不一致,结果大费周折。[①] 国发〔2014〕11 号文第 16 条规定,“同时严格控制会议费、差旅费、国际合作与交流费,项目实施中发生的三项支出之间可以调剂使用,但不得突破三项支出预算总额”。《国家自然科学基金资助项目资金管理办法》(2005 年)第 21 条也规定,“会议费、差旅费、国际合作与交流费在不突破三项支出预算总额的前提下可调剂使用”。《进一步完善意见》进一步指出,“合并会议费、差旅费、国际合作与交流费科目”,“其中不超过直接费用 10% 的,不需要提供预算测算依据”。根据《进一步完善意见》,这三类经费合并作为一个预算科目,也就不存在三类经费之间的调剂问题了。换言之,这一方案自然化解了差旅费不够而会议费有余的困局。另外,在预算总额控制的前提下,保留 10% 的预算空间(“不需要提供预算测算依据”),进一步提升了这三类经费发票报销的灵活度。这在很大程度上也化解了上述实际花销和预算不一致的问题。笔者认为,《进一步完善意见》的这一指导性规定,在各科研单位制定出台的差旅费、会议费、国际合作与交流费之内部管理办法中,应该得到充分的体现,以减少这三类经费发票报销的制度性困局。

为了规范这三类经费的使用,对各具体发生的费用设立一个标准是完全有必要的;否则,难免铺张浪费或者被套取挪用。对此,《中央和国家机关差旅费管理办法》(财行〔2013〕531 号)、《中央和国家机关会议费管理办法》(财行〔2016〕214 号)和《教育部直属高校直属单位差旅费管理实施细则》、《教育部直属高校直属单位会议费管理实施细则》(教财厅〔2014〕26 号)就各项具体细目规定了详细的标准。《中央和国家机关会议费管理办法》第 1 条就指出,制定该办法是为了为加强和规范中央和国家机关国内差旅费管理,推进厉行节约反对浪费。从这一总的宗旨来看,

① 刘诗瑶:《科研人员诉苦:年度总结要花两个月,为报销经费几成专业会计》,载澎湃新闻网:http://www.thepaper.cn/newsDetail_forward_1413700,最后访问日期:2016 年 8 月 2 日。

只要充分体现了节约原则的科研差旅发票,原则上都应该予以报销。换言之,不能在制度的设计上违背这一基本宗旨。例如,在交通费上,制度规定了出差人员应当按规定等级乘坐交通工具。对这一规定,笔者认为不应做形式上的理解:出差人员只能按照这个标准出行。从反对浪费的宗旨来看,这一规定是避免交通费的浪费,即设置了一个交通费的报销标准(而不是强行规定出行方式);至于出差人采取何种方式出行,其完全可以自主选择。若其出行方式产生的费用超出了所设置的标准,超出部分自行承担即可(上述《中央和国家机关差旅费管理办法》第 7 条规定,"未按规定等级乘坐交通工具的,超支部分由个人自理"。);若相关费用低于所设置标准,即使其出行方式和规定不符,因其符合节俭原则,理所当然地应该予以报销。所以在笔者看来,仅因"研究生没有资格坐飞机"这一出行方式的规定,而拒绝报销低于火车票的飞机票的做法,实质上是对差旅费管理办法的误适用。当然,若是在各科研单位的差旅费管理实施细则中明确"低于出行标准的,按实际所发生费用予以报销"(上述《中央和国家机关差旅费管理办法》第 8 条规定,"到出差目的地有多种交通工具可选择时,出差人员在不影响公务、确保安全的前提下,应当选乘经济便捷的交通工具"。),会有效引导财会人员,消除这种科研差旅费报销中不必要的制度障碍。

《进一步完善意见》提出,"对于难以取得住宿费发票的,中央高校、科研院所在确保真实性的前提下,据实报销城市间交通费,并按规定标准发放伙食补助费和市内交通费"。笔者认为,这一意见可以作这样几个方面的理解:第一,即使没取得住宿费发票,但只要科研人员的差旅住宿属实,就应该按照《进一步完善意见》提出的教学科研人员住宿费标准予以住宿补贴。这里可以认为实践中存在如下住宿发票报销制度是不合理的:其一,一律要求住宿费用报销必须以发票的形式走账,这罔顾实践中住宿难以取得发票的情形,促使科研人员不愿出差或者用其他发票变相套取住宿费;其二,对可以取得住宿发票而未取得或取得后遗失的,财务拒绝住宿补贴,这也罔顾住宿费已经发生的事实,对科研人员不公而打击其出差的热情,同样会催生变相套取住宿费的情形。故笔者认为,只要差旅住宿属实,据住宿发票报销;若难以取得或者遗失住宿发票的,按教学科研人员住宿费标准予以住宿补贴。第二,对于城市间交通费,在我国并无难以取得发票的困难,就取得的交通发票按照标准予以报销即可;但若发票遗失的,实践中往往对遗失的发票不予报销,也不会给予相应的交通补贴。这一财务发票报销的做法将发票遗失导致的损失完全归责于出差的科研人员,这是否有失公平,笔者认为值得探讨。在发票遗失,尤其是城市间往返交通票据均遗失的情况下,如何证实发生过科研差旅的城市间交通费,这的确值得研究。如果无法证明而财务予以交通补贴,就难免衍生假科研差旅之名套取科研经费之实的现象。因此,如何证实发生过科研差旅的城市间交通费,应是财务认可无发票前提下提供交通补贴的关键。在此,笔者认为,在有相关单位或人员出差审批的情况下,若遗失城市间交通费往返的单程发票的,可以考虑提供遗失发票行程的交通补贴;若往返发票均遗失,恐难以证实存在真实的城市间交通费,可不提供相应的交通补贴。第三,对出差伙食费用,《进一步完善意见》认为不采取发票报销方式,统一按规定标准发放伙食补助费。对市内交通费,实践中一般都按真实发生的费用发票(如出租车发票)报销;但是《进一步完善意见》提出统一按规定标准发放市内交通费。这既可能考虑市内交通存在难以取得费用发票的情形(如地铁),也可能考虑要避免因个人私事发生的市内交通费走科研报销的问题;因室内交通费总量不大,统一按规定标准发放市内交通费,对科研人员来说,在费用上基本无所谓"利空"或"利好",反而在发票报销程序上省时。当然,值得注意的是,若发生的所需市内交通费远超标准,在有真实费用发票的前提下,笔者认为可不采取统一发放标准,而应该按真实费用发票予以报销。

另外,在有关会议管理方面,《进一步完善意见》提出应该按照实事求是、精简高效、厉行节约的原则,确定会议次数、天数、人数以及会议费开支范围、标准等,并进一步指出会议代表参加会议所发生的城市间交通费,原则上按差旅费管理规定由所在单位报销,仅对因工作需要,邀请国内外专家、学者和有关人员参加会议,对确需负担的城市间交通费、国际旅费,才可由主办单位在会议费等费用中报销。

2. 小额物品购买与发票报销

在我国科研用设备的购买,已基本纳入了政府采购的范围。换言之,凡属于政府采购范围的科研设备,科研人员申请采购,由相关部门组织采购即可,这其中不涉及科研人员个人的发票报销问题。政府采购从申请到最终落地,无疑会经过一段较长的时间。但在科研中,并不能事先准确预算到需要多少"试管和白鼠",因而在急需某设备时,尤其是价值不大但又不可或缺的小额设备仪器,科研人员能否自行购买后,再据实报销发票?这值得探讨。《进一步完善意见》提出,要进一步简政放权、放管结合、优化服务,扩大高校、科研院所在科研仪器设备采购等方面的管理权限。因此,我们认为作为科研管理单位,在政府采购方面,对上述科研过程中急需的小额设备仪器,应该适当放权于科研人员,在其履行适当手续后可自行购买并能据实凭发票报销。否则,因科研继续而又等不及政府采购的情形下,科研人员在为了效率而自行购买但又无法据实报销的情形下,极可能作出相关的套取科研费的行为。

当然,若科研人员自行购买小额物品并凭发票报销,是否会引发以此方式套取科研经费的问题,确实值得关注。如可通过多次购买办公耗材(如墨盒、纸张、笔等)的小额发票反复报账,由此套取数量较大的科研经费。笔者认为,项目科研用物品应该有个合理的使用数量,若购买超出这一合理数量的,应该视为有套取科研经费的嫌疑;在发票申请报销时,如科研人员无法作出合理解释,应拒绝报账。另外,为了判断购买的真实性,可要求报账者提供发票对应的购物小票。

3. 结余经费与发票报销

在实践中,科研经费的使用面临一道"紧箍咒",即"到期收回"。以往的科研使用制度规定,项目进展期限到期以及结项之时,相关经费未使用完毕的就要收回。因此,在科研项目临近的截止时间,科研人员往往优先考虑的不是优化科研成果,而是如何突击花钱——通过各种途径收集发票进行报账。不可否认的是,项目研究具有不确定性,也并非一日之功,项目期限的设置只是便于科研管理,却未必适应项目研究的科研规律。因此,可以认为,"到期收回"是催生套取科研费的不规范发票报销的重要因素之一。

针对这种"突击消费"现象,《进一步完善意见》明确:"项目实施期间,年度剩余资金可结转下一年度继续使用。项目完成任务目标并通过验收后,结余资金按规定留归项目承担单位使用,在2年内由项目承担单位统筹安排用于科研活动的直接支出;2年后未使用完的,按规定收回。”笔者认为,这极大地降低了项目开始过度申请、临近结束胡乱花钱的可能性,引导科研人员走出在科研经费使用上开始担心不够花、快结项时赶紧花甚至胡乱花的怪圈,由此也自然而然地减少了发票报账的不真实性和不规范性。

(三)优化发票报销流程

“不是在财务处报账,就是在去财务处报账的路上。”这句话描述了科研报账的“艰辛”,不少科研人员都深有体会。如何让科研人员手中的发票顺利走过报销流程完成报账,避免其过分耗时劳神,一直是发票报销中亟须解决的难题。在制度上,笔者认为以下几个方面可以优化发票报销流程,提高发票报销效率。

1.财务部门履行详尽的发票报销告知义务

科研人员是科研工作的专家,往往缺少票据的知识,票据规范意识淡漠。在实践中,科研人员会误以为只要有票据就行。这难免会因为其取得的票据不符合相关规定而不能报销。如票据填写不齐全,缺少发票专用章,非财政监制或税局监制的票据,过期的票据,发票抬头不对等。另外,财务报账必须遵守财经法律法规,以及学校的规章制度、财务部门的内部管理规定及细则等。对此,科研人员(报账员)对这些财务制度可能只略知一二。无论是票据本身的不规范还是对财务制度的不了解,都会妨碍发票报销。为此,笔者认为,财务部门应该事先详尽地公示各项财务制度,对报账中存在的常见问题事先一一解答,既在网上进行,也可以印制成册发放在科研人员手中。另外,每年组织科研人员(尤其新入职的科研工作者)进行发票报账培训,在报销制度有重大改变时,务必通知相关科研人员。在具体报账工作中,对报账人拿来的存在问题的票据,财务人员能当场及时纠正的就当场纠正;若纠正不了,应该尽可能一次性地将问题全部一一明确指出,减少报账人奔波次数。

2.减少发票报账的审核层次

为防止科研经费的挪用、滥用、占用,实践中对发票的报账往往要求相关人员审核签字同意之后,方可顺利报账。然而,这一措施,却给科研人员报账增加了大量的时间成本,因为审核需要时间,尤其是相关审核人因出差等离岗时间长,将导致报账人久等无果。然而,就保障科研经费而言,在实践中这一审核制度的实效并不理想。一方面,合理的发票报销,审核人没理由拒绝;另一方面,不合理的发票报销,因审核人不是亲临者,由于难以判断其合理性也难以拒绝。因此,笔者认为,在坚持谁使用科研经费谁负责的原则之时,应该按照《进一步完善意见》提出的合理下放经费使用权,尽可能地使发票报销在审核层次上扁平化。例如,对横向课题经费,只要科研人员遵守财务的各项制度和课题经费使用约定,课题主持人自己签字同意报账即可,无须相关人员再审核同意。对不符合财务制度要求的发票,可以由财务人员进行过滤;对违反政策要求的发票,可以在事后由财务审计、行政监察等加以纠错。审核层次扁平化,在提升发票报销效率的同时,也能在发票报账方面减少科研人员对相关行政人员的依赖,由此提升对科研活动和对科研职业的认同感。

3. 优化发票审核签字的流程

对需要审核的发票,只有在相关人员签字同意之后才能正常报销;但这一流程却让不少科研人员为难。例如,就个人而言,每年科研报账次数有限,在审核部门或者岗位变更的时候,找谁审核往往碰壁数次;尤其对新入职的科研人员,即使知道审核岗位,但由于不认识具体的工作人员,也不得不请问多次。又如,当审核人员不在岗之时,发票报账人不得不"空手而归";而又不知其何时在岗的情形下,报账人往返数次也并不例外。再如,审核人就发票产生的缘由一般就简单询问了解后迅速作出决定,当认为不符合要求时,并不会给报账人充分陈述的时间,报账人只好另寻他路。因此,笔者认为优化发票审核签字的流程要做到:消除报账人和审核人之间的陌生化,缩减报账人等待审核的时间,增强报账人和审核人交流的充分性。正如前述,在实践中可以充分利用现代信息技术,采取网络报账系统,让信息"多跑路",科研人员"少跑腿"。网络自然消除了这里的陌生化,报账人可在系统上对需审核发票进行详细备注(解释发票产生的缘由),管理部门可以在任何时间、从任何地点进行业务审批。《进一步完善意见》也提出,要充分利用信息化手段,建立健全单位内部科研、财务部门和项目负责人共享的信息平台,提高科研管理效率和便利化程度。

4. 改善财务发票报账的效率

近些年，在“到期收回”的压力下，加之科研人员常常将发票收集压至年底统一处理的惯性。发票报账人员难排上号，排上号的等待难；科研人员此时可谓寝食难安，难免对财务工作各种抱怨。如何积极有效化解这一困境，确需要工作方法的创新。如前所述，不少部门开始尝试网络排队，甚至采用网络报账系统，尽量让信息“多跑路”，科研人员“少跑腿”。还有不少部门，尝试将财务工作分级，缩减集中报账部门财务人员的工作内容。例如，将票据的有效性，签字手续的完整性等规范性内容的检查，委托二级单位的财务人员（如会计），或者聘请财务人员集中处理此类事宜；经过检查合格的财务票据可采取投递式报账，即将其封存在一个大信封中，写上报账人的信息和银行号，然后放置财务报账处即可。这样科研人员就无须排队等候，也极大地减少了对相关财务人员工作的误解，以及在沟通上的各种不满。

5. 其他优化措施

正如《进一步完善意见》所言，科研经费的管理工作必须坚持遵循科研活动规律，按照科研活动规律和财政预算管理要求，完善管理政策，优化管理流程，改进管理方式，适应科研活动实际需要。科研资金必须有效用于科研，科研资金的管理必须能激发科研人员的创新创造活力，利于多出科研成果。因此，科研财务报账的出发点不应该是如何规避审计风险，方便于管理，而是应该方便服务项目的开展，节省学者的报账时间，提高经费使用效率。例如，在发票报账的时效上，为便于管理强制规定较短期限（如发票自发生之日起，必须在 1 个月内予以报销；否则过期作废），将使科研人员时时处于“报账的路上”，难以静心投入科研。又如，对购买百元以下的办公用品，制度上也要求经费使用人提出申请后方能自行购买。如此要么让科研人员缩手缩脚，要么一次性申请购买大量办公用品（会无形中造成浪费）。同时，科研经费管理应本着用人不疑的原则，给予科研人员应有的尊重；如果管理制度是假设“人人想贪”，给每个人都提前戴上一副“脚镣、手铐”，结果一定是失去自由和尊严；在制度上应该预设每位科研人员都是精打细算地使用自己的研究经费，不要设置过多的事前审查制度，而应尽可能地采取事后审计等方式纠错。若查出个别人滥用经费,完全可以采取如责令返还违规经费,并禁止在几年内申请同类项目等处罚措施。另外,建设科研财务报账信息系统,一是方便科研人员自我查账,明晰项目预算中各项报账进度,做到报账心中有数;二是方便管理部门掌握整体科研财务情况,可对科研报账提前作出各种预警和引导,尤其是便于重点监控报账不规范的领域。

参考文献

一、译著

1. [英]罗素:《西方哲学史》(上卷),何兆武、李约瑟译,商务印书馆 1963 年版。

2. [英]阿伦·布洛克:《西方人文主义传统》,董乐山译,三联书店 1997 年版。

3. [德]黑格尔:《法哲学原理》,范扬、张企泰译,商务印书馆 1982 年版。

4. [美]E. 博登海默:《法理学:法律哲学与法律方法》,邓正来译,中国政法大学出版社 2004 年版。

5. [英]迈克尔·博兰尼:《自由的逻辑》,冯银江、李雪茹译,吉林人民出版社 2002 年版。

6. [美]詹姆斯·布坎南:《自由、市场与国家》,吴良健等译,北京经济学院出版社 1998 年版。

7. [英]梅因:《古代法》,沈景一译,商务印书馆 1959 年版。

8. [美]禹贞恩:《发展型国家》,曹海军译,吉林出版集团有限责任公司 2008 年版。

二、中文著作

1. 江山:《中国法理念》,中国政法大学出版社 2005 年版。

2. 李昌麒、岳彩申主编:《经济法学》,法律出版社 2013 年版。

3. 武步云:《人本法学的哲学探究》,法律出版社 2008 年版。

4. 卓泽渊:《法的价值论》(第 2 版),法律出版社 2006 年版。

5. 付子堂主编:《法理学进阶》,法律出版社 2006 年版。

6. 法学教材编辑部《西方法律思想史编写组》编:《西方法律思想史资料选编》,北京大学出版社 1983 年版。

7. 张洪涛:《国家主义抑或人本主义——转型中国法律运行研究》,人民出版社 2008 年版。

8. 李永成:《经济法人本主义论》,法律出版社 2006 年版。

9. 张文显:《法理学》(第 2 版),法律出版社 2007 年版。

10. 张昕竹、赵京兴、张晓:《科研资助的激励机制:理论与实践》,中国社会科学出版社 2012 年版。

11. 阎元:《我国高等教育财政投入与拨款模式研究——困境与改革》,东南大学出版社 2006 年版。

12. 张恒山:《义务先定论》,山东人民出版社 1999 年版。

13. 贾康等:《建设创新型国家的财税政策与体制变革》,中国社会科学出版社 2011 年版。

14. 冯玉军:《法经济学》,中国人民大学出版社 2013 年版。

15. 汪习根主编:《法律理念》,武汉大学出版社 2006 年版。

16. 付子堂主编:《法理学初阶》(第 5 版),法律出版社 2015 年版。

17. 李昌麒:《经济法理念研究》,法律出版社 2009 年版。

18. 罗玉中主编:《知识经济与法律》,北京大学出版社 2001 年版。

19. 马怀德:《法律的实施与保障》,北京大学出版社 2007 年版。

20. 中共中央马克思恩格斯列宁斯大林著作编译局编:《马克思恩格斯选集》,人民出版社 1972 年版。

21.《董必武政治法律文集》,法律出版社 1986 年版。

三、期刊

1. 张怡、廖呈钱:《"权利义务对等"原则在科研经费管理法律制度中的体现——以财政项目资金为视角》,载《财会月刊》2017 年第 25 期。

2. 王福民:《论“知本主义”》,载《社科与经济信息》2002 年第 7 期。

3. 史际春、李春山:《论经济法的理念》,载《华东政法学院学报》2003 年第 2 期。

4. 杨寿堪、李建会:《现代科学主义与人本主义哲学的基本特征及其走向》,载《学术月刊》2001 年第 11 期。

5. 吴建、舒美芹:《从人道主义的发展来揭示发展中的人道主义》,载《前沿》2012 年第 3 期。

6. 王芳:《程序正义视角下科研项目审批权的法律规制》,载《青岛科技大学学报》(社会科学版)2015 年第 1 期。

7. 郑毅:《高校科研经费管理与学术自由的保障研究——以〈中央和国家机关差旅费管理办法〉第 25 条为切入点》,载《当代法学》2015 年第 3 期。

8. 刘卫民、严会超、尹北晖:《基于国库集中支付制对加强高校科研经费管理的思考》,载《科技管理研究》2008 年第 8 期。

9. 孙玉霞:《从高校科研管理现状看科研经费管理的思路》,载《经济师》2006 年第 8 期。

10. 常笑霓、王心雁:《高校科研经费管理监督中的问题及对策研究》,载《北京航空航天大学学报》(社会科学版)2006 年第 3 期。

11. 王超群:《试论正确处理基础研究与应用研究的关系》,载《科技信息》1997 年第 9 期。

12. 田华、肖瑜:《竞争性资助与非竞争性资助关系研究:以 Y 大学国家重点实验室为例》,载《科技进步与对策》2014 年第 15 期。

13. 蔡爱惠:《试论竞争性与非竞争性二元结构的高校科研资助体系》,载《中国行政管理》2012 年第 5 期。

14. 张文显、于宁:《当代中国法哲学研究范式的转换——从阶级斗争范式到权利本位范式》,载《中国法学》2001 年第 1 期。

15. 贺电、马楠:《当代中国法哲学研究范式的新发展——从权利本位到平衡范式》,载《社会科学战线》2014 年第 1 期。

16. 周飞舟:《财政资金的专项化及其问题——兼论“项目治国”》,载《社会》2012 年第 1 期。

17. 折晓叶、陈婴婴:《项目制的分级运作机制和治理逻辑——对"项目进村"案例的社会学分析》,载《中国社会科学》2011 年第 4 期。

18. 郭琳琳、段钢:《项目制:一种新的公共治理逻辑》,载《学海》2014 年第 5 期。

19. 渠敬东:《项目制:一种新的国家治理体制》,载《中国社会科学》2012 年第 5 期。

20. 江娟:《科研合同的定性——兼谈行政合同的界定》,载《宿州学院学报》2006 年第 6 期。

21. 樊纲:《两种改革成本与两种改革方式》,载《经济研究》1993 年第 1 期。

22. 万红波、秦兴丽、康明玉:《国内外高校科研经费监管比较研究》,载《甘肃科技》2012 年第 24 期。

23. 寇进忠、鹿卫晨、毕思畅:《从制度建设入手强化科研经费管理》,载《军事经济研究》2007 年第 9 期。

24. 赵莉棻、申炳旭:《科研事业单位科研经费管理探讨》,载《会计师》2010 年第 10 期。

25. 程忆军:《课题制管理条件下的高校科研经费管理难题及对策》,载《江苏经贸职业技术学院学报》2005 年第 4 期。

26. 钟灿涛:《高校科研经费管理问题的深层原因与对策分析》,载《研究与发展管理》2011 年第 6 期。

27. 许志俊:《高校科研经费管理的误区及改进建议》,载《商业会计》2011 年第 18 期。

28. 刘波:《基于〈课题制〉的大学科研经费管理——与美国的比较研究》,载《科研管理》2003 年第 1 期。

29. 顾全:《美国匹兹堡大学教师科研报酬体系研究》,载《外国教育研究》2015 年第 12 期。

30. 贺德方:《美国、英国、日本三国政府科研机构经费管理比较研究》,载《中国软科学》2007 年第 7 期。

31. 林琴珍:《试论高校财务报账流程优化》,载《财会通讯》2010 年第 32 期。

32. 肖中华:《科研人员不当套取国家科研经费不应认定为贪污罪》,载《法治研究》2014 年第 9 期。

33. 刘科:《套取国家财政拨款科研经费行为定罪中的疑难问题研究》,载《法学杂志》2015 年第 7 期。

34. 樊纲:《两种改革成本与两种改革方式》,载《经济研究》1993 年第 1 期。

35. 孙培军、丁远朋:《国家治理机制转型研究——基于运动式治理的视角》,载《江西师范大学学报》(哲学社会科学版)2015 年第 2 期。

36. 朱晓燕、王怀章:《运动式执法之弊》,载《浙江人大》2005 年第 10 期。

37. 尹星凡、袁结荣:《论自然科学与人文社会科学的统一和协调发展》,载《南昌大学学报》(人文社会科学版)2009 年第 3 期。

38. 袁翀、褚怡春:《近十年我国自然科学与社会科学的交叉融合研究》,载《科技进步与对策》2012 年第 21 期。

39. 金淞:《什么是科学(上)——从科学哲学的立场看》,载《自然辩证法研究》1994 年第 5 期。

40. 马红霞:《浅析自然科学、社会科学和人文科学的本质差异》,载《广东社会科学》2006 年第 6 期。

41. 马颖、蒲十周:《论自然科学与人文社会科学研究方法的异同》,载《福建论坛》(人文社会科学版)2005 年第 4 期。

42. 王峰、殷正坤:《社会科学范式与自然科学范式特征的比较研究》,载《科学技术与辩证》1996 年第 3 期。

43. 严春友:《社科基金评审管理制度——反思与建议》,载《学术界》2001 年第 6 期。

44. 赵善庆:《高校科研经费精细化管理探析》,载《财会通讯》2011 年第 8 期。

45. 杨红艳:《人文社科成果评价管控机制的理论思考——以创新和质量为导向》,载《重庆大学学报》(社会科学版)2014 年第 6 期。

46. 高自龙、杨红艳:《学术评价:理想与现实之间的优化选择——人文社科论文评估指标体系的完善与实施新探》,载《江汉论坛》2011 年第

11 期。

47. 阎光才:《学术共同体内外的权力博弈与同行评议制度》,载《北京大学教育评论》2009 年第 1 期。

48. 龚旭:《同行评议公正性的影响因素分析》,载《科学学研究》2004 年第 6 期。

49. 徐坤鹏、吕杰:《加强高校科研项目中期管理初探》,载《高等农业教育》2007 年 6 月。

50. 刘雅娟、王岩:《用文献计量学评价基础研究的几项指标探讨——论文、引文和期刊影响因子》,载《科研管理》2000 年第 1 期。

51. 陈峻锐、苏竣、林森:《美国先进技术计划(ATP)管理模式分析》,载《中国软科学》2002 年第 6 期。

52. 毛振芹、程桂枝、唐五湘:《部分科技发达国家科技计划项目的管理模式及启示》,载《武汉工业学院学报》2003 年第 3 期。

53. 任强、胡水星:《高校人文社科学术人力资本补偿分析——基于科研经费管理的视角》,载《教育财会研究》2015 年第 2 期。

54. 何燕玲、蓝满榆:《国外人文社科研究趋势及成果评价制度比较——以美欧日为例》,载《华南理工大学学报》(社会科学版)2011 年第 6 期。

55. 邱均平、吴建华:《人文社会科学研究评价之国际比较研究》(中),载《山东社会科学》2007 年第 11 期。

56. 朱少强:《国外学术机构评价的研究进展》,载《重庆大学学报》(社会科学版)2008 年第 1 期。

57. 郭军灵:《非营利科研机构的税收优惠政策探讨》,载《科研管理》2007 年第 6 期。

58. 白帆:《从法、美、日三国高校科研工作的发展趋势看我国高校的基础研究工作》,载《新东方》1995 年第 6 期。

59. 顾军等:《国库集中支付模式下科研经费财务管理与服务创新探索》,载《江苏农业学报》2014 年第 6 期。

60. 夏友全:《优化科研经费管理　创新科技服务机制》,载《中国总会计师》2012 年第 6 期。

61. 孙宪忠:《科研经费的管理应该遵从科研劳动的特征》,载《科学与社会》2014 年第 3 期。

62. 孙益、张婷姝:《美国公立研究型大学的科研经费管理——以加州大学洛杉矶分校(UCLA)为例》,载《高教探索》2017 年第 9 期。

63. 学白羽、李美珍、王孙禺:《中美政府部门对高校科研经费的投入及管理方式比较》,载《清华大学教育研究》2004 年第 6 期。

64. 王思懿、赵文华:《迈向服务型行政:研究型大学科研管理机构组织变革——以密歇根大学和上海交通大学为例》,载《中国高教研究》2017 年第 3 期。

65. 许俊卿、国亚萍、麦志伟:《关于完善高校科研经费管理与监督的思考——从中美公立大学比较的角度看》,载《高教探索》2016 年第 12 期。

66. 杨明:《论德国高等学校科研经费筹措的现状、问题和对策》,载《比较教育研究》2007 年第 12 期。

67. 蒋玉梅:《全球科研评价体系的演进与发展——以美国、英国、澳大利亚、荷兰四国为例》,载《国家教育行政学院学报》2013 年第 9 期。

68. 黄艳霞:《澳大利亚大学科研成果转化最新政策体系探析》,载《高教探索》2015 年第 11 期。

69. 桑一叶:《谈谈改革拨款制度》,载《科学学与科学技术管理》1985 年第 10 期。

70. 李晓轩、王彩燕:《科研事业单位科研人员薪酬制度的演变与特点》,载《科学与社会》2012 年第 2 期。

71. 李燕萍、吴绍棠、郜斐、张海雯:《改革开放以来我国科研经费管理政策的变迁、评介与走向——基于政策文本的内容分析》,载《科学学研究》2009 年第 10 期。

72. 文少保:《高校教育科研成果向政策转化的路径依赖与制度创新》,载《中国高教研究》2013 年第 9 期。

73. 郭军杰、李文雄:《高校科研经营管理的路径依赖与创新》,载《科学学研究》2007 年,第 S1 期。

74. 殷献民、李志斌、彭志文:《财政性科研经费的使用问题及政策建议》,载《北京社会科学》2012 年第 6 期。

四、文集

1. 张怡、廖呈钱:《社会科学科研经费法律规制研究》,载岳彩申、盛学军主编:《经济法论坛》(第 2 卷),法律出版社 2017 年版。

2. 苗露强:《从公共财产法视角看高校“211”“985”头衔之存废》,载刘剑文主编:《财税法论丛》(第 16 卷),法律出版社 2015 年版。

五、学位论文

1. 谢俊:《大学的学术自由及其限度》,西南大学教育学院 2010 年博士学位论文。

2. 宋旭璞:《中国国家科研资助制度研究——基于国家和学术关系的视角》,华东师范大学教育科学学院 2012 年博士学位论文。

六、报刊资料

1. 谭启平:《创新型国家建设须认真对待的四个法治问题》,载《光明日报》2016 年 7 月 28 日,第 11 版。

2. 何苗、何凌云:《科研经费“病灶”调查:异化的制度》,载《21 世纪经济报道》2014 年 7 月 7 日,第 1 版。

3. 梁发芾:《权力主导的科研经费分配必然腐败》,载《中国经营报》2013 年 10 月 21 日,第 D07 版。

4. 陈勇:《科研经费江湖》,载《经济观察报》2011 年 11 月 7 日,第 9 版。

5. 吴晓杰、王燕:《谁动了科研经费的奶酪》,载《光明日报》2011 年 9 月 7 日,第 5 版。

6. 韩娜:《80 后科研人员犯罪率上升》,载《北京晨报》2014 年 3 月 8 日,第 A08 版。

7. 唐红丽:《学术成果问题根源于“评价体系”》,载《中国社会科学报》2014 年 11 月 7 日,第 A01 版。

8. 新华社记者:《新修订的促进科技成果转化法极大提高了高校教师

科研积极性》，载《中国教育报》2015年11月21日，第1版。

9. 万静波、吴晨光、谢春雷：《被遗忘30年的法律精英》，载《南方周末》2003年1月9日，第987期。

10. 吴月辉、余建斌、喻思娈：《习近平总书记重要讲话在科技界引发强烈反响》，载《人民日报》2016年6月3日，第2版。

11. 李丽辉：《财政部、科技部、教育部、发展改革委四部门负责人就〈意见〉答记者问——科研经费管理　少检查多服务》，载《人民日报》2016年8月1日，第9版。

12. 陈海波：《科研经费管理要体现五大发展理念》，载《光明日报》2016年3月16日，第5版。

13. 陈昌新：《如何管好科研事业单位野外工作人员的差旅费》，载《中国会计报》2012年8月17日，第15版。

14. 李晨阳：《科研报账的纠结：从一次奇特的购票经历说起》，载《中国科学报》2016年3月10日，第4版。

15. 肖明君：《科研费变差旅费，审计光忙着"对账"了？》，载《山东商报》2016年1月6日，第A02版。

16. 孙宪忠：《让科研人员获得与贡献相匹配的尊严》，载《北京日报》2016年4月25日，第18版。

七、网络资源

1. 孙宪忠：《关于建立"科研友好型经费使用管理制度"的建议（第二次征求意见稿）》，载中国法学网：http://www.iolaw.org.cn/showArticle.aspx?id=4681。

2.《申请课题项目，学者应三思而行》，载壹学者网：http://www.1xuezhe.com/WeMedia/WeMediaContent?id=20。

3. 谷玥：《科研人员忙于填表没空搞科研　为报销经费当起会计》，载新华网：http://news.xinhuanet.com/politics/2015-12/27/c_128570346.htm。

4. 吴月辉、喻思娈：《万亿科研经费到底去哪了》，载人民网：http://leaders.people.com.cn/n1/2016/0215/c58278-28124186.html。

5. 周舜尧:《湖北科研人员报酬可占项目经费 7 成,职称与企业服务挂钩》,载荆楚网:http://news.cnhubei.com/xw/jj/201511/t3446343.shtml。

6.《财政部解答:科研项目经费中能否列支人员性费用?》,载新浪财经网:http://finance.sina.com.cn/roll/20101109/16558925118.shtml。

7. 余晓洁、刘欢、魏梦佳:《科技部副部长:不让科研工作者天天跑项目》,载腾讯新闻网:http://news.qq.com/a/20150307/037907.htm。

8. 储思琮:《李克强:不能用管理行政人员办法管理科研人员》,载新京报网:http://www.bjnews.com.cn/news/2016/05/31/405182.html。

9. 殷建光:《挪用"科研经费"有"七罪"》,载大江网:http://jxcomment.jxnews.com.cn/system/2013/10/15/012717178.shtm。

10.《人大性学教授被退休　因访谈性工作者费用无法开发票》,载搜狐新闻网:http://news.sohu.com/20141029/n405557126.shtml。

11. 顾海兵:《社科研究勿攀比自然科学研究》,载南方网:http://news.southcn.com/china/gdspcn/200305060210.htm。

12. 刘诗瑶:《科研人员诉苦:年度总结要花两个月,为报销经费几成专业会计》,载澎湃新闻网:http://www.thepaper.cn/newsDetail_forward_1413700。

13.《2017 年我国研发经费投入强度为 2.12%》,载国家统计局网站:http://www.stats.gov.cn/tjsj/zxfb/201802/t20180213_1583420.html。

14. 贺飞:《美国高校科研经费来自何处?》,载博客网站:http://blog.sciencenet.cn/blog-1015-969386.html。

15.《科研经费,各国如何监管?》,载全国哲学社会科学工作办公室网站:http://www.npopss-cn.gov.cn/n/2015/0116/c219468-26398513.html。

16.《技术创新工程简报第 16 期(总第 127 期)》,载中华人民共和国科学技术部网站:http://www.most.gov.cn/jscxgc/jscxgzjb/201310/t20131028_109994.htm。

17.《每年 45 亿英镑,英国承诺补贴因脱欧损失的欧盟科研经费》,载海外网:http://m.haiwainet.cn/middle/345677/2016/0822/content_30246146_

1. html。

18. 藏财富:《脱欧将使英国损失欧盟拨付的每年近 10 亿英镑科研经费》,载中国日报网:http://www. chinadaily. com. cn/hqzx/2016 – 05/18/content_25354930. htm。

19.《英法建立联合数学实验室 共同使用欧盟科研经费》,载搜狐网:http://www. sohu. com/a/221673858_100057012。

20.《欧盟将全面实施科研数据开放制度》,载科学技术部网站:http://www. most. gov. cn/gnwkjdt/201609/t20160914_127685. htm。

21.《欧盟将启用新版〈欧洲科研诚信行为准则〉》,载科学技术部网:http://www. most. gov. cn/gnwkjdt/201705/t20170516_132793. htm。

22.《科技部动态信息》,载"科技部"网站:www. most. gov. tw/folksonomy/detail? subSite = &l = ch&article_uid = 3bcad09f – 29c7 – 4063 – 9204 – 80e9e2efb567&menu _ id = 9aa56881 – 8df0 – 4eb6 – a5a7 – 32a2f72826ff&content_type = P&view_mode = listView。

23.《习近平指出建设科技强国党委和政府的责任》,全国哲学社会科学工作办公室网站:http://www. npopss-cn. gov. cn/n1/2016/0612/c219468 – 28426385. html。

24.《科研经费放开"人头费":5% 提至 20%——科研、经费、人头费、科学》,载快科技网:http://news. mydrivers. com/1/485/485232. htm。

25.《2016 年中国创新指数为 181. 2 创新型国家建设持续推进》,载国家统计局网:http://www. stats. gov. cn/tjsj/zxfb/201712/t20171207_1561123. html。

26.《把握大势 服务发展 有序生长》,载光明网:http://epaper. gmw. cn/gmrb/html/201702/23/nw. D110000gmrb_20170223_1 – 11. htm?div = –1。

27. Office of Sponsored Programs and Research (OSPAR) | NYIT, https://www. nyit. edu/ospar.

28. Vice Provost and Dean of Research | Do Research, https://doresearch. stanford. edu/research-offices/dor-office-vice-provost-and-dean-research.

29. European Commission-PRESS RELEASES-Press release-EU research funding boosts scientific excellence and competitiveness, report finds, http://europa.eu/rapid/press-release_IP-16-145_en.htm.

30. Programme for Simulation Innovation (PSI): University of Leeds Driving Simulator (UoLDS), https://uolds.leeds.ac.uk/news/programme-for-simulation-innovation-psi/.

31. Verstärkt in Forschung und Innovation investieren-BMBF, https://www.bmbf.de/de/verstaerkt-in-forschung-und-innovation-investieren-5739.html.

32. Transition from the R&D tax concession to the R&D tax incentive | Australian Taxation Office, https://www.ato.gov.au/Business/Research-and-development-tax-concession/In-detail/Transition-a-R-D-tax-concession-to-incentive/.

八、外文研究报告

University of Michigan, "Annual Reports on U-M Research & Scholarship", *Fiscal year* 2012, U-M Office of Research, 2012.

图书在版编目(CIP)数据

科研经费管理：法源法理及法则创新研究 / 张怡等著. -- 北京：法律出版社, 2021
(财税法治研究文库 / 张怡总主编)
ISBN 978-7-5197-4792-3

Ⅰ. ①科… Ⅱ. ①张… Ⅲ. ①科技经费-财务管理-法律-研究-中国 Ⅳ. ①D922.164

中国版本图书馆 CIP 数据核字(2020)第 135113 号

科研经费管理:法源法理及法则创新研究
KEYAN JINGFEI GUANLI: FAYUAN FALI JI FAZE CHUANGXIN YANJIU

张 怡 等著

策划编辑 陈 妮
责任编辑 陈 妮 黄 筝
装帧设计 马 帅

出版 法律出版社
总发行 中国法律图书有限公司
经销 新华书店
印刷 中煤(北京)印务有限公司
责任校对 王晓萍 王语童
责任印制 吕亚莉
编辑统筹 法治与经济出版分社
开本 710 毫米×1000 毫米 1/16
印张 16.75
字数 263 千
版本 2021 年 1 月第 1 版
印次 2021 年 1 月第 1 次印刷

法律出版社/北京市丰台区莲花池西里 7 号(100073)
网址/www.lawpress.com.cn
投稿邮箱/info@lawpress.com.cn
举报维权邮箱/jbwq@lawpress.com.cn
销售热线/400-660-8393
咨询电话/010-63939796

中国法律图书有限公司/北京市丰台区莲花池西里 7 号(100073)
全国各地中法图分、子公司销售电话:
统一销售客服/400-660-8393/6393
第一法律书店/010-83938432/8433 西安分公司/029-85330678 重庆分公司/023-67453036
上海分公司/021-62071639/1636 深圳分公司/0755-83072995

书号:ISBN 978-7-5197-4792-3 **定价**:86.00 元
(如有缺页或倒装,中国法律图书有限公司负责退换)